Derleyenler
Lluís Bonet - Emmanuel Négrier

Ulusal Kültürlerin Sonu mu?
Çeşitlilik Sınavında Kültür Politikaları

Çeviren
Işık Ergüden

İçindekiler

Derleyenler

LLUÍS BONET

Barcelona Üniversitesi Ekonomi bölümünde profesör olarak görev yapan Lluís Bonet, aynı okulda Kültürel Yönetim lisans ve doktora programı müdürlüğünü de yürütmektedir. Avrupa Kültür Politikaları Araştırma Ödülü (CPRA) jürisinin başkanlığını yürütmektedir. Kültürel ekonomi, sanat yönetimi ve kültür politikaları alanlarında çalışmaktadır. 2002 yılında "Görsel-işitsel Endüstri Karşısında Dijital Çağ ile CAC Araştırma Ödülü'nü kazandı. Önemli eserleri arasında bulunan *La politique culturelle en Espagne* (Karthala, 2007) ve *Festivals de musiques, un monde en mutation : Une comparaison internationale* (Michel de Maule, 2013) dışında birçok kitap ve makale kaleme almıştır.

EMMANUEL NÉGRIER

Montpelier, Fransız Ulusal Araştırma Merkezi, Latin Avrupa Siyaset Çalışmaları Merkezi'nde araştırmacı ve siyaset bilimi doktorudur. Yayınlanmış pek çok eseri bulunmaktadır. *La Politique culturelle en Espagne* (Khartala, Paris, 2007), *Intercommunalités: le temps de la culture* (Éditions de l'Observatoire des Politiques Culturelles, 2008) ve *Les musiques du monde et leur public* (Le Mot et le Reste, 2014) kitaplarının yanısıra birçok dergide ve kitapta makaleleri bulunmaktadır.

Yazarlar

TONY BENNETT
Batı Sidney Üniversitesi, Sidney, Avustralya.

ELTJE BOS
Amsterdam Üniversitesi, Amsterdam, Hollanda.

JORDI CAIS FONTANELLA
Barselona Üniversitesi, Barselona İspanya.

XAVIER CUBELES
Pompeu Fabra Üniversitesi, Barselona, İspanya.

ILDA CURTI
Fitzcarraldo Vakfı, Torino, İtalya.

LUCA DAL POZZOLO
Torino Üniversitesi, Torino, İtalya.

JOAN MANUEL GARCIA JORBA
Barselona Üniversitesi, Barselona, İspanya.

MARTIN HOPENHAYN
Latin Amerika ve Karayipler Ekonomi Komisyonu (CEPAL), Şili.

MONICA LACARIEU
Buenos Aires Üniversitesi, Buenos Aires, Arjantin.

ANTOINE LEONETTI
Bosch i Gimpera Vakfı, Barselona, İspanya.

FRANÇOİS MATARASSO
Robert Gordon Üniversitesi, Aberdeen, İskoçya.

CAS SMITHUIJSEN
Boekman Vakfı, Amsterdam, Hollanda.

JOAN SUBIRATS
Barselona Otonom Üniversitesi, Barselona, İspanya.

Genel Giriş

20. yüzyıla damgasını vuran şey, kültür politikalarının ulusal ölçekte kendini göstermesi oldu. Batı Avrupa'da her yerde kamunun müdahalesi genel ilkelere, kurumlara ve meslek birliklerine dayandı. Aynı zamanda devletlerin anayasal çeşitliliğine ve tarihsel geleneklerine de saygı gösterdi. Örneğin İtalyan kültür politikası, kültür alanında faşist deneyimin ağırlığı bir devlet politikası fikrini gözden düşürmüş olduğundan, ulusal düzeye yavaş yavaş çıktı (Dal Pozzolo, 1999; Ericart's, 2003). İspanya'da bu kamu müdahalesi, demokratik geçiş çerçevesinde, sistemin güçlü biçimde ademimerkezileşmesiyle ifade buldu (Bonet, 1999). Fransa'nın kültür politikası uzun süre boyunca Jakoben geleneğin üniter devletinin sembolüydü (Poirrier, 1998). Almanya, federal çerçevede yetki bölüşümünü kültüre uyguladı ve devlet, uluslararası projelendirme ve işbirliği şeklindeki yardımcı bir rolle sınırlandı (Ahearne, 2003; Laborier, 1992). Birleşik Krallık'ta ise, başka bir modelden kaynaklanan ve kamunun kararını Sanat Konseyi'ne delege eden gelenek (Bennett, 1995), neoliberalizmin kamu politikalarının geniş bir alanında boy göstermesine rağmen, gerçek bir kültür politikasının uygulanmasına engel olmadı. Bu örnekler, ulusal kültür politikasının her yerde kendine özgü biçimlerde ortaya çıktığını gösterir. 20. yüzyıl boyunca kamu müdahalesinin yükselişi, özellikle büyüyen şehirleşme çerçevesinde, kültürü yeni ihtiyaçlara cevap veren ve pazarların ya da sivil toplumun bu ihtiyaçları karşılamadaki yapısal yetersizliğiyle kendini haklı gösteren himayeci devletin öğelerinden biri yaptı. Anayasal çerçeve ne olursa olsun, kültür politikalarının bu atılımı, 19.

yüzyıldan devralınan ve bir yandan kültürel kimlik ile ulusal kimlik arasındaki kaynaşma üzerinde, diğer yandan ortak miras ve sanatla ilgili büyük kurumların uygulamaya konması üzerinde temellenen devletin müdahale modelini önemli ölçüde genişleterek meydana geldi.

Bununla birlikte, kültür politikaları olgusunun kabulüyle birlikte, kamusal alan olan kültür ve kolektif aktör olan devlet yeni sorgulamaların konusu oldu.

Bir yanda, yeni kültürel ve sanatsal pratiklerin doğuşuyla ve seçkinci bir "yüksek kültür" modelinin kültürel aktörler (profesyoneller ve sanatçılar) tarafından olduğu kadar kitle tarafından da tartışma konusu edilmesiyle birlikte kültürün bizzat içeriği önemli ölçüde değişti (Négrier, 2005). Diğer yanda, bazı mal, süreç ve kurumları ticari değiş tokuş mantıklarının dışında tutmayı haklı gösteren kültürel istisna ilkesi, çağdaş ekonominin dinamikleri tarafından bile kuşkuyla karşılandı ve yine bu ekonominin en güçlü çıkarları tarafından tartışma konusu edildi (Farchy, 1999).

Daha sonra, devletler tek ya da başat müdahil olarak meşruluklarının, beş ayrı hareketten yola çıkarak tartışma konusu edildiğini gördüler. İlk hareket, ademimerkezileşmedir; dolayısıyla, çoğu Avrupa ülkesinde kamu müdahalesinin çekim merkezinin bölgesel topluluklar yararına dönüşümüdür (Bobbio, 2002). İkincisi, yerel kültür stratejilerinin önemli ölçüde gelişimiyle ilgilidir. Üçüncü hareket, Maastricht Anlaşması'ndan yola çıkarak, bazı kültürel müdahale eksenleri etrafında Avrupa çapında kamusal bir faaliyetin –henüz kısmen ve çekingence– ortaya çıkışıdır (Brossat, 1999). Dördüncüsü, özellikle, ticari olsun veya olmasın, özel alanın dinamikleri karşısında, kâr amacı gütmeyen kuruluş ya da vakıfların faaliyetleri dolayısıyla kamunun müdahalesinin yeriyle ilgilidir (Bonet ve Négrier, 2003). Beşincisi ise, bizzat kamusal faaliyetin içinde, özel alandan ithal edilen yeni yönetim aygıtları arayışına bağlıdır.

Keza, ulusal kültürlerin sonu birçok analiz düzeyi gerektirir. "Son" kelimesi iki ayrı hipotez ortaya koyar. İlki, devletlerin, kültür için olduğu kadar kamusal politikanın çoğu büyük sektörü için de, kamusal eylem kaynaklarının tanımda, uygulanmasında ve hâkimiyetinde merkezî ya da en azından başat bir rol işgal ettiği tarihsel bir döngünün tamamlanmasıdır. Şu soruyu gerçekten sorabiliriz: 21. yüzyıl devletin merkezîliğinin sonuna mı işaret etmektedir, yoksa bölgesel ve uluslararası yeni koşullarda rolünün yeniden oluşumunun başlangıcı mıdır? İkinci alternatifte, devletin eyleminin yeni doğasını, onu önceki gücünün kaynaklarından yoksun bırakan bir çevrede yeniden tanımlamak söz konusudur. Böylece "son" terimi iki anlamı içinde yorumlanmalıdır: Tarihsel rolünün varsayımsal tamamlanması ile küreselleşmenin yeni konuları, kültür kavramının etkinlik ve çoğullaşma sorunları karşısında ulusal kültür politikalarının erekliliği.

İkinci hipotez, kamusal gündem üzerinde, kısıtlama, fırsat ve meydan okuma olarak kültürel çeşitliliğin ortaya çıkışını doğrudan ilgilendirir. Bu çeşitlilik hem kültür alanında artık çoğul ve aktif olan bölgelerin iç çeşitliliğidir; hem de atılımları Batı şehirlerinin bütününü bundan böyle yapısal biçimde belirleyen göçmen kökenli nüfus pratiklerinin dış çeşitliliğidir (Jouve ve Gagnon, 2006). "Ulusal kültürlerin sonu" burada, çağdaş dünyanın simgesi olan sanatsal ve kültürel ifadelerin ve pratiklerin çokluğuna uyumun, kültür "model"ini referans alan politikalar için bir meydan okuma olarak anlaşılmalıdır.

Bütün bu fenomenler, kültür politikaları perspektifi içinde, politika, iktisat ve toplum arasındaki eklemlenmeyi düşünmenin yeni bir güçlüğünü açıklar (Teillet, 2003). Bu güçlükleri ve Batı dünyasında ortaya attıkları düşünme yollarını açıklamada bizce anahtar kelime, "kültürel çeşitlilik"tir. Anlamı ve içeriği bakımından da şimdi bunun belirlenmesi gerekiyor.

KÜLTÜREL ÇEŞİTLİLİK(LER)

1990'lı yıllar Avrupasında kültürel istisna öne çıkarılırken, yeni yüzyıl gündemine "kültürel çeşitlilik" kavramını aldı. Nasıl değerlendirildiğine bağlı olarak bu ikinci kavram ya ilkine çok yakındır ya da tam zıddıdır.

Kültürel çeşitlilik söylemi, sanatsal-kültürel içerik ve biçimlerin standartlaşmasına direnmesi ölçüsünde, ilk bakışta istisna söylemine çok yakındır. Bu anlamda, kültürel çeşitlilik, kültürü, sinema endüstrisinin, görsel-işitsel endüstrinin ve özellikle Amerika Birleşik Devletleri'ndeki büyük şirketlerin egemen olduğu ticari bir eğlencenin tersine döndürülmesi yolundaki mücadelenin daha uzlaşımsal ve daha yaygın yeni bir tarzıdır. Kültürel istisna kavramına yakındır; çünkü kültürü pazarın tekelindeki bir uygulama olmaktan çıkarma anlamına gelir ve dolayısıyla, "kültür politikaları"nın ilkesini ve somut varlığını doğrular.

Fakat kültürel çeşitlilik aynı zamanda, azınlıkların korunması, antropolojik anlamda kültür kavramının çoklu tanımlanması olarak anlaşılması ölçüsünde, Batı dünyasının kültürel politikalarının çoğuna egemen olan referanslarla zıtlık içindedir. Gerçekten de bu politikalar, esasen kültürel değil sanatsal yetkinlik, yenilik ya da çeşitlilik kavramlarına dayanmışlardır. Profesyonel model, kültür idaresinin failleri için, bu çeşitlilik kavramını bir müdahale kriteri olarak benimsemekte güçlük çeker.

Kültürel çeşitlilik kavramının bu çifteanlamlılığı, kuşkusuz ki kavramın günümüz politik ve diplomatik düzeni içindeki başarısının açıklamalarından biridir. Gerçekten de çoğu zaman, en etkili olan sloganlar aynı zamanda en "yumuşak" olanlardır; çünkü bunlar kendi aralarında çelişkili olsalar bile daha geniş toplaşmalara, daha yaygın taleplere imkân tanırlar. Bu açıdan, "kültürel istisna" kavramı çok daha kısıtlayıcı, hatta kavgacıdır ve böyle bir fikri desteklemek için kurumsal kaynakların (bir bakanlık, bir idari yapı, seferber olmuş profesyoneller) varlığını gerektirir. Fakat bu çifteanlamlılık bizi, aynı zamanda, bu terimin farklı boyutları üzerinde düşünmeye teşvik etmelidir. Öncelikle, tekilden çok çoğuldan söz etmeliyiz. Belli bir kültürel çeşitlilik kavramının olmaması, birçok tanım düzeyinin bulunmasından kaynaklanır. Bu düzeyler konusunda çoğu zaman kabul gören karışıklıklar, en azından şu aşağıdakilerdir:

İlk karışıklık, çeşitliliğin içeriğiyle ilgilidir. Sanatsal çeşitlilikle kültürel çeşitlilik arasında açık bir farklılık saptamak gerekir. Sanatsal çeşitlilik açısından, her kültür politikası hedefe sadık kabul edilebilir; çünkü bu politikaların her biri, çeşitli derecelerde, çeşitliliğin genel olduğu alanlara (ortak kültür varlığı, gösteri sanatları, görsel sanatlar) ya da işlevlere (koruma, eğitim, yaratı) müdahalesini tanımlamıştır. Kamu müdahalesini temellendiren meşru kültür tanımının çokluğunu gerektiren kültürel çeşitliliğin durumu çok farklıdır. Bu kültürel çeşitlilik, vurguladığımız gibi, belirgin olmak dışında her şeydir.

İkinci karışıklık, çeşitlilik kavramının aldığı biçime gönderme yapmaktadır. Kültürel arzın çeşitliliğini değerlendirmek söz konusu olduğunda, dünya ölçeğinde, kültürel mallar pazarının tekelleşmesine karşı mücadeleye çok yakın bir konumda oluruz. Bu bakış açısından çeşitlilik, kültür alanındaki endüstriyel politikaların bir argümanıdır. Bu politikalar, korumacı önlemlerden (kotalar) geçtiği gibi, "ön-çözüm üreten" (proaktif) önlemlerden de (ekonomik ve kültürel sektörlerin kapitalist tazda gelişimi için yapılan yardımlar) geçebilir. Tersi bakış açısından ise, kültürel talebe dayalı kültürel çeşitlilik, kültürel demokrasi adına savunulan değerlere yakındır. Bu değerler, arzın mükemmelliğine değil, talebin ya da kültürel pratiklerin temsil edebilirliğine bağlı olarak kamu müdahalesine eşit erişim talep ederler. Burada, kota kavramının öncekiyle alakası yoktur ve çokkültürcülüğün uygulanma tarzlarına yakındır.

Olası üçüncü karışıklık, zamanla ilgilidir. Birçok durumda, dünya ölçeğinde, kültürel çeşitlilik kavramı azınlık kültürlerinin ulus-devletlerin inşasıyla ezildiği ya da ortadan kaldırıldığı durumu ele almak için kullanılmıştır ve hâlâ da kullanılmaktadır. Kuzey ve Güney Amerika örneklerinde yerli kültürleri ele alınır; tıpkı Avrupa'da devlete karşı bölgesel kültürlerin ele alınması gibi. Bir anlamda burada kültürel çeşitliliğe geçmiş için, tarihe karşı adaletli davranmak için başvurulur; oysaki kültürel modernite daha homojen, baskı şüphesini daha az barındıran bir yaratı olacaktır. Kültürel çeşitliliğin zamanlarına bu Manici bakışı eleştirmek için, böyle bir söylemin içerdiği meselelerin bilincine varmak gerekir.

Olası dördüncü karışıklık, uzamsal referans ölçeğiyle ilgilidir. Gerçekten de, dünya çapında ticari standartlaşmaya karşı, kültürel çeşitliliğin ulusal kültür politikalarını meşrulaştıracak bir argüman olduğu ileri sürülebilir. Fakat aynı çeşitlilik kavramının, tersine, kültür politikasının "ulusallaşmasını" eleştirmeye hizmet ettiği de kanıtlanabilir. Bu, Fransa örneğinde, kuşkusuz aşırı biçimde de olsa sıkça ifade edilmektedir, iç çeşitliliği ihmal etmekle, fazla merkezî, fazla Parisli, fazla seçkinci vb. olmakla suçlanabilir. Kültürel çeşitlilik, sonuçta, kültür konusunda Avrupa çapında kamusal müdahale hipotezini (özellikle sanayi politikaları açısından) destekleyebilir. Tersine, Avrupa Birliği'nin her ülkenin, hatta her şehir ya da bölgenin –her türlü uyumlanmadan uzakta– kendi kimliğini ifade etmesi gerektiği bir alana müdahalesinin her türlü meşruluğu da, kimileri tarafından aynı slogan temelinde tartışma konusu edilecektir.

Son karışıklık ise, ilgili sektörü ve müdahale araçlarını kapsamaktadır. Dar bir bakış açısıyla kültürel çeşitlilik, kamusal müdahalenin çoklu işleyişinin derecesini ve yerini tanımlaması gereken kültür politikalarının bir konusudur. Kültür kavramına her zamanki daha geniş bakış açısından bakıldığında ise, çeşitlilik yalnızca yönetimin bütün düzeylerini içermekle kalmaz, bütün müdahale sektörlerini de kapsar. Çeşitlilik; dil, sanayileşme, şehirleşme, sağlık, çevre, eğitim politikalarını da kültürle aynı sıfatla kapsar, fakat her seferinde, tarihe, mesleki geleneklere, kamu politikalarının ereklilikleri̇ne özgü uygulama özellikleri de dikkate alınır. Bu kitap, esasen kültür politikalarına odaklanırken, buradaki konuların küreselliğini, dolayısıyla aşırı karmaşıklığını göz ardı etmemektedir.

Kültürel çeşitlilik konusundaki çifteanlamlılıklar bizi, bağlamlara, meselelere, inceleme konularına bağlı olarak çok farklı cevaplara defalarca yöneltecektir. Bu kavramın sınırlarına dair belirsizliğin ek bir özellik içerdiğini unutmayalım: Bu belirsizlik, kültür politikalarının anlamı konusunda yeni bir tartışma dinamiğine teşvik etmektedir. Son yıllarda bazı ülkelerde, kamusal kültür politikalarının tutarlılığı ya da kimi zaman tutarsızlığı üzerine bir tartışma eksikliği saptanmıştır. Özlü bir söze göre, sanat böler kültür birleştirir. Günümüzde şöyle bir tersine dönüş hipotezinden söz edemez miyiz: Sanat dünyası –aktif ya da pasif– daha yaygın konsensüslere sahne olurken, kültürler mücadele konusu olmaktadır. Kültür politikası her koşulda, kimi zaman kültürel çeşitlilik(ler) kadar paradoksal bir kavramın desteğiyle de olsa, tartışma yokluğundan zarar görmektedir.

İKİLİ KARŞILAŞMA

Bu kitap, kültürel çeşitliliğin sınavındaki politikalar üzerine tartışmaların bütün boyutlarını açıklamak için, çeşitlilik ve bu çeşitliliğin küreselleşme olgusuyla ilişkileri üzerine birçok bakış açısı arasındaki karşılaşmalardan yola çıkmaktadır. Disiplinler ve algı alanları arasında bir diyalog olmayı amaçlayan bu kısmın hedefleri, bu tür alt üst oluşların doğasını değerlendirmek ve gerek olduğunda, kapsamını ve etkisini göreceleleştirmektir. Küreselleşme ile kültür arasındaki ilişkiler üzerine söylem, özgül çıkarların desteklediği iki seçeneği sıklıkla karşı karşıya getirir. Bölgesel (yerel, ulusal, vb.) bir kültürel kimliğin uzlaşmaz savunucusu olan birinci seçeneğe göre küreselleşme, kültürlerin pazara tabi olduğu ve hiyerarşik bir çerçeveye yerleştirildiği standartlaşmış bir dünyanın felaketine götürebilir. Kültürün endüstriyelleşmesinin ateşli destekçisi olan ikinci seçeneğe göre ise küreselleşme, özellikle yerel gelişme için yeni bir fırsattır. Bu kısım, bilimsel bakışların çokluğu temelinde, aynı ölçüde şematik olan bu önermelerin ötesine gitmeyi hedeflemektedir.

Tony Bennett, kültürel incelemeler bakış açısıyla çeşitlilik konusundaki her düşünceyi harekete geçiren temel soruna geri döner: Kültür ile farklılık arasındaki ilişkiler. Kültürel çeşitlilik döneminde, kültüre toparlayıcı bir işlev tanımak ile kültürlerin çokluğunu kabul etmek nasıl uzlaştırılabilir? Daha sonra da, bu kabulün kültürler arasında benimsenmiş ya da zımni hiyerarşi biçimlerine yol açmaması nasıl sağlanır? Bu çalışmanın aydınlatılmasına katkıda bulunacağı meseleler bunlardır.

Ardından, tümleştirici bu büyük söylemlerle araya mesafe koymak için antropolojik bir bakış gerekli olmaktadır. Mónica Lacarrieu küreselleşme yönündeki egemen eğilim ile kültürel kimliklerin yerelleşmesi fenomenleri arasındaki diyalektik oyunu İber-Amerika bağlamında açıklamaktadır.

Joan Subirats küreselleşme ile kimlikler arasındaki bu aynı ilişkiye siyaset bilimi açısından bakmaktadır ve iki terimin, kaçınılmaz biçimde uzlaşmaz olmadığı gibi, karşılıklı olarak birbirlerini nasıl etkileyebileceğini de incelemektedir.

Xavier Cubeles ise "küreselleşmiş" bu kültür endüstrilerinin bölge ekonomileri üzerindeki etkisini analiz etmektedir. İspanya'da kültür endüstrilerinin temel bir yer işgal ettiği yeni ekonomiden yana ortaya çıkan temerküz eğilimlerini incelemektedir. Aynı zamanda küreselleşmenin, bölgeler ve kültürleri üzerinde günümüzde olumsuz etkilerini önlemenin olası koşulları üzerine bakış açısını da sunmaktadır.

Son olarak, UNESCO'nun kültürel çeşitlilik sözleşmesi, genellikle hukuksal bir nihai nokta olarak sunulmuştur. Antoine Leonetti, bu meselelerin bilinmesinde uluslararası bir gelişme oluşturan sözleşmenin doğuşuna geri döner. Bu yapının, çeşitlilik kavramının kapsadığı paradokslar ve ikilemler bütününe çözüm getirmediğini söylemek pek bir şey ifade etmez. Bir yandan, hukuksal bir uzlaşma söz konusudur ki bu, aralarındaki güç çekişmelerine rağmen Avrupalılar ile Amerikalılar arasındaki özellikle diplomatik pazarlıkların sıkıntılarının damgasını taşır. Diğer yandan, sözleşmenin temsil edebileceği yasa gücü, yeterli sayıda devlet tarafından imzalandıktan sonra, büyük ölçüde politik olarak araçsallaştırılmasına bağlı kalır.

İkinci bölümde, çeşitlilik üzerine *mainstream* söylemin farklı ulusal gerçekliklerle temas halindeki teorik ve genel keza çok pratik meseleyi gizlemesinin her tarzına tanıklık eden çok sayıda girdi dolayısıyla, kültür politikalarının somutluğu içinde kültürel çeşitlilik sorunu ele alınmaktadır.

Kültürel çeşitlilik teması uzun süre boyunca çokkültürcülük kavramını çevreleyen temanın egemenliğindeydi. Amerikan solunun popülerleştirdiği bu kavram, pratiklerin çeşitliliğini nihayet dikkate alan, sanatsal ve kültürel homojenlikle sınırlanmayan bir "kültürel demokrasi"nin savunucuları tarafından başlangıçta coşkuyla ele alındı. Günümüzde bu bakış açısının hem ampirik hem de eleştirel bir bakışla incelenmeyi hak ettiğini ne kadar söylesek azdır. Bu kısım, farklı alanlara (Birleşik Krallık, Hollanda, İtalya, İspanya, Latin Amerika, Fransa) ve hem teorik hem de ampirik yaklaşımlara dayanan birçok katkı sunacaktır.

Birleşik Krallık'la ilgili olarak François Matarasso, tekil bir ulusal inşa tarihi, uzaktan eylem ilkesine (*at arms'lenght*) göre kültürel politikaların örgütlenmesi, kamusal eylem tarzı ve politik norm olarak kültürel çeşitliliğin entegrasyonu arasında bağ kurmaktadır.

Hollanda örneğinde Eltje Bos ile Cas Smithuijsen bize, Hollanda'ya özgü çokkültürcülüğün, Hollanda'nın politik kültürünün, kültürel politika ile çeşitlilik arasında özel bir ilişkiye varış tarzı hakkında bir panorama sunmaktadır. Bu ilk iki katkıda, çeşitlilik meselelerinin birçok ölçekte (ulusal, bölgesel, şehir) nasıl azaldığı –tamamen devlet çerçevesi içinde basitçe birinin diğerine eklendiği hipotezine girmeden– görülebilir.

Turin örneğinde çokkültürlülük ile kültür politikaları arasındaki ilişkiyle ilgilenen İlda Curti ve Luca Dal Pozzolo bir şehir duyarlılığını savunmaktadırlar. Bunu, bu ilişkinin göbeğinde bulunan yeni toplumsal dışlanma risklerinin yanı sıra kültür kitlelerinin yeni perspektiflerini de tanımlayarak yaparlar.

Jordi Caïs ve Joan Manuel García Jorba, on yıl içinde dışarıdan göç alan bir ülke olan İspanya'nın büyük dönüşümünün kültür politikası eksenleri üzerindeki etkisini, özellikle de kendi kültürünü özerklik kimliğinin esin kaynağı yapan bir Katalan "Ulusu" ölçeğinde analiz etmektedirler. Bununla birlikte –ve paradoksal olarak–, Katalan kültürel modeli ille de özgül kültür politikalarının uygulanmasına yol açmamaktadır.

Martin Hopenhayn'ın katkısı konuyu çokkültürcülük kavramı üzerine teorik ve eleştirel bir düşünmeyle ele almakta ve doğrudan doğruya İber-Amerikan ve Avrupa dünyalarında yavaş yavaş yayılan bir Anglosakson tartışmasına girmektedir.

Son olarak, Emmanuel Négrier Fransa ile İspanya örneklerini karşılaştırmaktadır. Her iki ülke de kamusal yetkilerin kültüre doğrudan müdahale ettiği bir geleneğe sahip olsa da, kendi iç çeşitliliklerinin uygulamadaki önemli sonuçlarıyla birlikte, kurumsal güzergâhlarında büyük ölçüde farklılaşmaktadır. Bununla birlikte, çeşitliliğin kültürel işlenişi meselesi, ampirik ve sorunsallı kesişme noktalarının daha belirgin biçimde kendini gösterdiği metropoller ölçeğinde daha fazla hissedilmektedir.

Çeşitliliğe ve küreselleşmeye disipliner yaklaşımlar ile çeşitliliğin fiilen uygulandığı ulusal ve yerel ölçekler arasındaki bu ikili alışveriş dolayısıyla, bu kitabın amacı, çağdaş dünyada kültür politikalarının geleceği üzerine hem bilimsel gözlemleri açıklamak hem de hiç olmadığı kadar açılmış olan tartışmayı beslemektir.

BİRİNCİ BÖLÜM

Küreselleşme, Kimlikler, Kültürler

1

Kültür ve Farklılık: Meydan Okuyan Çokkültürcülük

TONY BENNETT

Bu bölümün kaleme alınmasından kısa süre önce Coventry'deki Art Herbert Müze ve Galerisi'ni ziyaret etmiştim. Coventry, 1950-1960'lı yıllarındaki el emeği eksikliğine Hindistan, Pakistan ve Bangladeş'ten gelen emekçileri işe alarak çare bulmuş olan Britanya'nın çok sayıdaki eski sanayi şehrinden biridir. Bununla birlikte, 1980'li yıllardan itibaren bu şehrin temel faaliyet sektörü –otomobil sanayii– ekonomik küreselleşmenin etkisi altında büyük bir yıkıma doğru gitti ve işsizlik büyüyüp şehir dokusu bozulurken şehrin farklı etnik toplulukları arasında şiddetli gerilimler ortaya çıktı. Vaktiyle Britanya'nın imalat ekonomisinin ana çekirdeğini oluşturmuş birçok başka şehirde de benzer bir durum görüldü. Aynı zamanda, bu şehirlerin çoğunda –Coventry'deki gibi– müzeler çokkültürcülük davasını savunmayı seçtiler. Herbert Müzesi, başlangıçta Britanya'nın diğer bölgelerinden, daha sonra imparatorluğun en geri noktalarından gelen art arda göç dalgalarının izlerini taşıyan Coventry'nin gelişim tarihini anlatır. Şehri bu şekilde tarif eden, yani her zaman için az çok çokkültürlü olduğunu vurgulayan müze, çağdaş çokkültürlülüğün meydan okumalarına tamamen hazır olduğunu göstermeye çalışmaktadır. Müze, benim ziyaretim sırasında, Güney Afrika Hakikat ve Uzlaşma Komisyonu'nun çalışması üzerine geçici bir sergi sunuyordu. Sergi çıkışında, müze ziyaretinin ziyaretçiye başka kültürlere dair daha iyi bir bilgi edinmesini sağlayıp sağlamadığını ve kendisini kültürel farklılığa karşı daha hoşgörülü kılıp kılmadığını öğrenmek için bir soru kâğıdı doldurtuluyordu.

Bu örnek bizi çokkültürcülüğün meydan okumalarının kalbine –bunlar sanatı, ortak kültür varlığını ve medya sektörünü ilgilendirdiği ölçüde– götürmektedir. Yüzlerce yıllık bu kurum, kültürel farklılıkları daha kabul edilebilir kılmak ya da farklılığı erdeme dönüştürmek için, yararlandığı kültürel kaynakları kullanarak, bu soru kâğıdıyla, ziyaretçilerin algısını değiştirmeyi başarıp başaramadığını görmeye ısrarla çabalamaktadır. Bizim buradaki temel hedefimiz, çokkültürcülüğün meydan okumalarının kültürel kurumların pratikleriyle doğrudan ilişkiye girdiği bu türden yüzlerce ya da binlerce örneğe kavramsal ve tarihsel bir çerçeve sağlamaktır. Bu anlamda, çokkültürcülük kavramının yorumlandığı ve yorumlanmaya devam ettiği farklı biçimleri verecek, bunların politik ve pratik sonuçlarını karşılaştıracağız. Aynı zamanda, çokkültürcülük ile kültürel çeşitliliği ilgilendiren en yeni ve daha geniş boyutlar arasındaki ilişkileri de dikkate alacağız ve bu ilişkilerde işin içinde olan olguları, keza hoşgörünün rolünün ve değerinin farklı anlamlarını kısaca inceleyeceğiz.

ÇOKKÜLTÜRCÜLÜKLER

Genellikle gündelik dilde kullanılan çokkültürcülük teriminin en yaygın anlamı, ister bir ulus, ister bir şehir, bölge ya da yer söz konusu olsun, tanımlı bir toprak ve hukuk çerçevesi içinde bir arada var olan farklı kültürler arasında saygıyı ve eşit değeri korumaya ve sağlamaya yönelik bir yönetim iradesinin bulunduğu çok etnik yapılı toplumların bileşimi olarak tarif edilir. Bu genel olarak, farklılaşmış bir dizi kültür ve kimliğin devlet tarafından tanınmasını, sanat ve kültür alanlarında yönetim sübvansiyonlarının ve kültür pazarlarının alışıldık işleyişi olan "farklılığa ilgisizliğe" karşı koymak için farklı idari ve vergi mekanizmaları yoluyla uygulanan telafi edici bazı faaliyetleri içerir. İlk olarak 1965 yılında Kanada'daki bir Kraliyet Komisyonu'nun uygulamaya koyduğu bu çokkültürcülük uygulaması daha sonra yaygınlaştı ve göçmen nüfusların kendi inançlarını, değer ve kültürlerini egemen ulusal kültüre uyarlamaları gerektiğini kabul ederek, farklılıkları sulandırma eğilimindeki *asimilasyoncu* politikalara karşı kültürel farklılıkların aktif olarak korunup sürdürülmesini açıkça arzulayan devletlerin politikalarında görüldü. Çokkültürcülüğün politik ve felsefi referansları bu anlamda geniş ölçüde liberaldir. Ancak bununla birlikte, iki akım arasında önemli bir tartışma görülür: Bhikhu Parekh (2000) gibi, herkese uygulanabilir yasaların ortak yapısına sahip liberal bir ilkenin özel kültürel durumlara ve etnik azınlıkların ihtiyaçlarına uyarlanacak şekilde değiştirilmesi gerektiğini düşünenler; Brian Barry (2001) gibi, farklı yurttaş grupları için özel statüler getirme gerekliliğini tartışanlar ve ortak bir yasa yapısı içinde evrensel yurttaşlık ilkelerinin uygulanmasıyla bütün bu kültürlerin üyelerine eşit muamele sağlamayı tercih edenler.

Bu tartışmalar, Batı'nın liberal politik teorileri arasındaki çözümlenmemiş önemli gerilimlerin yansımasıdır. Çokkültürcü politikalar, yurttaşlığın farklı ülkelerde yasalaştırılma ve ilan edilme tarzına bağlı olarak, bunları farklı biçimlerde yumuşatmaya çalışmaktadır (Modood ve Werbner, 1997). İen Ang'a göre (2005) iki teori, bulundukları bölgede ırksal eşitlik mücadelesine girişmiş toplumsal hareketlerin gittikçe artan eleştirilerine yol açmıştır. Bu yeniden sorgulamanın çeşitli nedenleri vardır. Çokkültürcülüğün liberal biçimlerinin eleştirilmesinin nedeni, bunların, örneğin kültürel çeşitliliği çok estetikleştirici bir şekilde savunarak farklılıkları maskeleme ya da depolitize etme eğilimi göstermeleridir (Bennett, 2001). Diğer taraftan bu liberal çokkültürcülük biçimleri, farklılıkları şeyleştirme ve nüfusu gayet tanımlı etnik ve ırksal gruplar arasında bölme eğilimleri, dolayısıyla bunların karışımından ve birbirleriyle bağlantılarından doğabilecek yeni kültürel olasılıklar aleyhine farklılıkları öne çıkarmakla eleştirilmişlerdir (Murji, 2002). Nihayet, diğer kültürlerin farklılıklarının belirlenmesini, sınıflandırılmasını ve incelenmesini "beyazlar"ın denetiminde olan görünmez bir merkezin zımni bakış açısından yola çıkarak yaptıkları ve bunları hoşgörü gösterilmesi gereken, etnik olmayan bir kültür anlayışına göre abartılı bir şekilde değerlendirdikleri için de eleştirilmişlerdir (Hage, 1998; Blommaert ve Verschueren, 1998).

Günümüzde çokkültürcülüğün çoğu savunucusu, bu türden bir eleştirinin ışığında, "eleştirel çokkültürcü" olarak hareket etmeyi tercih etmektedir. Bu yoruma göre, çokkültürcülüğün meydan okuması, özellikle hiçbir kültüre diğerleri karşısında ayrıcalık tanınmadığı ya da farklılıkların kendini düzenleyeceği ya da yönetileceği bir referans modeli oluşturmadığı türdeki farklılık ilişkilerini beslemekten ibarettir. Bu perspektifin savunucusu olan Stuart Hall, "esasen ırksal ve etnik azınlık üyelerine hitap ettiğini" düşündüğü çokkültürcülükten uzak bir bakış açısı değişikliğinin aciliyetini vurgulayarak, tartışmayı "bütün toplumun niteliğini ve sonuç olarak, her bir kişinin değişmiş koşullarını ilgilendiren" "çokkültürcü sorun" üzerinde odaklamayı amaçlar (Hall, 2001, s. 5).

Hall'ün sözünü ettiği *değişmiş koşullar,* özellikle savaş sonrasının göç olgularına, alışveriş ve diyalogların farklı biçimleriyle nitelenen farklı kültürler arasındaki ilişkilere denk düşmektedir. Dolayısıyla burada daha geniş bir çokkültürcü yönelimin merkezinde, birbirlerinden ayrı olarak gözlemlenen farklı kültürler arasındaki ilişkileri yönetmek yerine, kültürler arasındaki karışımları ve bağlantıları artırmanın yer alması gerektiğini ileri sürmektedir. "Kültürel melezlik", "kültürel akış", "kültür-aşırılık", "kültürler arası diyalog" ve "kültürel iç dolayım" terimleri –ki bunların hepsi eleştirel çokkültürcülüğün söz dağarının parçasıdır– kültürel ayrımların ve ilişkilerin akışkanlığını ve kalıcı olmamasını açıklar (Shelton, 2001). Bu referans değişikliği, kültürel faaliyetlerin başlangıçtaki farklı niteliklerine göre değil, evrimci farklılaşma süreçlerine göre ele alındığını vurgulayan, "farklı kültürler" ile "farklılaşan kültürler" arasındaki söz dağarı değişiminde gayet iyi ifade bulur. Bu fikri özetlemek için Paul Gilroy, "çoğul kültürler fikrinin bize sağladığı bu yarım yapıyla yetinmemeliyiz" demektedir. "İlişkisel kültürler ve ilişki olarak kültür teorisi çok daha geçerli bir çıkış temelini temsil etmektedir" (Gilroy, 2000, s. 275).

Biz, iki yüzyılı aşkın bir süre boyunca Avrupa'nın farklılık kavramlarını oluşturmuş olan "öteki"ni damgalayıcı biçimlerin mirasını ve kültürlerin hiyerarşik düzenlenmesini aşmaya çalışmak ve sanatların, ortak kültür varlığının ve medyanın karşı koyduğu meydan okumaları değerlendirmek için, büyük ölçüde eleştirel çokkültürcülük perspektifine yaslanacağız. Bununla birlikte –uluslararası nüfus akışları, kültürel çeşitlilik, toplumsal barış ve güvenlik arasındaki ilişkileri ilgilendiren sorunların 11 Eylül *sonrası* bir dünyada hızla terörizme karşı savaş olarak değerlendirildiği– bu yeni bağlamların, kültürel alışverişlere destek, kültürlerarası anlayış ve melez kimlikler üzerindeki kutuplaşmalar gibi ifadelerin tarif etmeye yeterli olmadığı kimi meydan okumalar sunduğunu da belirtmeliyiz.

ÇOKKÜLTÜRCÜ POLİTİKA VE PRATİKLER

Öncelikle, çokkültürcü politika ve pratiklerin ilk bakışta sundukları sorunlar türünü biraz daha somut olarak saptayalım (Gunew ve Rizvi, 1994). Bunu yaparken, yerli nüfusların kültürüne saygı gösteren politikaları –daha ileride ayrıntılandıracağımız nedenlerle, devlet içi nüfus akışlarına bağlı çokkültürcü politikalardan genel olarak kavramsal olduğu kadar idari olarak da ayırmak gereken politikaları– içermek için, bakış açısını biraz daha genişleteceğiz. Politik sorunlar, farklı kültürlerin daha iyi tanınmasını ve bunlara daha fazla saygı gösterilmesini öne çıkarmak adına ve daha az sektörleştirici bir bakış içinde, bu kültürler arasındaki ilişkilerin daha iyi düzenlenmesi için yönetimlerin alabileceği –ulusal, bölgesel, yerel ya da şehir düzeyindeki– önlemlere odaklanmıştır. Dolayısıyla, incelenmesi gereken sorular hem çok geniş hem de çok karmaşıktır: Tek-kültürlü ulus-devletlere bağlı yurttaşlık nosyonlarının gelişimine yol açmış ayrımcı temele karşı mücadele etmek; kültür ve yaratı endüstrileri içinde farklı kültürel yapılardan gelen aktif nüfus için çalışma hedefleri tanımlamak; Batılı ve bireyci tercihleriyle mücadele etmek ve yerel kültürel endüstrilerin ve ifadelerin kolektif doğasını korumak amacıyla entelektüel mülkiyet rejimlerinde reform yapmak; şehir alanında ırksal ayrımcılığa karşı çıkmaya elverişli yeni şehir planlama biçimleri geliştirmek; özgül etnik azınlıkların çıkarlarına yönelik görsel-işitsel yayın saatlerini tanımlamak; sportif gösteriler sırasında ırkçı ifadelerle mücadele etmek amacıyla yasalar çıkarmak; sanat alanında etnik azınlık kökenli görevliler yetiştirme ve istihdam etme konusunda müzeler ve ortak kültür varlığı kurumları için hedefler saptamak; kamu kütüphanelerinde bulunması gereken azınlık dillerinde kitap miktarıyla ilgili hedefler tanımlamak... İşte, çokkültürcü politikalar benimsenmesinin yol açtığı ihtiyaçlardan yalnızca birkaçı. Bu haliyle bu politikalar, çokkültürcü hedeflerini sürdürmede farklı politikaların etkinliğini amaçlayan bir dizi yöntemi de beraberinde getirirler. Yukarıda söz ettiğimiz, Coventry Müzesi'nin çıkışındaki anket bunun bir örneğidir.

Bazı eleştirel çokkültürcülerin gözünde, çokkültürcü politikaların sonuçlarını ölçme yönündeki bu irade, kimi zaman farklılıkların şeyleşmesine katkıda bulunabilir. Nüfusu tanımlanmış birçok ırksal ve etnik gruba bölen ve bunların her birinin özel ihtiyaçlarının hangi noktaya kadar fiilen garanti altında olduğunu belirlemeye çalışan bu önlemler, bu tür gruplar arasındaki olası etkileşimlerin kabulü ve geliştirilmesi aleyhine, bunları ayrı ve ayrım gören gruplar olarak kabul ederek aralarındaki farklılıkları esas kılmaya yöneliktir. Sonuç olarak, bazı analizciler kültürel politikaların genellikle –örneğin Hindistan'da (Dirks, 2001; Mercalf, 1997)– sömürge idaresinin ilk biçimlerinin mirasının damgasını taşıdığını ileri sürerler. Burada, etnik niteliklerinin farklılıklarına göre tanımlanan gruplarla ilgili istatistikler, nüfusların ırksal ayrımına, hak ve görevlerin ırksal hudutlara göre farklı biçimde dağılmasına katkıda bulunmuştur. Kuşkusuz bu bir gerçekliktir ve yeniden dağıtım programları, toplumsal sınıflara bölünmeyi açıklayan ve bunların sürmesine katkıda bulunan modern devletin bürokratik mekanizmalarına bağlıdır. Fakat, farklı etnik grupların kültürel statüsünün kabulü ve geliştirilmesiyle ilgili değişimlerin bu sayısal envanterlere dayandığı da doğrudur.

Durum böyle olunca, eleştirel çokkültürcülüğün gündemini besleyen çok sayıda soru bir başka düzlemde yer alır. Sanat, ortak kültür varlığı ve medya sektörünün gelişiminde yer almış kültürel bilgiler (örneğin sanat tarihi ve estetik ya da antropoloji ve arkeoloji) istatistiki olarak ölçülebilir analizlere daha az açık olduğundan, ırksal ve etnik farklılıkların hiyerarşikleşmesinde aktif bir öğe oluşturma tarzına meydan okuma ve bunu dönüştürme olgusuna dayanır. Bunlar, ne yönetimleri ne de kültür, sanat, ortak kültür varlığı ve (kamusal ve özel) medya sektörü çalışanlarını ve entelektüelleri ilgilendiren sorunlardır. Sonuçları toplumsal olarak ölçülebilen –örneğin erişim gibi– genel programlardan daha çok, kültürel kurumların pratiğini etkileyebilen yeni kültürel mantıkların gelişiminde ağırlık taşırlar. Söz konusu çalışmanın kapsamını tarihsel olarak burada değerlendirmek güçtür. Farklılıkların hiyerarşikleştirilmesi bizim "kültürel kompleks" diye adlandırabileceğimiz şeyin, yani modern dönemde gelişmiş kültürel kurumlara denk düşen yapılar bütününün (sanat galerileri, kamu müzeleri, parklar ve kütüphaneler, kamusal alan için yapılan anıtlar, ulusal ve anma amaçlı ortak kültür varlığı kurumları, sicil arşivleri, vb.) merkezine yerleşmiştir. Bu kompleksin içinde, bilginin uzmanlaşmış ve seküler yeni biçimleri, kamusal alanın içine kültürel kaynakların gelişimi için şart olan yeni "hakikat" temelleri dâhil ederek, dinin etkisini yerinden etmiştir. Daha evvel bu kurumlar, kendi içlerinde birbirine bağlı olarak ve inşa edildikleri farklı zamanlara göre, farklılığın modern düzenlenişinde temel bir rol oynamış süreçlerin bazı aşamalarına doğrudan doğruya karışmışlardı.

Bu süreçlerin ilki –Benedict Anderson'un (1991) deyişiyle– ulusun modern dönemin en anlamlı "hayali cemaati" olmasını ve hep böyle kalmasını sağlamış olan ve önceki ulus-üstü özdeşleşme biçimlerinin –özellikle de ulus-aşırı dinlerle ilgili olanların– başatlığını, politik iktidarın toprak düzeyindeki en yetkin örgütü olan ulus-devletlerin gelişimi yararına yerinden eden mekanizmayla ilgilidir. Anderson'a göre, ulusların hayali cemaatler olarak işleyişinin temel bir yanı (ulus atalardan kalma kökenleri ve sonsuz geleceğiyle sınırsız kabul edildiği ölçüde), özel bir zaman anlayışına dayanmaktadır. İkinci süreç, Batılı Beyaz ulusların üyelerinin modernitenin birinci hattına yerleşmeleri, sömürgeleşmiş halkların ve özellikle avcı-toplayıcıların ise tarihöncesi çağın şimdiki zamandaki kalıntıları ve ilkel kabul edilmeleri ölçüsünde, sömürgeci anlamda zamanın çok özel düzenlenişine denk düşer (Bennett, 2004). Diğer nüfuslar, özellikle gelişmiş bir tarıma ya da büyük şehir merkezlerine sahip olanlar –örneğin Japonlar ve Çinliler– bu zaman ölçeği üzerinde ara bir düzeyde, Batılı gelişim ile ilkel azgelişmişlik arasında bir yerde bulunurlar.

Bu iki zaman ölçeği –ulusunki ile Batı'nınki– arasındaki kesişmeler, nüfuslar arasındaki –hem uluslar arasındaki hem de içindeki– farklılıkların, yalnızca hiyerarşik olarak değil, çeşitli kipliklere göre adım adım ortadan kaldırılması gereken farklılıklar olarak kategorileştirilme tarzını tanımlamada belirleyici olmuştur. Evrimle ilgili 19. yüzyıl sonu düşünce akımları, örneğin farklılıklara karşı tarihsel mücadelenin toplumsal gövdenin içinde "ilkellerin" yok olmasıyla ifade bulduğunu kabul etmişlerdir; bunlar yaşam mücadelesinde "kaybedenler" olarak ve sonuçta, bu teorilere göre yok olmaya mahkûm olanlar olarak kabul edilmişlerdir (McGrane, 1989; McGregor, 1998). Farklılıkların kökünü tarihsel olarak kazıma yönündeki bu strateji, gerçek anlamda sömürgecilik koşullarında gelişse de, Batı Avrupa'nın gelişim yolundaki uluslarının bazı nüfuslara yönelik –özellikle çok sayıda Avrupa ülkesindeki Romanlar– uygulamalarında da kimi yankılar bulmuştur.

Asimilasyon politikalarının yönelimi farklıdır. Bunlara göre, azınlık nüfusların egemen ulusal kültüre uyum sağlaması ve sonuç olarak ayırt edici değerlerini tamamen yitirerek ya da bunları çok seyreltilmiş biçimde koruyarak ulusun gelişim yörüngesi içinde emilmeleri için farklılıklar ortadan kaldırılmalıdır. Zamana bağlı asimilasyon stratejileri ile çokkültürcü politikalar arasındaki bu süreklilik, eleştirel çokkültürcülerin devletin yönettiği çokkültürcülük biçimleri karşısında ifade ettikleri çekincelerin temelidir. Çünkü bunlar, farklılıkların "beyaz" bir denetim konumundan, hatta bizzat ulusal kültürün merkezinden –bu kültür sorgulanmadan– yola çıkılarak idare edilmesi gerektiğini kabul ederler. Ayrıca, farklılık sorunları karşısında kullanılan terimler eşitlikçi hakların tanınmasına gönderme yapar; egemen kültürün bu eşitliğin ölçülme ölçütlerini sağlaması gerekip gerekmediğini bilme sorununu tartışma konusu etmezler. Diğer taraftan, farklılığı hesaba katma biçimleri, azınlık nüfusların tanınma ve beklentilerinin çeşitliliğine değer vermez. Sneja Gunew'in (2003) belirttiği gibi, bu durumlar varlığını sürdürdükçe, sömürgeci geçmişi çokkültürcülüğün peşini bırakmayacaktır.

Müzeler örneğine dönecek olursak, bu eleştirilerin gücünü kabul etmek, farklı kültürlerin taleplerini aynı şekilde dinlemenin yeterli olmadığı anlamına gelir. Bu tutum aynı zamanda, ortak kültür varlığı olarak korunması, yeniden gruplandırılması, saklanması, müzelerde gösterilmesi ya da gizli kalması gereken şey veya gösterilmesi gereken şeyin sergilenme tarzı hakkında karar verme ile ilgili süreçler için gerekli bilgi birikimi ve tasniflerde de kayda değer değişimlere eşlik etmelidir. Ayrıca bu süreçlerin, bugüne kadar Batılı kültürel yapının gelişimini sağlamış olan değerleri sorgulamaya müsait dışsal bir kültürel ekspertize açık olması da önemlidir. British Museum gibi antropolojik ve arkeolojik ilk sergilerinde kültürel farklılıkların hiyerarşik düzenlenişine yer vermiş ancak artık bunun yerine antropolojik ve arkeolojik görecelik ilkelerine göre sergiler düzenleyen korumacı bir müze ile Avustralya ya da Yeni Zelanda müzeleri arasında dünya kadar farklılık vardır. Avustralya ve Yeni Zelanda müzelerinde, sömürgeciler ve yerli nüfuslar arasındaki ilişkileri belirlemiş olan asimile edilmesi imkânsız farklılıkların ve tarihsel çatışmaların önemini öne çıkartan yerli sahip çıkma ve korumanın yeni biçimleri Batılı kavrayış şemalarının rolünü sıklıkla sorgulamışlardır.

Eleştirel çokkültürcülük, yurttaşlıkla ilgili kültürel programları Batılı liberal politik düşüncenin dayandığı –herkes için eşit hakları savunan– alışıldık yurttaşlık kavramlarının ötesine genişletmenin önemini de vurgulamaktadır. Böylelikle, yalnızca farklı gruplar için farklılaşmış haklar olasılığı değil, aynı zamanda farklı yasa sistemleri arasında dolayımların tanınması ve gerekliliği de işin içine katılmış olur. Burada da yerli nüfuslar bize, özellikle 1960'lı yıllardan itibaren, Maoriler, Aborijinler (Attwood, 2003) ve Amerikan Yerlileri için birey olarak eşit hak ve konumlara ilişkin eşzamanlı taleplere iyi bir örnek sunmaktadır. Bu halklar, farklılığı öne sürerken, toprakla geliştirilmiş özellikle tinsel ilişkilerin ve farklı kabile yasası sistemlerinin bir başka kolektif tarihi içinde kök salmış, evrensel olmayan hakların bir örneğini de vermektedirler (Kymlicka, 2002).

ÇOKKÜLTÜRCÜLÜK VE KÜLTÜREL ÇEŞİTLİLİK

Eleştirel çokkültürcülük ile hedefi cinsel türe ve cinselliğe bağlı kültürel farklılıkları tanıma ve idare etme şemalarını dönüştürmek olan kültürel çeşitliliğin geniş şemsiyesi altında sergilenen argümanlar arasında çok sayıda benzerlik vardır. Ayrıca, kadınların, gaylerin, lezbiyenlerin ve transseksüellerin, keza etnik azınlıkların, diasporaların ve yerli nüfusların kültürel hakları problemini politik programlara dahil etmeye katkıda bulunmuş toplumsal hareketler ile mücadeleler arasında da çok sayıda bağlantı vardır. Ancak tarihçeleri benzerlikler gösterse de, bu hareketler özdeş değildir ve bazı durumlarda karşılaştırılamazlar. Sonuç olarak, Hıristiyan ve Müslüman köktendinciler ile gaylerin ve lezbiyenlerin haklarıyla ilgili liberal anlayışlar –radikal görüşlerden söz bile etmiyoruz– arasında tam bir uyuşmazlık olduğundan, farklı dinlere bağlı kültürel farklılıkların tanınması ile cinsel âdetlerin günümüzdeki evrimi ve bunların politik kabulü arasında çok açık gerilimler mevcuttur.

Bu sorunlar, çokkültürcü politik söylem ile kültürel çeşitliliğin politik söz dağarı arasındaki ilişkileri değerlendirmekte özellikle önemlidir. Altı Avrupa ülkesindeki (Avusturya, Belçika, Bulgaristan, Lüksemburg, İsviçre ve Birleşik Krallık) ve Kanada'daki kültürel çeşitlilik üzerine yapılmış bir incelemeden yola çıkarak Avrupa Konseyi tarafından hazırlanan raporun temel düşüncelerini belirterek, bunları daha iyi vurgulayabiliriz (Bennett, *a.g.e.*). Bizim düşüncemizin temel öğesi raporun başlığının birinci kısmında bulunmaktadır: *Çeşitliliği Farklılaştırmak: Kültür Politikası ve Kültürel Çeşitlilik.* "Çeşitliliği farklılaştırmak" olgusu "çeşitlilik" nosyonu karşısındaki belli bir çekinceye, bütün farklılık biçimleri arasında bir denklik oluşturmaya ve dolayısıyla üretici olmayan, hatta zararlı bir politik tutuma işaret eder. Bu raporun yazı kurulunun bölgesel bir Sanat Konseyi'ni ziyareti sırasında bunu değerlendirme fırsatı bulduk. Bu vesileyle, kültürel farklılığın, başka şeylerin yanı sıra, şehirlerin gelişiminin ağırlığıyla yok olma tehdidi altındaki sanat ve zanaatkârlık faaliyetlerini korumak için sübvansiyon verilmesini doğrulayacak şekilde yorumlanmış olduğunu fark ettik. Bu bir istisna değildir: Tehlike altındaki türlerin korunması yoluyla ekolojik çeşitliliğin sürdürülmesi için gerekli mekanizmalar ile kültürel çeşitlilik arasındaki bir benzeşimden yola çıkılarak, uluslararası düzlemde sıklıkla bu tür faaliyetlere yardımı öngören çok sayıda program tasarlanmıştır. Irkçı ya da yabancı düşmanı veya diğer farklılık biçimlerine düşman olmadıkları sürece, bu tür hükümet yardımlarına elbette lafımız yoktur. Bununla birlikte, bunları politikalara ve çokkültürcü önceliklere dahil etmek ve bu şekilde doğrulamak –günümüzde Büyük Britanya'da olduğu gibi– bize yersiz gelmektedir. Öncelikle, bu yardımlar, örneğin beyaz İngilizler ile Britanya'nın Asya ya da Karaipler'deki sömürgelerinden gelen diasporalar arasındaki karmaşık ırksal gerilimleri yatıştırmakla aynı önceliğe ve aynı toplumsal öneme denk düşmez. Ayrıca, farklı çeşitlilik kategorileri sonuçta farklı tarihlerin ürünüdür ve eğer politikaların çözülmesi gereken problemlerin özgüllüklerine eşit biçimde duyarlılık göstermesi istenirse, sonuç olarak özel yaklaşımlar gerekir.

Bu nedenlerle, Avrupa Konseyi'nin raporu, kültürel çeşitliliğin desteklenmesinin başlangıçta egemen kültürel ve toplumsal normların dışında bulunan bütün bu farklılık biçimlerinin tanınmasını ve yeniden değerlendirilmesi gerektiğini kuşkusuz kabul etmektedir. Fakat uluslararası nüfus hareketlerine bağlı özgül problemlerin ve ulusal topraklar içinde de ulusal kültürlerin homojenleşmesi karşısında azınlıkların kendi kimliklerini korumak için verdikleri mücadeleyle ilgili problemlerin varlığını vurgulamaktadır. Bu çeşitlilik biçimleri diğerlerinden farklıdır; çünkü çeşitliliği ulusal kültürlerin dili temelinde sorgulamaktadırlar. Bu çeşitlilikler nüfuslar, tarihler, kültürler ve topraklar arasındaki ilişkilerden doğarlar ve milliyetçi projelerin çok karakteristik şekilde özel bir toprak ya da özel bir nüfus ile erişmeye çabaladığı özgül kültürle aralarında tesis edilecek basit bir uyumla uzlaştırılamazlar. Diğer taraftan, ulusal inşa süreçlerinin merkezinde bulunan ırkçılık ve sömürgeciliğin tarihine sıkı sıkıya bağlı kültürel farklılık biçimleri de içerir. Nihayet, vurgulanması gereken bir biçimde, raporun belirlemeyi hedeflediği farklı çeşitlilik kategorilerinden bazıları –örneğin– tanımlamada da kendi aralarında farklılaşırlar.

Farklılıkların ilki, ulusal kültürlerin homojenleştirici eğilimlerini tartışma konusu eden ulus-altı ya da çok-uluslu toplulukları (örneğin Galya, İskoçya ya da Bask milliyetçilikleri) kapsar. Fakat bunu, esasen egemen ulusal kültürle rekabet halinde; bir toprak, üzerindeki nüfus ve kültür arasında benzer işbirliği stratejilerine dayanarak yapar (örneğin Galya nüfusu-ulusu ve kültürü belirli noktalarda Britanya nüfusu-ulusu ve kültüründen farklıdır). İkinci olarak, diaspora kültürleri, yerinden olmuş nüfusların tarihlerinin ürünü olarak tarif edilir. Bunlara, ulusal kültürlerin bölgesel mantıklarını kateden ve onlara bir alternatif sunan uluslararası ve hareketli kültürel ağlar eşlik eder. Son olarak, sömürge işgaline direniş bağlamında yerli kültürlere değer verilir. Yerli kültürler nüfus, kültür, tarih ve toprak arasındaki ilişkilerin ulusal düzlemde harita üzerindeki bölünmelerini arızi olarak sorgulamaktadırlar. Avustralya Aborijinleri, yerli nüfus olarak 40 bin yıllık kesintisiz geçmişlerine karşılık 1998'de Avustralya'nın iki yüzüncü yıl kutlamalarının yapılmasının meşruluğunu tartışma konusu etmişlerdir, bu örnekte görüleceği üzere, yerli nüfuslar çok daha eski ve derin tarihlerine bağlı kalmaktadırlar ve bununla ilgili talepleri vardır.

Çeşitliliğin farklı biçimleri yalnızca farklı problemler getirmekle kalmaz; bu farklı biçimler çoğu zaman kendi aralarında da bir gerilim içindedirler ve her biri sorunları zıt, hatta çelişik taraflara çeker. Örneğin *alt* ulusları ya da *çok*-uluslu kültürleri ele alalım. Kültürel çeşitlilik politikaları şemsiyesi altında bunların öne çıkarılması, çağdaş metropollerin tipik nüfus ve kültür karışımlarından nispeten az etkilenen ve göçmenlerin ya da diaspora kökenli toplulukların kültürlerinin olumlu yanlarının tanınmasına ya da değerlenmesine belli bir direnç gösterebilen değerlerin ve yaşam tarzlarının, sanat biçimlerinin desteklenmesine denk düşebilir. Aynı zamanda, büyük ölçüde savaş sonrası dönemde gelmiş Güney Avrupa ve Asyalı göçmenlerin önemli bir nüfusunun da yaşadığı Avustralya gibi bazı ülkelerdeki yerlilerin durumuna gelince, bunlar, Aborijinlerin taleplerinin (kültürel farklılıklar ve Avustralya'nın asıl sakinleri olarak hakları) tanınmasına bağlı problemlerin, Avrupalı ve Asyalı göçmenler ile Anglo-Kelt Avustralyalıların egemen kültürü arasındaki ilişkilere bağlı problemlerle aynı olmadığı olgusu üzerinde ısrarla durmuşlardır. Örneğin, İtalyan kökenli Avustralya nüfusunun Aborijin kültürünü destekleme politikaları karşısında gösterdiği ilgi açıktır; hem de İtalyanların Avustralya'nın çokkültürlü çerçevesi içinde kendi yerlerini bulması yönündeki taleplerine Aborijinlerin gösterdiği ilgiden çok daha fazla. Uzun süre boyunca, iki dizi sorun federal hükümetin ayrı idareleri tarafından yönetilmiştir ve bu ayrım belli bir biçimde hep vardır. Örneğin, tek bir Göç, Çokkültürlülük ve Yerli Halklar İşleri Bakanlığı içinde bu alanların her biri için farklı iki alt bölüm vardır.

Sonuç olarak, kültürel çeşitliliğin farklı biçimlerinin sorunları ayrı bloklar oluşturmaz; ancak, ayrıntılı bir çokkültürcülüğün meydan okumaları çözümlenmek isteniyorsa, bunlar, ortaya çıkışlarına öncülük etmiş tarihsel özgüllüklere bağlı olarak ele alınmalıdır. Bu meydan okumalar, çözümlenmeden önce incelenmesi gereken iki başka veçhe daha sunmaktadır. Bugün bunlar, *Çeşitliliği Farklılaştırmak* raporunun hazırlanması sırasında olduğundan çok daha önemlidir.

HOŞGÖRÜ VE FARKLILIK

Çeşitliliği Farklılaştırmak'ın sonunda Catherine Murray'dan söz etmiştik. Bu akademisyen ve "çokkültürcü aktivist", Avrupa Konseyi ekibinin Kanada yolculuğu sırasında, "bu muharebelerin asla tamamen kazanılmadığını" gözlemlemişti; Kanada'nın çokkültürcü politika ve değerlerinin, yakın dönemde tutucu hükümetin en sağ kesimlerinin saldırısına uğradığına referansta bulunuyordu. Bunu kurtarıcı bir çağrı olarak zikretmiştik; siyasal seçkinlerin çoğu çokkültürcülük davasını benimsemiş olsalar da, halkın bu tür politikalara desteği genellikle çok zayıftır, hatta yoktur. Bu, bir tür kurumlaşmış şizofreniye de yol açabilir; birçok hükümet, küreselleşme ve çokkültürcülük retoriğini durdurulması olanaksız eğilimler kabul ederek benimsemişken, aynı zamanda hudutlar üzerindeki denetimi sıkılaştırmışlar ve bu eğilimlerin gerçekleşmesini daha da güçleştiren göç yasaları uygulamışlardır. 11 Eylül 2001'den birkaç ay önce durum buydu. O zamandan beri olaylar, küreselleşme ve kendi içlerinde farklılaşan halklar arasındaki daha dar ilişkiler karşısında geri döndürülemez hiçbir eğilimin olmadığını doğruladı. Teröre karşı savaş ve ardından gelen illegal Irak işgali, uluslararası hareketliliğin düşüşü üzerinde tüm sonuçlarını gösterdi; "iç güvenlik"le ilgili kale anlayışı Amerika Birleşik Devletleri'nde ve başka yerlerde açık seçik görüldü; terörist sayılanlara ve göçmenlere karşı uygulanan muameleyle ilgili olarak hükümetlerin teşvik ettiği ırksal ayrımcılık biçimleri ve İslâm ile "Batı" arasındaki ilişkiler etrafında büyüyen gerilim ortada... Bütün bunlar çokkültürcülüğün kırılgan tersine dönüşünün bazı işaretleri yalnızca.

Dolayısıyla, günümüz gibi bir dönemde, Gramsci'ye ve *Ordine Nuovo*'da Romain Rolland'ın ünlü sözünü kullanışına bakmak yararlı olabilir: *Zihinsel karamsarlık, iradi iyimserlik*, komünizmle faşizmi tabanda uzlaştırmayı hedefleyen politik slogan budur (Gramsci, 1971, s. 175). 11 Eylül'den beri durum iyice kötüleştiğinden, sanatçıların, entelektüellerin, kültür emekçilerinin ve idarecilerin, farklı kültürler arasındaki hiyerarşik ve ayrımcı düzenlere karşı savaşmak ve kültürler arası anlaşmayı teşvik etmek için eldeki tüm imkânları kullanarak çokkültürcülüğün meydan okumalarına cevap verebilmesi için iradi iyimserlik her zamankinden çok gereklidir. Bununla birlikte, farklı halklar arasında zengin ve eksiksiz kültürler arası anlayışların damgasını taşıyan bir toplum idealine erişmenin güncel kültür politikaları çerçevesinde imkânsız olduğunun ortaya çıkması durumunda –ki bu pek muhtemeldir– diğer önlem türlerinin olası ihtiyaçlarını araştırmak amacıyla zihinsel karamsarlığa da aynı ölçüde ihtiyaç duyulur.

Küresel düzeyde Hıristiyan ve Müslüman köktencilikler dirilirken ve ulusal düzeyde kendilerini dinleriyle tanımlayan topluluklar arası çatışmalar toplumsal ve yurttaşlar arası barışa yönelik en ciddi tehdit olarak görülürken, 16. ve 17. yüzyıllarda sürdürülen ve devletin dinden ayrılması sayesinde modern dönemin başında Avrupa'yı parçalamış olan din savaşlarına son vermeyi –Kuzey İrlanda gibi birkaç istisna hariç– başarmış olan politikaların laikliğine bakmaya yeniden yönelinmesi şaşırtıcı değildir.[1] Geçmiş ile şimdiki zaman arasında güçlü paralellikler çizmek elbette her zaman zordur. Bununla birlikte, koşulları titizlikle dikkate aldığımızda, bu dönem bize en azından şimdiki zaman için iki ders vermektedir. İlki din üzerinde temellenen farklılıklar karşısında devletin konumuyla ilgilidir: Yalnızca Hıristiyanlığın farklı mezhepleri karşısında değil, savaş sonrası nüfusların ve kültürlerin uluslararası hareketliliği nedeniyle yeni ve çeşitli biçimler altında Avrupa'da güncel olarak mevcut farklı dünya dinleri karşısında da bir ilgisizlik ve yansızlık tu-

1 Burada İan Hunter ile David Saunders'in yayımlanmamış incelemelerine dayanıyoruz.

tumu. İkincisi, farklı kültürler içinde ve arasındaki –oldukça sınırlı– hoşgörü zorunluluğunun, bunların karşılıklı etkileşimini ve söylemsel etkilerini belirli koşullarda ikame etmesi ihtimaliyle ilgilidir; bunun bedeli kültürlerin birbirleri karşısındaki tecrit edilmişlik derecelerini değiştirmek olsa da bu yapılabilir.[2] Bu tema, bizce iki nedenle önemlidir. İlki, muhtemelen ilkesel olarak uzlaşabilir olmayan bazı kültürel kopmaların, pratikte birçok kişi için çoğu zaman uzlaşabilir olduğudur. Son olarak, eleştirel çokkültürcülük idealleri toplumsal ve yurttaşlıkla ilgili çatışmaların belirtisi olduğundan, hem farklılıkları hem de etkileşimlerini desteklemek adına, bunların toplumsal ve politik yapıya ne türden zararlar getirdiğini gözden geçirmeye yöneltebilir. Farklılıkları değerlendirme ile bunları fazla belirginleştirme arasındaki bu denge oyunu, günümüzde çokkültürcülüğün en önemli meydan okumalarından biri olarak karşımıza çıkmaktadır.

2 Hoşgörü terimi ile politika ve çeşitlilik politikaları arasındaki ilişkilerin ortaya koyduğu sorun hem karmaşık hem de tartışmalıdır. Bu konuyu burada derinlemesine ele alma imkânımız yok, dolayısıyla, bu terimin kullanımına ne kadar büyük bir özen gösterilmesi gerektiğini çok net bir biçimde açıklayan Blommaert ve Verschueren'e gönderme yapıyoruz.

2

Küreselleşme Çerçevesinde Yerel İmgelerin ve Kültürel Kimliklerin Oluşumu

MÓNICA LACARRIEU

Birkaç yıl önce Pierre Bourdieu şu gözlemde bulunmuştu: "Mevcut tarım yöntemleri kullanılmaya devam edilirse farklılıklar ortadan kalkacaktır; Bordeaux şarabı Bourgogne şarabıyla aynı olacak, elmaların hepsinin tadı da aynı olacaktır... (Ve şuna teşvik ediyordu:) *Toprağı yeniden inşa etmeli*, çünkü tat, farklılıkta yatmaktadır."[1] Aynı dönemde Coca-Cola'nın uluslararası başkanı Douglas Daft işletmenin 1980'li yıllarda başlatmış olduğu yön değişimini onaylıyordu: Coca-Cola "çoklu-yerel" karakterinden uzaklaşarak küreselleşmişti; 1990'lı yıllarda, özellikle de 2000 yılında işletme hedef değiştiriyordu: "Dünyayı birbirine daha bağlı ve homojen yapmış olan güçler, aynı zamanda, derin bir yerel özerklik ve tek bir kültürel kimliğin korunması arzusu doğurdular." Bu bağlamda, Coca-Cola yerel olmaya çalışıyordu. Çeşitliliğin kaynaklarından güç alarak, 1915'teki şişenin kullanılmasıyla yaratılan nostaljik çağrışım ve yerel etki alanlarının yeniden canlandırılması sayesinde, işletme 21. yüzyılın eşiğinde "Coca-Cola markası"nın yeni başarısını düşünüyordu.

Kuşkusuz farklı alanlardan, kanaat ve çıkarlardan yola çıkan entelektüel Bourdieu, Coca-Cola Şirketi'nin de yaptığı gibi, küreselleşme dünyasının yıllardır dayattığı gündemi gözden geçirme zorunluluğuna işaret ediyordu. Bourdieu ve Coca-Cola, çeşitlilik zevkine ve "yerel" alanı yeniden cazip kılacak işaret ve imgelerin yaratılmasına vurgu yapıyorlardı.

1 "Le goût de la différence", Claudio Jacquelin'in Pierre Bourdieu'yle söyleşisi, *La Nación*, 8 Temmuz 2001, s. 2.

Gerçekten de bazı değişimler meydana geldi. 1980'li ve 1990'lı yıllarda uzmanlar, hükümetler ve pazar, bu dönüşümleri küreselleşmenin teşvikiyle ilişkilendirmişler ve "akış alanları"nın ortaya çıkışı nedeniyle kültür ile toprak arasında meydana gelen kopmayı vurgulamışlardı. Böyle bir bağlam, küreselleşmenin erdemleriyle ekonomik, teknolojik ve kültürel etkilerini hiyerarşikleştirerek, ikili ve karşıt unsurlar içeren bir mantık ortaya koydu. Aynı zamanda da, yerel alana, olumsuz yan anlamları ve çatışmanın kaynağı olan –dolayısıyla ortadan kaldırılması gereken– bir köktencilik fikrini sistematik olarak atfetti.

Böylece, 1990'lı yılların sonunda, terazinin kefeleri dengelenmeye başladı: Küreselleşmenin –yeni olmamakla birlikte– ekonomik ve teknolojik akışları teşvik eden çok büyük bağlantılarla ifade bulan bir olgu olduğu doğru olsa da, anlamlarını yitirmiş gözüken alanlar, küresel alanların üretilmesine katkıda bulunan küçük boşluklar biçiminde "küreselleştiriciler"in görüş alanında yeniden belirdi (Spadafora, 1999). Dolayısıyla, "tek bir" küreselleşme söz konusu değildir; küreselleştirici farklı süreçler ve çelişik eğilimler vardır. Kimileri bunları heyecanla analiz etmekte ve küreselleşmeyi kimlikleri güçlendiren bir süreç olarak kabul etmektedir; bu kimlikler, bir kez "yeniden teşvik edildiklerinde", başlangıçtaki köktencilikten kültürel direnişe doğru kendilerini yeniden tanımlayabileceklerdir.

Küreselleşmenin, daha doğrusu farklı küreselleşmelerin kaçınılmaz karakteri, paradoksal biçimde yerelin rolünü aydınlattı; yerel, günümüzde bir kusurdan ziyade bir değer olarak kabul edilmektedir. Yer kavramına genellikle atfedilen "ağırlık", küreselleşmenin ortaya çıkan koşullarına kolayca uyum sağlayamamıştır. (J. Martin-Barbero'nun örneğiyle) şu soru bu yeni bağlamdan doğdu: "Bizzat yerin anlamı değişirken, küreselleşmeyi hangi sınırdan yola çıkarak düşünmemiz gerekir?" (Martin-Barbero, 1999). "Yerin anlamları"nın yeni inşası, coğrafi olarak sınırlanmış basit bir uzam olarak değil, maddi uzam, bunu oluşturan tarihsel özgüllük ve gündelik yaşam arasındaki çoklu ve karmaşık –hatta çatışmalı– kesişim düğümü olarak görülen yerelin yeniden tanımlanmasına yol açtı; oluşumuna katkıda bulunan birçok yer düzeyinden başlayarak, etkilerin ve koşullamaların damgasını taşıyan bir "yerel" kavramı (Giddens, 1990). "Yerelin anlamı"nın bu inşası, topluluk ve toprak boyutuna denk düşmemektedir; bununla birlikte, Arjun Appadurai'ye göre (2001) kültürün en değerli yanını ve yazarın "yerleşmiş farklılık" olarak belirttiği şeyi, yani vücut bulabileceği ve kendine özgü göstergeler edinebileceği yerele bağlı bir farklılığı vurgulamaktadır.

Bu bağlamda, yerel ile kültürel çeşitlilik, farklılaşmış içerikleriyle birlikte küresel nitelikteki çok sayıda talebin konusu olmaktadır. Başta kültür alanıyla ilgili olanlar ve uluslararası kurumlar olmak üzere çeşitli failler bunlara başvurmaktadır. Örnek vermek gerekirse, uluslararası bir kurum olarak Birleşmiş Milletler Kültürel Kalkınma ve Eğitim Örgütü (UNESCO), bölgesel kurumlar olarak Amerikan Kalkınma Bankası (BID), Dünya Bankası, Amerikan Eyaletleri Örgütü (OEA), Avrupa Konseyi, Güney Amerika Ortak Pazarı (Mercosur), ulusal kurumlar olarak kültür bakanlıkları, kültür sekreterlikleri, yerel kurumlar olarak şehir yönetimleri, belediyeler veya özel örgütler.

Bu talepler bir paranın iki yüzü gibidir. Néstor García Canclini'nin vurguladığı gibi (1999a), küreselleşme her kültürde farklı biçimde konumlanır; keza yerel alan da küresel düzene her zaman aynı şekilde girmez. Yerel imgelerin küreselleşmesi ya da küreselleşmiş yerel imgeler, iletişim sanayileri tarafından ortaya çıkarılmış, araçsallaştırılmıştır; bunlardan yola çıkarak, "küreselleşmiş bir imgelem ithal edilmekte ve toprak ihraç edilmektedir, yeni bir küresel sahne ithal edilirken, tanımlanmakta ısrar eden toprağın imgesi ihraç edilmektedir. Yaşam tarzlarını yeniden-üretmeyi sağlayan teknoloji ithal edilirken, renkli ya da egzotik uzamların ve nesnelerin maskelediği toprak ihraç edilmektedir" (D'Alessio Ferrara, 1994). Yereli küreselleştirmenin bu tarzları, küreselleştirici "reçete"den kaçmaya çalışan ya da ulusal yerel imgelemi canlandırmayı deneyen yerel uzam, grup ve geleneklerin kimliklerinin öne çıkarılmasıyla bir arada bulunur.

Bu sabit hareket yine de sorunsalı eleştirel tarzda yapılandırmayı başaramaz. Söylemler kültür alanında sağlamlaşır, programlar ve politikalar ifade edilir ve yerelden söz eden ve onu uygulamaya koyan faaliyetler –farklılaşmamış kapsayıcı olarak– bu alanda cereyan eder. Bundan böyle, kimin yerel tarafından temsil edildiğini ya da yerelin neyi temsil ettiğini bilmek, korkunç açmazlara yol açar. Küreselleşmenin ihtiyaç duyduğu yerel, her türlü çatışmadan bağımsız olarak benimsenmiştir. Küreselleşme onu araçsallaştırmıştır; bunu özelikle kültür alanında ve daha somut olarak, kültür politikalarının ifadesinde ve icrasında yapmıştır. Sorunsallaş(ma)ma, kaçınılmaz öğe olan küresele ve zorunlu öğe olan yerele özgü gerilimleri beslemeye katkıda bulunur. Kültür, bu gerilimlerin güçlü ve görünür olduğu bir alandır. Bu durum, ulus-devletler geri çekildiğinden beri yeniden keşfedilen kültürel çeşitlilikle karşılaştırılabilir. Kültür politikalarının büyük bölümü, sonunda yerel ile kültürel farklılığı benzeştirir ve ulusal kimliğin yönetmeyi iyi bildiği kültürel görünürlüklerle görünmezlikleri yeniden düzenlemeye çalışır.

İncelememizin amacı, kamu politikaları çerçevesinde kültürün bu değişen *yerini* analiz etmek ve özel olarak *yerel* ile *çeşitlilik* arasındaki bağlarla ilgilenmektir. Yerel imgeleri ve kültürel kimlikleri inşa etmenin yeni tarzları ortaya çıkmaktadır. Bunlar çağdaş dünyada bu politikaların taşıyıcısıdır. Çoğu zaman uzlaştırmacı ya da doğallaştırıcı bir açıdan görülen bu ilişki, yönetişim aygıtı olan kültür üzerine, kültürel bir stratejinin dayanağı olan yerel toprak üzerine ve son olarak da kültürel çeşitlilik üzerinde temellenen politik içerimler üzerine yenilenmiş eleştirel bir düşünmeyi hak etmektedir.

KÜLTÜR: YÖNETİŞİMİN BİR AYGITI MI?

Sanatsal nitelikli ya da koruyucu politikalarda ısrar eden bakanlıklara ya da kültür müsteşarlarına özelikle Latin Amerika'da hep rastlansa da, küreselleşme çağında, "üst" ve "alt" kültür arasındaki eski alternatif merkezî önemini yitirmiştir. Yeni tartışma, değerler üzerinde temellenen bir gelişme için "kaynak" (Yúdice, 2002) olarak kültür fikrine odaklanmıştır: Kültürel çeşitlilik ve farklı kültürlerde çok kendine özgü olan "birlikte yaşama tarzı" (Arizpe ve Nalda, 2002). Ulf Hannerz'e göre (1997) "kültür her yerdedir." Biz de şunu ekleyebiliriz ki, uluslararası ve bölgesel örgütlerin, hükümetlerin, işletme şeflerinin, STK'ların, etnik azınlıkların, göçmenlerin, farklı toplumsal kesimlerde yaşayanların, politikacıların, kısacası kültürün parçası olan herkesin "söylemlerinde" de vardır. Bu kesimlerin söylemleri artık yalnızca sanattan ya da folklordan değil, toplumsal yaşamın en çeşitli boyutlarından da yola çıkarak oluşmaktadır. Ancak kültür kavramı yaygınlaşsa da derinleşmemektedir. Tersine, Yúdice'nin vurguladığı gibi, içeriği ve anlamı boşalmaktadır.

Kimileri bir "kültür tutkusu" saptamaktadır ve bunun en somut ifadesi kimliktir. Bu tutku, küreselleşmenin ve hiçbiri kendini ulusal kimlik gibi merkeze koyamayan dağınık kimliklerin boşluğu içinde sıkışmış, çöküş halindeki toplumların sonucu olduğu gibi, kültürün giderek yaygınlaşan bir "business" olarak kavranmasının da sonucudur. Bu "kültür açlığı ve susuzluğu", "kültürleşme"nin "hem sağcı hem solcu bütün hükümetlerin stratejilerine dahil olan bütün değişim, toplumsallık, politika, iktisat biçimlerinin içine" (Fiori Arantes, 1996) sızdığı kapitalizmin bu evresinin parçasıdır.

Kültür kavramının genişlemesi kültür politikaları için yeni bir meydan okumayı temsil etmektedir. Küreselleşmeden kaynaklı dönüşümler, gündelik yaşamlara eşitsiz biçimde nüfuz eden iletişim ve haberleşme sanayilerinin gelişimi ve dahası kültürün günlük yaşamda edindiği önem; bütün bu öğeler, bu yeni meseleleri gösteren değişimlerden bazılarıdır.

Kültürün bu yeni yeri, çağımıza özgü olan kültür-ekonomi ile politika arasında yeni bir ilişkiye yol açar. Lluís Bonet'nin (1995) işaret ettiği gibi, "günümüzde komplekse kapılmadan kültürel olgunun ekonomik boyutundan ve kültürün ticarileşmesinden söz edilebilir."

Böylece, hükümetler, politikacılar ve iş adamları, ille de kültürel olması gerekmeyen problemlerin çözümü için kültürün içinde etkili bir kaynak bulmaktadırlar ya da Otilia Fiori Arantes'in belirttiği gibi, "kültürün yeniden-üretici rolünün bilincine giderek daha çok varıyorlar." Bununla birlikte, önemli kültür aktörleri artık geleneksel olarak bu faaliyet alanını oluşturan profesyoneller değildir. "Yeni kültür aracıları", reklamcılık, iletişim, turizm ya da *design* gibi başka alanlardan gelmektedir ve pazar mantığıyla tamamen kültürel bir mantığı birleştiren kamusal roller üstlenmektedirler.

Politik ve medyatik *feed back*'in çok hızlı ve çok emin olması ölçüsünde kültür, "kültürel animasyon" ve iletişim veçhesiyle yönetimin etkin bir aygıtı olmuştur. Sosyal politikalar ya da kentsel düzenleme gibi başka alanlarla ilişkilendiğinde bu alana yapılan kaynak aktarımının giderek artması bunu göstermektedir. Buenos Aires şehir yönetiminin durumu budur. 1999 yılında kültür işleri sekreterliğine ayrılan bütçe (143,4 milyon pezo; yani toplam bütçenin % 4'ü), toplumsal teşvik bütçesinden (104 milyon; yani % 3) ve çevre ve kent planlaması bütçesinden (35 milyon; yani % 1) yüksekti. Daha yakın tarihte, 2004 yılında, yine Buenos Aires yönetimi kültüre 150 milyon pezo ayırarak UNESCO'nun önerdiği % 1'i geçti. Ancak bu durum, toplam bütçenin % 0,17'sini oluşturan ulusal düzeydeki kültür bütçesiyle güçlü bir karşıtlık içindedir.

Aynı şekilde, devletin işlevlerinin yeniden örgütlenmesi –özellikle Latin Amerika'da– pazar ile kültürü çakıştırmaya ve tüketim beklentileri ile toplumsal ihtiyaçları benzeştirmeye yöneltmektedir. Fakat bu "ticaret" ve bundan elde edilebilecek kârlar, özel sektör örneğinde, yatırımcı çekmeye ve en iyi rekabet koşullarının tanımlanmasına indirgenmektedir. Bir vergi teşvik politikası aracılığıyla özel işletmelerin inisiyatifinin desteklendiği Brezilya örneği, "kültür bakanlığının benimsediği kültür projesinin yetersizliği"ni ortaya koydu (Porto, 2004). Kültür elbette metaya dönüşmektedir, ama kendi çelişkisine yeniden bürünmüştür: Kültür için kullanılan "istisna" kavramını doğrulayan, diğerlerinden farklı bir meta. Bu metalaşma ulusal politikalar tarafından olduğu kadar yerel yönetimler tarafından da üstlenilmiştir; bu anlamda, "küresel politikalar = yerel ticaretler / politikalar = kültürel" denklemi tamamen yanlıştır.

Kültürün günümüzdeki potansiyeli, kısmen, 1980'li yıllardan itibaren yeni gelişme projelerinin maruz kaldığı dönüşümlerle açıklanır. UNESCO,

Dünya Bankası ve Amerikan Kalkınma Bankası gibi uluslararası örgütlerin önemli ölçüde desteklediği yeni anlayış, kültürü ekonomik ve toplumsal gelişmeye yardım edici bir unsur yaptı. "Kültürel gelişme", burada, bu büyümenin dışında kalmış olan "yerel kültürler"in "ekonomik büyümesine ve yaşam düzeyinin sürekli yükseltilmesine" (Rist, 2000) yönlendirilmiştir.

Yönetimlerin, pazarın ve bu uluslararası örgütlerin taşıdığı bu "yeni kültürel *demokrasi*" (Fiori Arantes, *a.g.e.*) artık "üçüncü sektör"ü ve toplumsal grupları hedef almaktadır. Eskiden özerk bir alana bağlı, özellikle "yüksek kültür"e ve –daha az ölçüde de– "halk kültürüne" ya da "folklorik kültüre" adanmış bir kültürden daha fazlası beklenmektedir artık. Şimdi kültürün daha iyi rekabet edebilirliğe katkıda bulunan ayırt edici "markalar" oluşturarak, ülkelerin, şehirlerin ve sanayileşmenin krizinden etkilenmiş bölgelerin ekonomisine yardımcı olması talep edilmektedir. Maddi ve sembolik bazı kaynaklara en iyi şekilde erişimi sayesinde istihdam yaratarak, kamusal alanlara eşit sahip çıkmayı teşvik ederek ya da maddi olmayan kimliklerden yola çıkarak sosyal hakları yeniden dağıtarak, sosyal politikaların önlemeyi başaramadığı problemleri kültürün çözeceği hayal edilir. Diğer yandan, kültürün şehir planlamacılığının temel ekseni olması umulur. Toplumsal çatışmaların en iyi şekilde idaresi, güvensizlik gibi şehir patolojilerinin tedavisi, hatta... insanlık durumu bile bunlara eklenebilir! İmdi, kültürün bütün bu meselelere karşı koyması mümkün müdür? Tam da bütün bu çatışmalar karşısında, yeni bir mistifikasyon söz konusu değil midir? Her koşulda, ilgili toplumsal amiller, kültürün bundan böyle "çözüm" bakımından edindiği ağırlığı, ölçülü bir şekilde gözlemlemektedirler.

Latin Amerika ülkelerinin çoğunda ve UNESCO'nun, Dünya Bankası'nın ya da Amerikan Kalkınma Bankası'nın müdahale ettiği ülkelerin büyük bölümünde, temel tartışma sosyo-ekonomik yoksulluk ve politik demokratikleşme koşullarında kültürün rolü üzerinedir; "kültürel demokrasi"nin dengi olmayan *politik* bir demokrasi.

Geleneksel olarak "toplumun üretim ve yeniden üretiminin sembolik mercii" (García Canclini, 2004) kabul edilen kültür, buna paralel olarak, boş vakit ve eğlence aygıtına dönüştü. Bu işlevden yola çıkarak, kitlelerin ve yurttaş katılımının kapsamı hakkında kehanette bulunuldu. Örneğin Arjantin'de, Brezilya'da ya da Meksika'da güçlü bir şekilde yerleşen festivaller ve cafcaflı büyük faaliyetler bu "aksesuar politikası"nı (Corijn ve Van Praet, 1997) açıklamaktadır. Bununla birlikte, bu politika, 1990'lı yıllardan itibaren "neoliberal demokrasiler"i doğurmuş olan bazı demokratik geçiş çerçevelerinde kültürel olarak kabul görmüştür. "Kültür-gösteri" tartışmalarına cevap olarak, bu olaylar kültürel demokrasi adına onaylanmıştır. Sokakların "yeniden işgali" toplumun kamusal tezahürüne imkân tanır ve aynı zamanda, sanatsal kültüre ayrılmış alanların (tiyatrolar, sinemalar, vs.) ekonomik ve sembolik olarak dışında bulunan herkese ayrımsız, kitlesel, karşılıksız ve sonuç olarak "demokratik" bir erişim sağlar. Bununla birlikte, Jean-Michel Lucas'ın (2000) belirttiği gibi bu boş vakit kültürü, yerel oyuncuların değil, kabul görmüş ve uzmanlaşmış sanatçıların canlandırdığı "kaliteli" kültürel olayların dağılmasına ve yerinden olmasına paradoksal şekilde katkıda bulunmuştur. Sonuç olarak, kitlesel ve bedava erişimin ötesinde, cılız bir demokratikleşme getirmiştir. Bu demokratikleşme sonuçta nispidir, çünkü bu tür üretimler kamusal politikalar tarafından üstlenilmiştir ve dolaylı bir toplumsal maliyetleri vardır. Yönetimin somut anlamda meşruluk sağladığı kültürün bu gösterileşmesi ile eşitsiz toplumsal grupların kültürel pratikleri arasındaki uzlaşma, demek ki, –açıkça aşikâr olmak dışında– her şeydir.

Kültür ile gösteri arasındaki sınıra dair tartışma, bir kültür politikasının erekliliğini ve devletin rolünü tartışma konusu eder. Vaka üretimi de, gençlerin, halk kesimlerinin, hatta hükümete bağlı olsun ya da olmasın yerel projelerin ortak edildiği kültürel pratiklerin yokluğunda hegemonik olan özel sektörün tahakkümüne damgasını vurmuştur.

2002 yılının başında, Arjantinlilerin tarihlerinin en ciddi sosyo-ekonomik krizlerinden birine battıkları sırada, Américo Castilla'nın düşünceleri bu rahatsızlığı gayet iyi açıklamaktadır. Castilla konuşmasına demokrasinin restorasyon yılı olan 1980'li yıllarda resitallerin "başarı"sından söz ederek başlamış ve bu kültür stratejisinin öylesine yetkinleştirilerek, mide bulandırana dek, daha doğrusu 2001 sonunda kriz patlak verene dek tekrarlandığını vurgulamıştı. Ve kendi kendine şu soruyu soruyordu: "İnsanların istediği gerçekten bu muydu?" "*'Cacerolazos'* (tencerelere ve diğer mutfak malzemelerine vurarak düzenlenen halk gösterisi) kamusal olarak gösteri yapma isteği anlamına gelmekte kuşkusuz, ama uzun süredir başka yan anlamlar da içeriyor" cevabını vererek eklemişti: "İnsanlar, devletin ceplerinden aldığı vergilerle kendilerini eğlendirmesini istemiyorlar. Sağlık ya da ekonomi bakanlığının bizi eğlendirmesi gerektiğini kimse aklından geçirmez. Kültür sekreterliği de, yapmacıklığa rağmen, bu kuraldan kaçamaz."[2]

Kültür, her şeye rağmen gerçek bir kaynak olmuştur; özellikle ekonomik ve toplumsal problemler karşısında araçsal boyutunu güçlendirmiştir

---

2 Américo Castilla'ya göre "devlet kültürel talebi yorumlayamıyor." *La Nación*, Şubat 2002, s. 15. Castilla şu an, Arjantin Ulusu Kültür Sekreterliği Ortak Kültür Varlığı genel yöneticisidir.

(Yúdice, *a.g.e.*). Neoliberal reçetelerin sosyo-ekonomik bozulmayı şiddetlendirdiği ülkelerde kültür politik kaynak olarak kullanıldı, ama paradoksal bir şekilde de, depolitize nesne olarak da kullanıldı. Başka deyişle, kültür "iyi işler"in kaynağı olarak görüldü ve devletler, "farklı sanatsal sektörlerin vergi muafiyetiyle, lobilerle ya da büyük işletmelerin pazarlamasıyla üstlenilen sınırlar içerisinde kültürün ticari boyutunu öne çıkarmaya ve kültürü kişiselleşmiş 'ayrıcalık mücadelelerinin' bir alanı" olarak kabul etmeye önem verdiler (Porto, *a.g.e.*, s. 4). Ayrıca, antropolojik doğasından yola çıkarak sahip çıkılsa bile kültürün toplumsal ve politik problemlerle uğraşmayı bırakarak, pazarlama aygıtı politikasına hizmet ettiğini de ileri sürebiliriz.

Marto Porto, Brezilya'nın kültür/demokrasinin restorasyonu, kültür/toplumsal haklar ya da kültür/gelişme ilişkileri üzerine bir tartışma açmakta yapısal olarak yetersiz kaldığını da saptar. Bu panorama elbette bütün Latin Amerika'ya genelleştirilemez. Bununla birlikte, hatta Arjantin ya da Uruguay gibi ülkeler demokratik geçiş sayesinde kendi kültürel uzamlarını zenginleştirmiş olsalar da, bu durum, yoksulluktan ya da toplumsal haklardan daha fazla tartışma konusu olmamıştır. Kültürel uzamın, sefalete boğulmuş bir toplumla karşı karşıya bulunduğu ve kültürün politik boyutu üzerine alışverişlerin bir sonuca varmadığı Arjantin'de bu durum daha da belirgindir.

Brezilya ve Arjantin, kültür politikaları üzerine tartışmaların canlanmasına tanık olmaktadır. Mayıs 2003'te, Lula Brezilya'nın cumhurbaşkanlığını üstlendikten ve Gilberto Gil'i kültür bakanı olarak atadıktan sonra bir grup sanatçı, yönetimi, Electrobras gibi devlet işletmelerinin sponsorluğuyla "güdümlü politikalar" tasarlamakla suçluyordu. Ayrıca, kültüre destek düzenlemelerinden beslenen bir emprezaryonun yönetiminde *paralel bakanlık* kurmakla da eleştiriliyordu. Tartışma konularından biri, ticari liderlikle ve sanat eserlerinin sübvansiyon alabilmek için uyması gereken yeni normlarla ilgiliydi: "Yönetimin politikasıyla, özellikle de Sıfır Açlık programıyla uyum içinde hareket etmeliler... Toplumsal entegrasyona odaklanmalılar."[3]

Aynı dönemde, Arjantin'de kültürün yoksulluğun ortadan kaldırılmasına tabi kılınmasının halkçı geleneklere değer verilmesine ve özellikle ulusal kimliğin güçlendirilmesine eşlik ettiğini saptamak ilginçtir. 2004 yılında Arjantin eski kültür sekreterinin belirttiği bütçelerin zayıflığı konusunda ortaya çıkan tartışma, kültür ile yoksulluk arasındaki "rekabetin" politik gündeme dahil olmasının kökeninde yatmaktadır. Kamu güçleri kültüre yapılan kamu

3 Eleonora Gosman, "Sanatçıların Lula'nın Kültür Politikasına İsyanı", *Clarín, Politica Internacional*, 6 Mayıs 2003, s. 22.

yatırımının düşük çaplı olmasını, ülkede açlık hüküm sürerken kültürün temsil ettiği lüksle açıklamaktadırlar. Brezilya örneğinden ve –kabul görmüş sanatçıların itirazına rağmen– kültür ile yoksulluk arasında ayar çekme teşebbüsünden farklı olarak, Arjantin'de tartışma ivedilikler ve öncelikler üzerinde odaklanmıştır.[4] Bu ülkede bazı memurlar, sanatçıların taleplerini yatıştırmaya çalışarak şunu ileri sürdüler: "Yoksul bir halkı beslemek gerekir. Ama kültürün en iyisi olmadan bir halkın ne kadar bekleyebileceğini bilmiyoruz." Böylelikle kültürü "ruhun gıdası" kabul ediyorlardı.[5]

Kültürün savunulması, ülkenin ve bütün olarak Latin Amerika'nın imajını güçlendirebilecek bir kimlik inşasıyla yeniden yakınlaştırılmıştı. Bu perspektif içinde, bir yorumcu şunu belirtiyordu: "[...] Devlet olmadan ulusal kültür olamaz. Ulusal kültür olmadan ülke olamaz, ya da bir toprak olur ama kimlik olmaz. Bütün bunlar aynı zamanda olur. Eğer kültürle ilgilenmek için açlığın bitmesini beklemek gerektiği ileri sürülüyorsa, yıllar geçmesi gerekebilir. Kültür bir lüks değildir, gereksiz değildir. Bir kimlik yaratılmasına ve sürekli aranmasına denk düşer... Günün birinde iyi beslenen bir halk olduğumuzda birinin kalkıp şunu dediğini görmek üzücü olur: Artık aç değilim, ama kim olduğumu ve hangi ülkede yaşadığımı bilmiyorum."[6]

Kültürle toplumsal sorunların çözümünü birleştiren bu genişlemiş bakış, "yeni toplumsal sorun"un gündemde olduğu ülkelerde daha da karmaşıklaşır. Gelişmeci kültür bakışı, bir yoksulluk "sanatı" olan şeyle güçlükle bağdaşır, kültür sektörünü belirgin biçimde hissedilir çerçeveli eserlere, örneğin açlık sorunsalına yoneltır. Her koşulda, kültürün yeni politik sorunu, geçmişte olduğundan daha çok, ulusal, bölgesel ya da yerel bir kimlik kategorisi etrafında oluşmaktadır.

"YEREL KÜLTÜRLER": 20. YÜZYIL KÜLTÜREL POLİTİKALARININ BİR BUYRUĞU

Başlangıçta belirttiğimiz gibi, kültürel faaliyetlerin yerelleşmesi küreselleşme yerlerinin düzenlenmesinde bir meydan okuma ve bir bahis konusu halini al-

4 Bu tartışmanın, Peroncu hareketin kavramlarını, özellikle 1970'li yıllardakileri benimsemiş, ancak Peron'un 1945'teki politikasının toplumsal vizyonuyla gözleri körleşmiş Peroncu bir hükümet döneminde doğduğunu vurgulayalım. Eski sekreter Di Tella bu yönde görüş belirttiğinde, birçok medya organı ve eski Peroncu entelektüel şu slogana sarıldı: "Sandaletlere evet, kitaplara hayır!" Kimileri, aktüalitede kültürün her yerde varlığı ya da yokluğu için verilen mücadeleyi, eğitime ve kültüre elverişsiz bir kadronun, Peronculuğun özelliklerinden biri varsayılan "gömleksizler"in (Evita'nın işçileri ve yoksulları) yeniden ortaya çıkışı olarak gördüler.

5 Susana Reinoso: "Kültüre Ayrılan Bütçe % 0,17'dir", *La Nación,* Cultura, 30 Mayıs 2004, s. 16.

6 José Pablo Feinmann, "Défense de la culture", *El País,* 6 Haziran 2004, s. 14.

mıştır: "Yukarı kültür"ün kültürel politikalarını bazı toplulukların toprak politikalarıyla uyumlu kılmak. Yerel çerçevenin bu şekilde güçlenmesi, kültürel ademimerkeziyetçilik politikaları geliştirme iradesine denk düşmektedir. Bu politikaların eğilimi yalnızca kültür ile toprak arasındaki mesafeyi azaltmak değildir; aynı zamanda, özerk ve özgül alan olarak kültür ile toprakların toplumsal yaşamı arasında mevcut mesafeyi de azaltmaya çalışırlar. Bununla birlikte, bu politikalar ulusal topraklar ölçeğinden ziyade, büyük şehirlerde çok daha büyük başarı elde ettiler.

Ne var ki, yerele odaklanma en azından iki sorunu beraberinde getirir. Bir yandan, "sanatsal niteliği" öne çıkartan kültürel faaliyetlerin yerinden edilmesi, başka bir kayıt üzerinde temellenen yerel kültürel pratiklerle çatışır. Diğer yandan, yerin bu anlamlarının inşası kendi aralarında potansiyel olarak çelişik çok sayıda kavrama dayanır. Bu kültür politikalarının çoğunda mevcut olan "yerel kültür" kavramı, yeni anahtar kelime olan "kültürel çeşitliliğe" gönderme yapar. Bunu bir sonraki bölümde inceleyeceğiz.

Büyük kültürel kutlamaların günümüzde yürürlükten kalkmasıyla birlikte bir ölçek değişimine tanık oluruz. Ana Ochoa (2002), Kolombiya örneğinde, bütün kültür politikaları için olduğu gibi, burada da mimetik bir kültürün söz konusu olduğunu ileri sürer. Son yıllarda değişen şey, "yüksek kültür"den "yerel-bölgesel" olana doğru yaşanan imitasyon sürecinin oluştuğu birliktir. Ama yine de, kültürel ademimerkeziyetçilik, "kalite" politikaları ile yerel kültürel pratikler arasında genellikle "kalite" politikalarına öncelik verir. Jean-Michel Lucas'ın belirttiği gibi: "Kültürel kalite donanımları, uygulandığı toprağa özgü olmayan bir kültürel arz önermektedir. Öncelikle, değeri, sanatsal disiplinlerin her birinde uzmanlaşmış profesyonellerin niteliksel değerlendirmesine bağlı olan kültürel biçimlerin yerinden edilmesi söz konusudur" (Lucas, *a.g.e.*, s. 125). Birkaç örnek verirsek, Mexico'daki *Zócalo* temsillerine yabancı sanatçıların katılımında olduğu gibi, Arjantin'deki büyük olaylarda da bu doğrulanmıştır.

Bu büyük olaylar, tanımsız bir kültürel ayrım sürecini teşvik ettikleri ölçüde, "global bir yer duyusu" üretirler; ve –bir toplumsal entegrasyon ya da büyüme erekliliğine karşı– yerel farklılıkları ve yıkımları önemsemezler. Ödünleyici olma iddiasındaki bu kültürel politika türü, bütün Latin Amerika'da ünlü sanatçıları ülkenin vilayetlerinde tanıtmaktan ibaret "Argentina en Vivo 1" (2000 ve 2001) programı örneğinde olduğu gibi, dışlamaları teşvik etmeye varabilir. Mercedes Sosa'yı Formoza'ya –Arjantin'de kişi başına düşen gelirin en düşük olduğu ve ailelerin günde ortalama bir dolar kazandığı bölge– getiren gösteri, bir süpermarketin düzenlediği yarışmayla aynı saatte organize edilmişti. Yarışmada bir yıldız adayları şovu ve ödüllü bir "bailanta"[7] vardı. Sonuç, süpermarketin zaferi ve Mercedes Sosa'nın tam yenilgisi oldu. Sosa'yı dinlemeye gitmek için "yerliler" toprak yollarda kilometrelerce yürümek zorundaydılar... Aynı şarkıcının, daha sonra, Bolivya sınırındaki Jujuy vilayetinin küçük bir yerleşimi olan Santa Catalina'da bir programı vardı. 3.800 metre yükseklikte, bir soluma aygıtına muhtaç olan şarkıcı, kimsenin onu görmemiş olduğu, her şeyden bu kadar uzak bir yerde bulunmaktan duyduğu heyecanını ifade etmişti. Televizyon, bu tertemiz görüntüyü, yerel halk karnavalının ortasında bir an önce göstermek isteyince, karnaval şarkıcının arkasında ikinci plana düştü. Vilayetteki yoksulların büyük bölümü için resital yaşam koşullarında hiçbir düzelmeye yol açmamıştı. Bu tür kültürel eylemlerin uygulanması, yurttaşları eşit kılmak ve "sınıflararası olaylar" yaratmak şeklindeki başlangıç hedefiyle çelişmektedir. Sembolik bir iktidar tek bir yerde, genellikle kültürel pratiklerin önceden meşrulaştırdığı bir uzamda yoğunlaşır. Başlangıçtaki kimlik saptırılır, imgesi yeni bir ölçekte standartlaştırılır ve artık değerden yoksun olan ilk sembolik inşa güme gider. Sonunda farksızlaşmış ve belli bir karakterden yoksun bir kitle "yaratılır" ve bu kitle medya tarafından yalnızca kalabalıklığını niteleyen terimlerle anılır. En ufak bir toplumsal sorunu çözmekten uzak, yerel uzamın kullanımında gizil bir çatışmaya yol açılır.

İkinci yan, "yerel kültür"ün üzerinde temellendiği kavramlarla ilgilidir. Bu, hiç kuşkusuz ki, bu mega olayların tersine dönmüş bir imgesidir; çünkü bunlar, kültürel mal ve hizmetlerine dayanarak, belli bir bölgedeki toplulukların proje kapasitesini hedefleyen politikalardır. Bu felsefe, "yalnızca çapı belli kültürel yapıların coğrafi bakımdan yerinden edilmesini gerçekleştiren, bölgenin kültürel idaresiyle ilgili klasik ölçütü" (Lucas, *a.g.e.*, s. 137) tartışma konusu eder. Ana Ochoa'nın analiz ettiği Kolombiya kültür bakanlığının *Crea* programı iyi bir örnektir. Ochoa, öncelikle, bölgede olup biten bütün her şeyi kapsayan "yerel kültür" fikrine gönderme yapar, ardından bölgeye özgü ve en tipik olanları seçer. Yerel alan anlam çokluğuna gönderme yapar. Bu, farksızlaşmış bir uzam olabilir ve buradan yola çıkarak, hukuksal-politik başka yer ve sınıflandırma düzeyleri arasında, ulusa, bölgeye, şehre,

7 *Bailanta* bir tür popüler müzik üzerinde temellenen yerel bir danstır ve son yıllarda çok gelişmiştir. Tropikal müziği *cumbia* ve *salsa*'ya benzerlikler gösterse de, yerel evveliyatı, Arjantin'deki Córdoba vilayeti kökenli olan *cuarteto*'ya denk düşer. Kısa süre önce ölmüş olan Rodrigo bu stilin en ünlü temsilcilerinden biriydi.

vilayete, bucağa, belediyeye gönderme yapmak mümkün olur. Yerel alan mozaik ya da topluluk fikrine gönderme yapan yer olarak, toplumsal bağdaşmanın birçok versiyonuna işaret eder. Bunu folklorla, gelenekle ya da popüler kültürle özdeşleştirmek mümkündür. Yerel alan, önceden mevcut bir kültürel kimlik fikrini varsaydığında az çok özcüdür ve bu, onu oluşturan üç veçheye dayanır: Daraltılmış bir alan, mesafe yakınlığı ve homojenlik.

Bu bakış açısı bir kez uygulamaya konduğunda, çokbiçimli bir "söylem" olur. Bu söylem, dünya çapındaki kaostan ve gerçekliğin başka boyutlarına özgü çatışmalardan korunan, doğuştan gelen bir dizi değer içerir. Yerel alan, kalıcı gelişme için etkili bir ölçek olur; çünkü, dayanışma, hakkaniyet, katılım, gündelik yaşama özgü canlılık, daha iyi bir yaşam kalitesi gibi değerlerin ve daha genel olarak, "demokratik omurgalı bir topluluğa" (Tello, 1997) yönelik değerlerin kendiliğinden taşıyıcısıdır. Bu yaklaşım, günümüzde her türden şehirde –örneğin Barselona'da– yaygın olarak kullanılan stratejik kültür planlarında, aynı zamanda da yerel yönetimlerin daha belli bir amaca yönelik eylemlerinde, örneğin *VeranoBuenosAires 2001* programında ve Dünya Bankası'nın ve Amerikan Kalkınma Bankası'nınkiler gibi uluslararası örgütlerin kalkınma projelerinde görülür. Bu "yerel alan", yöneticilerden iş adamlarına, aynı yerde yaşayan ve bunu vurgulama gereği duyan farklı toplumsal gruplara dek, farklı toplumsal faillerin imgeleminde oluşur. Sürekli olarak ve tekrar tekrar icat edilen ve yeniden üretilen şey bu "özgünlük" ya da bu "ayrım"dır; aynı şekilde küreselleşmeyi güçlendirmeye katkıda bulunan da budur. Bu anlamda, küreselleşme, yerin özgüllüğünü yeniden üretmenin bir kaynağıdır (Massey, 1991).

Bununla birlikte, yerelle küreselin bu ayrım teorisi, kültür ile toprak arasında yeni bir uzlaşma varsayar. Oysa bu uzlaşmanın aşikâr olmadığı açıktır. Kültür politikaları, "yerel kültür"ü yeniden değerlendirmeye çalıştıklarında, genellikle "sanatsal nitelik"ten oluşan, bayağılaştırılmış ve "yukarıdan aşağıya" üretilen –"aşağıdan yukarıya" değil– kültürel faaliyetlerin dağıtımında ifade bulan ademimerkezileştirici bir söylem inşa ederler. Ve, Jean-Michel Lucas'ın belirttiği gibi (*a.g.e.*, s. 142): "[...] Sanatsal yönün kaderi, mahalle düzeyinde değil, başka yerdedir. Sanatsal sorumluluğun, tanımı gereği, ne odağı ne de kendine özgü bir yeri vardır. 'Eser'in ortaya çıktığı süreçlerin dışında üretilir."

Avrupa Birliği ile Arjantin arasındaki uluslararası bir işbirliği çerçevesinde gerçekleştirilen ve adalet bakanlığı ve piyanist Miguel Angel Estrella'nın (UNESCO elçisi) yönettiği program, Emergencia 31 mahallesinde yoksulluğa karşı savaşmak için sanatı kullanmaya yönelikti. Medya bunu görülmedik bir deneyim olarak kabul etmişti ki, bu aynı zamanda bu eğilimin de iyi bir örneğiydi. Proje, "Dostluk Evleri", yani *sefalete ve terk edilmeye panzehir* olarak düşünülen ve en yoksul durumda olanlara kalıcı gelişme yönünde aygıtlar sunma fikri üzerinde temellenen sanatsal faaliyet mekânları kurulmasını öngörüyordu. Program ayrıca klasik müzik konserleri ve müzik, tiyatro, video ve graffiti atölyeleri açılmasını da tasarlıyordu. Yerinden edilmiş olan ve –Lucas'ın terimleriyle– "öte imparatorluk"ta hazırlanmış olan sanat, yoksulların yaşam kalitesini yükseltmede sanatın kalitesi ve önemi argümanıyla hareket ediyordu. Konserle aynı saatte düzenlenen futbol maçı ya da her hafta sonu mahallenin küçük sokaklarını istila eden Bolivya şenlikleri gibi gündelik pratiklerin önemi yine unutulmuştu.

Katılımcı demokrasinin mantığı, bölgesel kültürel gelişimin mantığının içine ister istemez işler. Bununla birlikte, bu kültürel projelerin yaratıcıları ve alıcı kitlesi kimdir? Bu mahalle çerçevesinde gördüğümüz gibi, mahalle sakinleri projenin ne gerçek teşvikçileri ne de gerçek hedef kitlesidir; Estrella ise eşitlik üzerinde temellenen bir katılım alanı inşa etme iddiasındadır. Brezilya gibi başka örnekleri –örneğin Sao Paulo ve Río de Janeiro– ele alırsak, favelalarda müzik, şenlikler, graffitiler ve diğer kültürel üretimler etrafındaki düzenlenen gençlik hareketlerini analiz etmek ilginç olacaktır. Bu faaliyetlerin hedefi yalnızca gündelik çabaları teşvik etmek değil, aynı zamanda toplumsal, ekonomik ve kültürel yaşamı kat eden meşru ve küreselleşmiş modellere kültürel olarak direnmektir de. Genellikle pazar yasalarına uyarlanmış kamusal kültür politikaları bu pratiklerle ilgili değildir. Örneğin müziğin ticari dolaşımı çerçevesinde bu gençlerin meslek sahibi kılınması, onlara belli bir görünürlük sunabilir yalnızca. Buenos Aires'in kenar mahallelerinin aşağı tabakası arasında ortaya çıkan bir müzik türü olan ve ürün haline getirilir getirilmez politik iktidarın ilgisini çekmeyi başaran "cumbia villera"nın durumu böyledir (bu örneğin taşıdığı muğlaklıkların bilincinde olmak gerekir elbette). Marta Porto'nun belirttiği gibi (*a.g.e.*, s. 4): "Görünmezlik, Brezilya demokrasisinin yeniden icadı çerçevesinde yerel pratiklerin gücünün ve kültürün işgal ettiği merkezî konumun bilinmemesinin ve tanınmamasının bir maskesi olarak hareket etmeye devam etmektedir."

Buenos Aires'te mahallelerde her zaman yürürlükte olan kültür programı ya da yine eskiden mahallelerde kurulan gezici Kültür Çadırı projesi gibi başka projeler de hâlâ değer görmektedir. Merkezden (Buenos Aires) taşraya dek kültürel faaliyetler –dans, müzik, tiyatro, sirk, vb.– sunarak ülkede yolculuk eden, yakın dönemde kurulmuş Kültür Kolektifi de bu türden projelerden sayılabilir. Başkentten "formüle" edilen ve bölgesel olarak tanımlanmamış hastalıkları önlemek amacıyla, ilkyardım eczaneleriyle birlikte bütün bölgede doktorları ve sosyal yardım görevlilerini dolaştıran "Beyaz Tren" de bu projelerdendir.

21. YÜZYILIN KÜLTÜR POLİTİKALARINDA KÜLTÜREL ÇEŞİTLİLİĞİN BELİRGİNLİĞİ

Carlos Fuentes, 2004 yılında Barselona'da düzenlenen Evrensel Kültür Forumu'nda, çağdaş dünyada kültürel çeşitliliğe gösterilen dikkate işaret etmiş ve "bütün erkek ve kadınların kol saatinin aynı vakti göstermemesinin, tehdit altında olsa da çeşitliliği barındıran gezegenimizin harikulade yanlarından olduğu"nu belirtmişti: "Dolayısıyla, bu çeşitliliğe tek tip bir politika dayatma yönündeki her teşebbüs bir ölüm prelüdü olur."

Fuentes'in yorumu bize, insanlığa damgasını vuran bağlantı koşullarında kültürel çeşitliliğin yeniden değer kazanmasından söz etmektedir. Farklılık zevki artmıştır ve küreselleşme süreci de bununla orantılı olarak güçlenmiştir. Fuentes, bu perspektif içinde, kültürel çeşitliliği bir rezerv olarak, hatta çağdaş dünyada bütün toplumlar ve kültürler tarafından paylaşılması "gereken" kullanılabilir kaynaklar olarak görmektedir. Stephen Marglin'in (1990) ileri sürdüğü gibi, çeşitlilik, uluslararası örgütlerin, STK'ların, pazarın ve farklı toplumsal grupların, genellikle de azınlıkların kullandığı ve kimi zaman da suiistimal ettiği "küresel aktif" olmuştur. UNESCO'nun Kültürel Çeşitlilik Üzerine Evrensel Bildirgesi, gelişmenin bir faktörü ve kültürel hakların ve insan yaratıcılığının olumlu bir teşvik unsuru olarak görülen bu yeni değere verilen önemin bir örneğidir.

Bu çeşitliliği engelden çok avantaja dönüştürmek, fiilen bir kurtarıcı olabilir. Bununla birlikte, bu genelleşmiş kabul, arka plandaki bir düşünme eksikliğine eşlik etmektedir. Çeşitliliğin kapsamıyla, avantajları ve sınırlarıyla kimse ilgileniyor gibi gözükmemektedir. Herhangi bir değer yargısından yola çıkarak kültürel çeşitliliği üretenler bile –başka şeylerin yanı sıra– günümüz dünyasında farklılıkların oluşumuna katkıda bulunmuş tarihsel süreçler konusunda kendilerini çok az sorgulamaktadırlar. Buna karşılık, çeşitliliğin farklı kültürler arasındaki uyumlu etkileşimin bir güvencesi olduğu üzerinde belli bir uzlaşma söz konusudur. Kültürel çeşitlilik ile "otantik ve tecrit olmuş" kültürlerin varlığı ne kadar korunursa, dünya nüfusu, giderek daha çok çatışmayla karşılaşsa bile, hayatta kalma ve kendini yeniden üretme imkânına o ölçüde sahip olacaktır. Bu, biyolojik çeşitlilik etrafındaki yeni değerle kolaylıkla karşılaştırılabilecek ve buna indirgenebilecek bir aksiyomdur. Bununla birlikte, kültürel çeşitlilik ile biyolojik çeşitliliği özdeşleştirmek çok sayıda soruyu beraberinde getirir. "Hayvan rezervleri"yle karşılaştırılabilen bu "kültürel rezervleri" sınırlandırma ölçütlerinin nasıl saptanacağı belli değildir. "Avcı-toplayıcıların hayatta kalması"nın (Hannerz, 1997) kültüre özgü "doğal" felaketlere karşı en iyi güvenceyi sunacağı hipotezi, bir önyargıya dayandığı ölçüde teminata da muhtaçtır: Kültür çatışmalarının egemen olduğu ve bu çeşitliliğin –Ulf Hannerz'in belirttiği gibi– yalnızca "çökmekte olan eski bir çeşitlilik değil, (aynı zamanda) küresel nüfusun yarattığı yeni bir çeşitlilik de olduğu" bir dünyada, çeşitliliğin tanınması, ortak yaşamı, dayanışma ve barışı teşvik edecektir, tıpkı biyolojik çeşitliliğin çevresel dengeyi teşvik etmesi gibi.

"Çeşitliliğin himayesi" üzerine bu global söylem, günümüzde güçlü bir şekilde yeniden tartışılan "klasik" bir antropolojik geleneğe dayanır. Kültürel çeşitlilik, gerçekten de, insanlığın kökenleri bakımından farklı ama çıkmazları açısından karşılaştırılabilir aynı "doğal olgu"sunun iki yorumuna dayanır. İlki, bitki ve hayvan âlemleri misali, bu öğelerin her bir halkın yaşamının bütününe, yani "kültürü"ne nasıl tanıklık ettiğini görmek için kategorilendirilebilecek ve karşılaştırılabilecek kültürel âdetleri, inanç ve gelenekleri belirtir.

İkincisi, kültürel çeşitliliğin sürekliliğini ve yeniden üretimini belirtir. Bu, dünyayı, sanki parçalarından her biri "diğer kültürler"den farklı ve ayrı "bir kültürün" temsilcisi olan bir mozaikmiş gibi örgütleyerek, kuşaktan kuşağa aktarılan "kültürel miras" etkisine denk düşer.

Bu iki tutum yeni küresel retorikte mevcuttur: Bir yanda, kültürel (biyo) çeşitlilik olarak ve diğer yanda, Ulf Hannerz'e göre, "küresel kültürel mozaik metaforu" olarak (Hannerz, 1997, s. 99). Bu hipotezler kültürel çeşitliliğin (yeniden) keşfinin anahtar yanlarına denk düşer: Farklılıklar, ayrı ayrı kabul edilmek ve –bazıları daha büyük bir zenginlik potansiyeline sahip olarak– ölçülmek üzere vardır.

Yakın dönemde, Buenos Aires'te oturan bir Bolivyalı, topluluğundaki bir grupla birlikte kendi şenliklerinin, giysilerinin, müziklerinin ve geleneksel danslarının sergilendiği bir gösteriye katılmış ve şunu belirtmiştir: "Sahip olduğumuz Arjantin ya da Bolivya kültür zenginliğinin tümünün envanterini çıkartamayız... Buna karşılık, kültürlerin göreceliliğine dair bir diyaloğa girişebiliriz..." Bu ifade, farklı kültürlerin "doğallığı" önyargısına karşı mücadele etme iddiasındaydı. Aynı zamanda, farklılığı ölçmeye, sınıflandırmaya ve kataloglamaya yarayan dolayım aracını da ortaya koyuyordu. Bu araç, gerçekten de, içine eşitsizliği dâhil etmeden, başka kültürler karşısında bazı kültürel farklılıkları teşvik etmeye yönelir. Bizce bu, meselenin analizinde anahtar rol oynayan ikinci bir yanı gizlemektedir: Kültürel farklılıkların oluştuğu üretimin anlamı. Farklılıkların üretimini ihmal etmek, "verili düzen"in doğallaşmasını ve her inşa fikrine özgü ilişkisel karakterin küçümsenmesini içerir. Farklılık "üretimi", her zaman için, yalnızca başkalıkları içinde başka özneler inşa etmekle kalmayan, bütünün içinde çeşitliliğin koşullarını tanımlayarak bu aynı farklılıkları düzenleyen bireysel ya da kolektif bir öznenin sonucudur (Signorelli, 1999). Günümüzde bu küresel söyleme gönderme yapanlar yalnızca çağdaş dünyada kültürel çeşitliliğe verilmesi gereken anlamı üretmekle kalmazlar: Aynı zamanda bir "kültürel çeşitliliği örgütleme ilkesi" de oluştururlar. Bu ilke, Batılı bir "öteki"nin gözünde farklılıkları birleştirmeye yönelir. İlke, küreselleşmemiş uzamlarla ilişki içinde düşünülmeden ve "her şeyin her yerde bulunmadığı bir çeşitlilik örgütlenmesi"ne (García Canclini, 2004) bağlı olan, her yerde bulunması "gereken" küreselleştirici bir çeşitlilik bakışına benzemektedir. Bu örgütlenme ilkesi, sonunda, farklı toplumsal ve kültürel gruplardaki küçük düzenlemeleri, başka örgütlenmelere, başka düzeylere, yani yalnızca farklılığın değil, özgül tarihsel koşullara özgü eşitsizliklerin ve iktidarın da belirlediği ilişkilere benzeyenleri bile gizler.

"Çeşitliliğin küresel anlamı", her grup ve/ya uzam için sembolik katma değerine bağlı olarak ele alınan farklılıkla birlikte –ama kimi zaman da çelişki içinde– hareket eder. Bu grup ve/ya uzamlar, toplumsal bir kabul ve görünürlük talep ederken, "farklılığın dışında değil, farklılıktan yola çıkarak" oluşmalıdır. Kültürel çeşitlilik, çağdaş kültürün oluşumunun bileşenlerinden biridir. Sonuç olarak, çağdaş kültür politikalarının oluşumuna ve uygulanmasına, bölgeyle birlikte katkıda bulunan dayanak noktalarından birini temsil eder. Böylece, kültürel kimlik tedarikçisi olan çeşitlilik ve bölge, kültürel plan ve programların hammaddesini oluşturur. Bu kimlikler hem küresel değerlenme standartlarıdır, hem de halkların, şehir ya da bölgelerin özgüllüğünü temsil eden işaretlerdir.

Kültür programlarının çoğunda, çeşitliliğe verilen önem *küreselleşme* çağında "uygarlık ile kültür arasındaki kutupsallığı" (Machuca, 1998) üreten "kültürcü" bakışlara bir geri dönüş olarak kendini gösterir. Bu geri dönüş, politikalarda, özellikle de yerel toplulukları ilgilendiren politikalarda görülen birçok tuzağa sürükleyebilir. Başka sakıncalarının yanı sıra, doğanın ve aynı zamanda da kültürün, "egzotik nesne koleksiyonculuğu"na veya yok olmakta olan ve küresel bir dünyada hayatta kalmaları için korunması gereken türlerin ve âdetlerin vitrini olarak kimlik temelinde "korunan rezervler" yaratılması düzeyine indirgenmesi sayılabilir. Böyle bir koleksiyonculuk, "iyi vahşi"nin ve âdetlerinin ahlâki olarak dokunulmaz olduğu "Boas Arşivi"yle kıyaslanabilir. Bu rezervler, bundan böyle, küreselleşmenin "metası"na dönüşebilirler. "Doğanın ve kültürün gerçek yerel bekçileri"ni başa geçirirler; bunlar yalnızca bu söylemlerin değil, yerel eşitsizliklerin ya da çatışmaları ve tartışmaları işin içine katan kimlik taleplerinin de üreticisidir.

Bununla birlikte, Ana Ochoa'nın (2002) belirttiği gibi bu sorun, kültür politikalarının bağrında, kültürler arası diyalog olgusu üzerinde temellenen – bu diyalog ister çatışmalı olsun ister olmasın– bir kabul politikasına çağrı yapar yalnızca. Ulusal kimlik üzerinde temellenen kültür politikalarından yerel kültürel kimlikleri merkeze alan politikalara az çok kesin geçişin bütün sorunsalı ortadadır.

Kültürel çeşitlilik, dokunulmaz ortak kültür varlığının idaresiyle bağlantılıdır. Küreselleşmenin kesin koşullarında, maddi olmayan varlıklar ve/ya ifadeler, kültürel çeşitliliği tanımanın ve yönetmenin en yetkin kaynakları olmuştur. Loreto López'in belirttiği gibi (2002) bu varlıklar kimlikleri yeniden düşünmeyi sağlar. Maddi olmayan varlığın ayrılmaz parçası olarak çeşitliliğin tanınması, farklılıkların iletişim ilkesi olarak "otantiğin" meşruluğuna yöneltir. Belli bir biçimde, kültürel görececiliğin en sapkın yanını üstlenir: Yalnızca varlıkların değil, tek tek öznelerin de "şeyleştirilmesi"; içinde bulundukları bağlamda bu öznelerin pratiklerinin, ötekiyle ilişkinin ya da ekonomik ve sosyo-politik güç ilişkilerinin çatışmalı boyutunu gizleyen bir anlamı vardır (Altan, 1973). Ortak kültür varlığının ulusal meşruluğunun vaktiyle kısıtladığı kültürel ifadelerin yeni görünürlüğü, Tullio Altan'ın "çok-merkezli etnik merkezliliğe" yakın gördüğü bir "kültürel bırakınız yapsınlar" eğiliminin kısmen parçasıdır: Bazı toplulukların liderleri ile kurumlar arasında gerçekleştirilen "öz imge pazarlığı" olarak görüldüğünde, her kültür kutsallaştırılmış olur. Böylece, hoşgörü ve farklı kültürlerin kabulü, çeşitliliğin siyaseten doğru buyrukları olarak kabul edilir. "Stereotip çeşitlilik" kaydı, maddi olmayan kültür varlığının kamusal alanda kurumsallaşma gerekliliğine denk düşer. İktidardan yola çıkarak "kurumsallaşmış çeşitliliğe" dönüştürmek amacıyla farklılığı evcilleştirmek, idari aygıt olarak yine ortak kültür varlığına düşer. Bu perspektif içinde, Buenos Aires'teki Bolivya topluluğu ya da bazı yerli topluluklar, kamusal alanda belli bir görünürlük edindikleri andan itibaren, "hoşgörü gösterilen Bolivyalılar ve/ya yerliler" etiketini kabul ederler. Bu durum, "görünür olma" momentiyle sınırlı olsa bile, bu uzamın bir kısmını güvence altına alarak, onlara toplumsal bir kabul sunar. Çokkültürlü olanla maddi olmayan birlikte atılım gösterdiğinde, "Bolivyalı/yerli olarak hareket ederek", uzamlara "belli bir renk verme" hedefi içinde bir kültürel çeşitlilik talebini hissettirir. Fakat bu bakış, belirttiğimiz gibi, kimliğin tanınması mücadelelerine özgü olan çatışmaları –Bolivyalılar arasındaki, Bolivyalılarla *Jujeños* arasındaki, liderlerle topluluk arasındaki, Bolivyalılarla kilise arasındaki vb.– maskeleyerek çeşitliliği ortadan kaldırır. Keza, bu koşullarda devletin üstlendiği rol –bu çeşitlilikten yana çalışan uluslararası örgütler misali– koruyucu olabilir. Kültürlerin tezahürünü kabul ederek, ayrıma uğrayan ya da kamusal alanda görünmez kılınan toplumsal grupları (örneğin kendi ritüelleri ve şenlikleri olan göçmen toplulukları) meşrulaştırmaya bir biçimde katkıda bulunur. Bununla birlikte, devletin rolü her zaman bu hedefe bağlı değildir; çünkü "öteki"ymiş gibi göstermenin uygun olduğu "kendi" imgesini pazarlık konusu ettiğinde, maddi olmayanın ifadesinde doğrudan var olma hakkı yoktur. Bu ikinci anlamda, devlet, maddi olmayan kültürel ifadeleri denetler ve disipline eder, "kamusal alanda müze nesneleri" üretir ve kurumsallaştırır ya da var olanları baskılar.

Kültür endüstrilerine gelince, "kültürel ifade" üzerine tartışmanın ötesinde –*marketing etnicities*'le birlikte– bu endüstriler yaydıkları maddi olmayan içerikler dolayısıyla genel olarak çeşitliliği egzotik tarzda yönetirler; bu düzeyde, başkalığın politik idare süreçlerini geliştirmek mümkündür.

SONUÇ

Günümüzde kültürün, toplumsal yaşamın birçok alanına denk düşen sayısız problemi çözmekte etkin olması istenir. Kültürü bu şekilde düşünmek, yukarı ve aşağı kültür arasındaki eski ikilemi aşar gözükmektedir. Bununla birlikte, somut olarak uygulamaya konmuş proje ve politikaları değerlendirmek gerektiğinde iki anlayış çatışır. İlki kültürü *yüzeysel* tezahür olarak düşünür; "halkların kimliğini keşfeder ve oluşturur... ve kültürün ortaya çıktığı ana çekirdeğin parçası olsalar bile... (ve bu anlamda) 'popüler' ya da 'eğitimli' kavramları geçerli olsa bile, kültürün rolü güzel sanatlarla sınırlı kalmaz."[8] Uzlaşma arayışı, kültür ile yoksulluğun kültürel ele alınışı arasındaki çatışmayı kimlik aracılığıyla ortadan kaldırmayı hedefler. Günümüzde "yeni toplumsal sorun"la karşı karşıya gelen birçok ülkede krizde olan ikinci anlayış ise, "büyük şenlik olayları"nın basitçe şenlik fişeklerinin tekrar tekrar yakılmasına

8 Marcos Aguinis, "Hay hambre del sed y cultura", *La Nación*, 6 Şubat 2000 Pazar.

indirgenmesidir. Bu iki anlayış, genellikle çatışmaları, eşitsizlikleri ve iktidar ilişkilerini küçümser. Somut olarak, kimlikler, temel biçimde olumlu olarak inşa edilmiştir. Bunlar "bir şeye uydurulması" gerekenleri (ya da uydurulabilenleri) belirtirler, böylelikle kendi dışlanmalarını yaratırlar. Böylece, strateji olarak kültür, ille de daha iyi bir yönetişimin eşanlamlısı olmakla kalmaz; hem çatışmalı boyutunun kökünün kazınması açısından hem de meta standartlarına uymasıyla, kültürel depolitizasyonun kaynağı olur.

Bu modellerin birlikte varlığı, yerel kimlik ile ulusal kimlik arasında gelişen ve kültür politikalarının konusu olan tartışmalar, kültür ile bölge arasındaki çelişki, toplumsal pratikler üzerinde temellenen politikalar ile kültürel yetkinlik arasındaki karşıtlık gibi bazı klasik ikilemlerin varlığını sürdürmesine yabancı değildir. Küreselleşme, kamu politikalarının ikamesine değil de eski ikilemlerin yanında yeni akımların birikmesine yöneltiyor olsa da, bu politikaların gösterdiği karmaşıklığa, özellikle de yerel bağlamların kavranmasındaki karmaşıklığa tanıklık etmektedir.

Sonuçta şunu hatırlayalım ki, daha fazla temizlik ya da saflığa duyulan özlemle harekete geçen girişimler gibi, geniş alanlara yayılan toplumsal dışlamalar da, kültürel çeşitlilik üzerine hoşgörülü söylemlere dayanarak ve kültür ve kimlikler dolayımıyla meydana gelir. 1998 yılında Jack Ralite şu gözlemde bulunuyordu: "Yasadışı göçmenlere, evsizlere ve işsizlere günümüzde *yazarsızlar* ekleniyor." Belki başka "-siz, -sız"lar da ekleyebiliriz: "Çeşitliliksizler", "kimliksizler" ve –neden olmasın– "kültürsüzler." Kültür politikaları sayesinde kurtarılması uygun düşen "kayıp cennetler" diye kabul edilen bu "yerel kültür"lerin çoğu, kültür alanının maddi ve sembolik gücüyle kültür "üreticisi olmayanlar"ı ya da "izinsiz kültür üreticileri"ni de kapsar. Küresel bir mesele olarak düşünülen kültürel çeşitlilik, bu meydan okumalar karşısında politik sağlamlığını hâlâ kanıtlamak zorundadır.

3

Küreselleşme ve Kimlikler: Güncel Kültür Politikalarının Hazırlanmasında Politikanın Rolü

JOAN SUBIRATS

Günümüzün küreselleşme koşullarında kimliklerden söz etmek mantıklı olur mu? Geniş küresel kültür pazarının ürettiği güçlü tektipleşme ya da hâlâ bölgesel mantıklara bağlı politik aktörlerin zayıflığı nedeniyle kültür politikalarının homojenleşmesi sürecine açıkça mahkûm değil miyiz? Günümüzde, ölçütlerin ve analiz parametrelerinin değiştiği bir dönemde, bu ve birçok başka soru doğal olarak hâlâ sorulmaktadır. Bu tür sorgulamalara açık seçik cevaplar vermek elbette güçtür. Bizim tebliğimizin amacı öncelikle tartışmanın çerçevesini çizecek bazı öğeler önermek, daha sonra da, bize göre, küreselleştirici dinamikler ile yeni kültürel çeşitliliği savunma, yenileme ve genişletme kapasitesi arasındaki gerilimi sürdürebilen yeni alternatifleri aydınlatmaktır. Bu bakış açısı içinde ve politik sistemin değişimleriyle ve toplumsal dönüşümlerle ilgili giriş niteliğindeki bazı değerlendirmelerden sonra, düşüncemizi çağdaş kültür politikaları çerçevesi içinde kimlikler üzerinde yoğunlaştıracağız.

YENİ BİR EKONOMİ İÇİN YENİ BİR POLİTİKA MI?

Üretici, Toplumsal ve Ailevi Alandaki Değişimler

Nereye baksak aynı izlenim egemendir: Alışıldık analiz aygıtlarımız, tanık olduğumuz değişimlerin hızı ve yoğunluğu nedeniyle zaman aşımına uğramış gözükmektedir. Gerçeklik hareketlidir ve değişimi de çok hızlıdır. Günümüzde himayeci devletin oluştuğu bağlam geçmişte kalmıştır; ve günün birinde aynı çevreyi yeniden bulmamız kolay hayal edilebilir bir şey değildir.

20. yüzyılın modern sanayi toplumunun temellerinde çok derin değişimler meydana gelmiştir. Üretim açısından, büyük teknolojik değişimlerin etkisi sanayileşmenin ölçütlerini tamamen dönüştürdü. Vaktiyle büyük emekçi kitlelerinin büyük miktarda kitlesel tüketim ürününü makul fiyatlarla, Taylorcu emek örgütlenmesi temelinde ve üretilen mallar yelpazesinin güçlü homojenliği sayesinde ürettiği "Fordçu" yapılar artık aşılmıştır. Enformasyon sistemlerindeki devrimin ardından ortaya çıkan küreselleşme ya da ekonomik dünyasallaşma, mesafelerin daha az önem taşıdığı ve gezegen çapında değişken maliyet kullanımının işletmelerle üretim zincirlerini birbirinden ayırdığı bir dünya pazarına doğru evrime imkân tanıdı. "Esneklik", "uyumlanma" ya da "hareketlilik" gibi terimler, "uzmanlaşma", "istikrar" ya da "süreklilik" gibi başka kavramların yerini aldı. Önceki mantıklar maddi sermaye ve insan sermayesi üzerinde odaklanmışken, bilgi toplumu ayırt edici değeri, kâr kaynağını ve üretkenliği entelektüel sermayede aramaktadır.

Sanayi toplumu, nispeten istikrarlı ve öngörülebilir toplumsal yapılara dayanıyordu. Sınıfların bu şekilde oldukça istikrarlı bölünmesi üzerinde temellenen ve katmanlaşmış bir toplumdan, çok önemli eşitsizlikler içeren çok sayıda odağın damgasını taşıyan toplumsal bir gerçekliğe çok çabuk geçtik. Eskiden eksiklik ve güçlük durumları belirli toplumsal kesimlere özgüydü ve bunlar bu durumlara karşı koyabilecek az çok kurumsal çözümler geliştirebilmişlerdi. Günümüzde risk demokratikleşmiştir; belli toplumsal kesimler bundan kuşkusuz daha ciddi bir şekilde etkilenmektedir ama bu durum yeni nüfus tabakalarını da etkilemektedir. Aynı zamanda, yeni yükselme ve toplumsal hareketlilik fırsatları eskiye nazaran daha çok yerde kendini göstermektedir. Bu fırsatlar, eskiden sürekli eksikliğin kural olduğu kesimleri kapsamaktadır. Diğer yandan, yoksullukların ve hayatta kalmanın gündelik güçlüklerinin belirginleştiği yeni uzamlar da saptanmaktadır. Eski toplumsal yapıyla tezat oluşturacak biçimde, günümüzde büyük kitleleşmelerin ve süreklilik şemalarının yoksulluk ve zenginlik, yenilgi ve başarı çerçevesinde giderek daha fazla parçalanan bir mozaiğe dönüştüğünü görüyoruz. Bununla birlikte, sefalet kolonileştirmekte, zenginlik dışlamaktadır; bu durum da riskleri giderek artırmaktadır. Bunun sorgulanması ise toplumsal ve bölgesel parçalanma karşısında kesinlik arayışını kışkırtmaktadır. İmkânı olanlar, "başkaları"na kapılarını kapayarak, "yakınları"yla kendilerini daha emin hissettikleri bölgesel ve kurumsal uzamlar aramaktadırlar.

Aileler de bu değişimlerden rahatsız olmaktadır. Birlikte yaşamanın birincil bağlamı sanayi dönemindekiyle aynı görünümü sunmamaktadır. Sanayi döneminde erkek evin dışında çalışırken, kadın bir yandan üretici sorumlulukları üstleniyor diğer yandan da kocasıyla, çocuklarla ve yaşlılarla ilgileniyordu. Kadının hiçbir özel eğitime ihtiyacı yoktu, ekonomik ve toplumsal bağımlılık durumunda yaşıyordu. Bu senaryo günümüzde oldukça farklıdır. Erkek ile kadın arasında eğitim eşitliği giderek daha netleşmiştir. Kadının çalışma dünyasına entegrasyonu –bazı belirgin ayrımcılıkların ısrarına rağmen– giderek iyileşmektedir. Bununla birlikte, kadınların yaşam koşullarının saygınlığına katkıda bulunan olumlu değişimlerin yanında, ev içindeki rol bölüşümünün aynı değişim ritmini izlemediği de açıktır. Kadınların iş günlerinin iki misli olması nedeniyle gerilimler giderek güçlenmekte, boşanmalar artmakta ve tek ebeveynli ailelerin sayısı giderek çoğalmaktadır. Yeni toplumsal istikrarsızlıklar da bunlara eklenmektedir.

Üretici, toplumsal ve ailevi alanlar içindeki bu derin dönüşümler de kamu gücünün nazik bir evresiyle çakışmaktadır. Yeni meydan okumaları ele almak güçtür ve kamu idareleri her zaman bunlara karşı koyacak yetenekte değildir. Pazar belki küreselleşmiştir, ama politik iktidar her zaman belli bir bölgeye güçlü bir şekilde bağlıdır. Ve sorunlar her gün bu alanda kendini göstermektedir. Kurumsal bölünme giderek daha çok eleştirilmektedir; ve devlet yukarı doğru (devlet-ötesi kurumlar), aşağı doğru (ademimerkezileşme, "intikal" süreci) ve yanlarda (kamusal/özel partnerliklerin artışı, kamu hizmetlerinin özel idaresi ve kâr amacı gütmeyen örgütlerin kamu sahnesinde güçlü bir şekilde artışı) ağırlık kaybetmektedir. Aynı zamanda, her zaman iktidar uygulamalarının bir özelliği olmuş olan hiyerarşik mantık, artık kamusal karar süreçlerini anlamayı sağlamamaktadır. Bu süreçler, giderek büyüyen karşılıklı bağımlılık ve etkileşim ve ilişkisel iktidar mantıkları üzerinde temellenmektedir; formel bir hiyerarşinin yapısal konumuna ya da uygulamasına ise giderek daha az dayanmaktadır.

Demokrasinin Krizi mi Yoksa Kurumsal Bir Soğuk Durma mı?

Bu yeni iktisadi senaryo içinde politika kendine bir yer bulmakta güçlük çeker. Ama aynı zamanda ve hiç olmadığı kadar, demokrasi de sağlamlaşıyor gözükmektedir. İçinde bulunduğumuz dönem paradoksaldır: İnsanlık tarihi, demokrasi kavramının tarihsel olarak uygulamaya koyduğu çoğul temsil, katılım ve denetim mekanizma ve kurallarıyla hiç bu kadar karşılaşmamıştır. Bu bakış açısından bakıldığında, günümüzde tüm dünyada demokrasi güç konumunda gözükmektedir. Fakat buna rağmen, işleyişi konusunda büyük bir tatminsizlik duygusu mevcuttur. Eleştiri temelinde, Norberto Bobbio'un "gerçekleşmemiş vaatler" (Bobbio, 2005) olarak adlandırdığı bir öğeler bütünüyle karşılaşıyoruz. Demokratik karar alma mekanizmalarının karşılaştığı sorunların çözümünün zor olduğu da ortadadır. Şekilcilik, temsil edenlerle edilenler arasındaki mesafelenme, geçirimsizlik, teorik olarak eşit olan nüfusların sahip olduğu kaynaklardaki asimetri... Bütün bu veçheler, bizim demokratik sistemlerimizin işleyişi karşısında politik tartışmalarda genel olarak ifade edilen eleştirilerden birkaçıdır yalnızca.

Bu eleştiri çizgileri son yıllarda genişlemiştir. Kimileri her bir ülkenin politik aktör ve kurumları karşısında yurttaşların etkisizliğine vurgu yapmıştır (Norris, 1999; Newton ve Norris, 2000). Yönetim sistemi olarak –ki meşruiyetinde bir azalma gözlemlenmektedir– demokrasi karşısında yalnızca bir güvensizlik görülmekle kalmaz, hareket tarzında ve temsilî kurumların verimliliğinde de kamunun güveninin ciddi oranda düştüğü görülür. Ama kuşkusuz demokratik olmayan ya da otoriter herhangi bir yönetim alternatifine kayan tercih de yoktur. Buna karşılık, partiler, parlamentolar ya da yönetimler karşısında kamuoyu tutumlarının büyüyen bir güvensizlik ifade ettiği saptanmaktadır (Pharr, Putnam ve Dalton, 2000).

Bu eğilim, halkın güveninin herhangi bir yönetici ya da partinin aleyhine döndüğü ölçüde değil de, çağdaş Batı dünyasının tüm tarihinin politik yönetim modelini belirlemiş temsilî kurumlara karşı halk arasında bir tutum değişikliği söz konusu olduğu ölçüde önemlidir. Bu eğilim nasıl açıklanır? Kimilerinin ileri sürdüğü gibi, günümüz dünyasının gelişimiyle ilgili basit bir soğuk durma ya da hemfikir olmama mıdır bu? Günümüzde kamusal iktidarların hudutlardan ve kurallardan giderek daha fazla bağımsızlaşan bir ekonomiyi denetlemekte yetersiz kalmasına bir cevap mıdır? Yaşam tarzlarının gittikçe artan bireyselleşmesinin, toplumsal bağların ve toplulukçu katılımların zayıflamasının ve sonuç olarak, bu kolektif eylemi temsil eden kurumlar karşısında azalan güvenin etkisi midir? Yoksa yalnızca her yönetimin somut davranış tarzı mı yavaş yavaş güvenilirliğini ve inanılırlığını yitirmiştir? Bu konuda gerçekleştirilen son çalışmalarda (Pharr ve Putnam, 2000), bu hipotezler bütünü içinde istatistiki ve ampirik olarak en saptanabilir olanı, yönetimlerin toplumsal bir arada yaşamanın ortaya attığı sorunları çözme konusundaki gerçek kapasitesi hakkında duyulan kuşkudur.

Bu durumda günümüzün senaryosu şu olacaktır: Her yere yerleştiğinden ve tarih boyunca tüm diğer alternatifler yankı uyandıran yenilgilerle sonuçlandığından, görünüşte sağlıklı ama giderek daha eleştirel bir değerlendirmenin konusu olan demokratik bir sistem. Hatta kimileri her ülkenin kendi demokrasisine özgü bozuklukları teşhirinin gerçekte yapısal bir eğilim niteliği taşıdığını ileri sürmektedir: Bütün demokratik rejimlerin kalıcı olarak olgunlaşması. Bu bakış, temel bir sorunun varlığını nispileştirmektedir; çünkü temel parametreleri tartışma konusu etmeden, önceden var olanı iyileştirmek söz konusudur: Partiler arasından rekabetçi elemelerle seçilen temsilî bir iktidar, yasal olarak oluşmuş denetim tarzları ve katılım. Bununla birlikte, daha önce de belirttiğimiz gibi, bu demokrasinin "niteliği" konusunda artan bir tatminsizlik saptanmaktadır.

Alternatifler

Farklı Bir Kamusal Alan Anlayışı

Uzun otoriter dönemlere maruz kalmış ve bundan dolayı acı çekmiş ülkelerin çoğunda, kamusal alan konusunda kimi gelenekler kolektif sorumluluk kavramını kısıtlamaktadır. Kurumlar arasındaki ya da politik toplumla sivil toplum arasındaki mesafe, temas yokluğu, devlet karşısında toplumsal bağımlılık, kamusal alan karşısındaki güçlü (ve haklı) kuşkuyla birlikte, kamusal ve sivil alanın kavranış tarzında olumsuz etkiler bırakmıştır. Demokratik rejimlere geçtikten sonra bu etkilerin ortadan kalkması zaman almıştır.

Bu kamusal uzam ya da sivil alan genellikle kamu idarelerinin ve pazarın yeri olarak, hatta kimsenin işgal etmediği boş yer olarak algılanır. Daha önce belirtilen iktisadi küreselleşme, doruk noktasına çıkmış merkantilizm, çok düzeyli yönetim yapılarının karmaşıklığı ve devletin özerklik alanının ağırlık yitirmesi gibi olgular güçlü bir sivil toplumun, sağlam bir toplumsal ilişkiler ağının, sivil sorumluluk geleneklerinin ve toplum halinde özörgütlenme ve güven üzerinde temellenen toplumsal ilişkilerin karşı-ağırlığından yararlanamadığında, toplumsal olarak sorumluluğun farkında olmama/kurumsal olarak iktidarsızlık ikilisi özellikle tehlikelidir.

Böylece, çok sayıda ülke, iyice yerleşmiş ve geleceğin meydan okumalarına hazırlıklı bir devlet durumuna gelmeden ve sorumlulukları üstlenmek ve çok dayanıksız bir kamusal alanı gözetleme ve denetleme mekanizmalarını yapılandırmak için yeterince kök salmış bir sivil toplum oluşturmadan, bir yüzyıldan diğerine geçiş aşamasında hassas bir konumdadır. Geri dönen bir handikapın sakıncaları günümüzde bu ülkelerde hissedilmektedir: Zayıf, bağımlı ve büyük özerk kaynakları olmayan toplumsal aktörlerle birlikte, özel amaçlar için kullanmak üzere kamusal kurumlara dayanmak.

En gelişmiş ülkelerin politik kurumları, geleneksel toplumsal müdahale biçimlerini yavaş yavaş terk etmektedir. Bu kurumlar 1940'lı yıllardan beri faaliyetlerine damgasını vurmuş olan büyüme politikasını frenleme eğilimindedirler. Sivil toplumla yeni bir diyalog çabasında olan bu kurumlar, sorumlulukları üstlenmeye ve ortak yönetim ve partnerlik mekanizmaları üretmeye hazır toplumsal faillerle teması yoğunlaştırmaya uğraşmaktadır. Sağlam ve büyük demokratik geleneklerden en fazla yararlanan toplumlar, sivil dokularını yavaş yavaş yoğunlaştırmış, daha fazla toplumsal sermaye biriktirmiş ve sonuçta toplulukçu ve işbirlikçi ağlarının gücü sayesinde yeni gerekliliklere en iyi cevap verebilen toplumlardır. Dolayısıyla, dayanıklı, özgür ve sorumlu bir sivil toplum, günümüzde, bir gelecek garantisidir ve güvenilirliğin ve inanılırlığın eşanlamlısıdır.

Son yıllarda birçok ülkede, art arda gelen modernleşme dalgalarına ve sürekli politik değişimlere rağmen bazı sorunların çözümsüz kaldığı görülmüştür. Bu durum, büyük toplumsal ikilemlere (işsizlik, kamu açığı, yoksulluk) karşı koyabilmekteki ve büyük kamusal yapıların ciddi işlev bozukluklarını (adalet, okul, üniversite, sağlık, idari yapılar vb.) çözmekteki kapasitenin kuşkulu olduğunu ortaya çıkarmıştır. Bunu başarabilmek için, politik sorumluların ve kamu idarecilerinin çabalarını iki misline çıkarmak yeterli değildir. Kamusal alanda olduğu kadar özel alanda da düzgün ve sorumlu tutumlar benimsenmesinin önemli bir mesele olduğu görülmektedir. Sorumluluk üstlenilmemesi ve gelenek yokluğu, özellikle bu noktada, farklı toplumsal grupların ve burada kendini ifade eden farklı kültürlerin paylaştığı ortak sivil değerler üzerindeki toplumsal uzlaşma karşısında kronik bir sivil toplum eksikliğini göstermektedir.

Yeni modernleşme süreçleri, pazarların, üretim aygıtı ve işletmelerin dokusunun işleyiş tarzında önemli değişimlere yol açtı. Fakat bu değişimler bütünü, neredeyse her zaman, her ülkenin kendine özgü gerçeklerinin karmaşıklığının ötesinde, sivil sorunu oldukça yüzeysel biçimde harekete geçirdi.

Daha Katılımcı Bir Demokrasi Vizyonu

Dar anlamda bir politik perspektif içinde, demokrasinin işleyişine katılımın derinleştirilmesiyle daha fazla ilgilenilir. Verimlilik eksikliği demokratik rejimlerin belli başlı kaygılarından biri olduğundan, bu konudaki çözümlerden biri, "daha az katılım = daha fazla etkinlik" şeklindeki otoriter stratejileri benimseyerek "performanslarını" güçlendirmek olabilir. Bu, yurttaşın denetim ve müdahale kapasitesini (O'Donnell'in deyimiyle "yetkilendirici demokrasi") azaltarak ya da dizginleri "işletme kaptanlarına", *common sense* oluşturan kişilere, hatta politika oyununun pisliğini "temizleme" iddiasındaki kişilere emanet ederek sistemi depolitize etmeye çalışmak, sistemin "karar alma" kapasitesini artırmak demektir.

Buna paralel olarak, daha az travma yaratıcı bir yenilik, demokrasi değerleri ve kuralları konusunda ortaya çıkmıştır. Bu, "hassas konu" olarak kabul edilen bazı kamusal müdahale alanlarının kurumsal politikadan ayrı tutulması gerektiği fikridir. Çözüm, hareketliliklerini ve idari yeteneklerini popüler temsil ilkelerine göre değil, profesyonel ve teknik temsiliyet (dolayısıyla meşruluk) ölçütlerine göre temellendirerek meşrulaştırabilen ajans ya da örgütler, bağımsız otoriteler yaratabilmektir. Borsa, elektrik, çevre, nükleer, rekabet denetimi ya da spor disiplini gibi bazı sektörlerdeki bağımsız yetkililer bu çizgide belirdi; merkezî bankacılık organlarının önemi gittikçe artan etkisini ve bağımsızlığını da unutmamak gerekir (Majone, 1996).

Bu inisiyatifler, bize göre, demokrasinin güçlenmesi ile kurumlarının temsil ve itibar kapasitesinin artışını birleştirmede en belirgin inisiyatifler değildir. Demokrasiyi ve toplumsal sorunları kolektif olarak çözümleme kapasitesini sağlamlaştırmak için yeni katılım mekanizmaları bulmak ve deneyimlemek de önemlidir. Bunun için, katılım ile etkinliğin çelişik kavramlar olmadığını, tersine, giderek artan ölçüde tamamlayıcı kavramlar olduğunu kanıtlamak önemlidir.

Bir öncekinden daha iyi olduğu konusunda herkesin hemfikir olduğu ve ortak bir tanımdan yola çıkan bir yaklaşımın meşruluğunu güçlendirmek için önemli olan, çözümleri "satma" kapasitesi değil, sorunların tanımını paylaşma kapasitesidir. Alınması güç olan ve köklü toplumsal çıkarları etkileyen kararların çoğu teknik alanda önemli uzlaşmalar yaratır; buna karşılık, toplumun bütününde bir tartışma açılmadan ve maliyetler, kârlar, alternatifler ve çözümler paylaşılmadan bu uzlaşmaların meyve vermesi zordur. Bu hipotezin karşısına, uygulanmasındaki teknik güçlüklerinin işin uzmanı olmayanların erişimi dışında kaldığı tezi çıkartılırsa, genellikle, bu argümanların dar anlamda teknik olmayan mantık ve çıkarlar temelinde gerçekleştirilen tercihleri gizlediğini kabul etmek gerekir. Aslında nüfus, bazı kararları, bunlar çıkarlarını etkilese bile, karar tarzı meşru geldiği ölçüde kabul edecektir.

Bu bakış açısından, etkinlik ve katılım çelişik değildir. Tersine, kesinlikle tamamlayıcıdırlar ve giderek de bu tamamlayıcılık artacaktır. Fakat hiçbir uzlaşmanın bulunmadığı sorunlarla başa çıkabilmek için teknik yapabilirlik ile toplumsal yapabilirlik hem ayrıştırılmalı hem de birleştirilmelidir. Halbuki, bilindiği üzere çoğu zaman sorunun varlığı ve niteliği bile kabul edilmez.

Prensip olarak katılım olgusu ne iyidir ne kötü; katılım alanlarının basitçe genişlemesi kendi başına bir değer taşısa da bu böyledir. Ama toplumsal uzlaşmanın fiilen gerçekleşmesine daha fazla önem verilmezse, temsilî kurumların erozyonu, tıpkı otoriter yapılı formüllerde görüldüğü üzere, içerdiği demokratik tavizlere rağmen artabilir. Bununla birlikte, katılımdan söz ettiğimizde, yalnızca doğrudan hedeflenen toplumsal çıkarlardan ya da en örgütlü ve seferber olmaya en yatkın grup ya da topluluklardan değil, bu karardan doğrudan ya da dolaylı olarak etkilenmiş nüfusun tamamından da söz ediyoruz. Bu da, toplumun daha geniş bir kısmını kapsayacak uygun mekanizmalar keşfetmeyi gerektirir.

Bu perspektif içinde, yeni enformasyon ve iletişim teknolojilerinin kullanımı çok anlamlı olabilir. Bu anlamda çok fazla olasılık olduğu açıktır (Raab ve Bellamy, 2004; Dutton, 1999) ve olasılıkların ne şekilde kullanılacağına dair de çok fazla alternatif vardır. Örneğin bunları değişmez temsil mekanizma ve kurumlarının basit uygunluk mantığına göre kullanmak ile eski doğrudan demokrasi idealini bu yeni teknolojiler sayesinde hayata geçirecek bir iradeye göre kullanmak çok farklıdır. Barber'in ileri sürdüğü gibi, süreç, seçim, parlamento ya da denetim açısından bu yeni teknolojileri ne şekilde kullanabileceğimiz üzerinde spekülasyonda bulunmadan önce, şu soru hakkında düşünmeliyiz: Bunları hangi demokrasi anlayışının hizmetinde kullanmak istiyoruz? (Barber, 1998)

Temel Sermaye Olarak Toplumsal Sermaye

Kamusal işler konusunda yeni katılımların gerçekleşmesi ve toplumsal içeriğin genişlemesi kendiliğinden olmaz. Kolektif sorumluluğa daha fazla anlam kazandırabilmek için bu etkiye sahip toplumsal bir temel olması gerekir. Toplumsal sermaye kavramı, kolektif sorumluluğun anlamının, karşılıklılık ve toplumsal birlikte yaşama bağlarını doğuran işbirliği dokusunun ve sivil dayanakların öneminin vurgulanmasını sağlamıştır. Dolayısıyla bu yeni değildir, her ülke kendi toplumsal konfigürasyonuna sahiptir ve bu da "ben"den "biz"e kolaylıkla geçmeyi sağlayan toplumsal sermayenin oluşumunu ve sağlamlaşmasını teşvik etmeye ya da etkilemeye yatkın politikalar ve politikacılar gerektirir.

Karşılıklılığı teşvik etmeye geleneksel olarak alışkın olan ve kişiler arası iletişim ve sivil içerim mekanizmalarına sahip toplumlar iyi bir toplumsal sermayeden yararlanırlar. Dolayısıyla, otoritenin meşruluk kaybetmesi, geleneksel temsil mekanizmalarının krizi ve sorunların kemikleşmesi durumlarına karşı koyabilmek için giderek artan kaynaklara sahip olurlar. Bu sermaye, bireylerin toplumsal kopuklukları aşmasını ve böylece kişiler arasında bir güven duygusunun yayılması sayesinde toplumsal bağı teşvik etmeyi sağlayan (aile bağlarını niteleyen *güçlü bağlardan* farklı olarak) *zayıf bağlarla* birleştiği her türden gönüllü işbirliklerinin varlığıyla maddileşir.

Sonuç olarak, politik tutumu anlamakta güven temel bir öğedir. Toplumsal bağları güçlendirerek, işbirliğini teşvik ederek ve daha fazla güvence, öngörü ve kesinlik sunarak, mali istikrarsızlık koşullarında iktisadi gelişme süreçlerini desteklemek için sunulan güven giderek daha belirleyici görünmektedir. Bu faktörler, yatırımların yerleşmesi ya da iktisadi gelişme koşullarının kalıcılaşması için çok önemlidir. Dolayısıyla, Dünya Bankası gibi önemli kurumların, iktisadi gelişmenin finansmanını sağlamak amacıyla, gelişmekte olan ülkelerde projelerinin ve fiziksel yatırımlarının kârlılığı için temel faktörler olan toplumsal sermaye, ağların kurumsallaşması ve toplumsal dokunun güçlendirilmesi meseleleriyle giderek daha fazla ilgilenmeleri şaşırtıcı değildir.

KİMLİK VE KÜRESELLEŞME

Küreselleşmeden doğan yeni parametreler, kimlikler üzerine tartışmayı yeniden canlandırdı. Daha önce belirttiğimiz gibi, kimlik "ben"den "biz"e geçişin temel bir aygıtı olduğu ölçüde bu konu bizim perspektifimizde de önemlidir.

Küreselleşme panoramasında bazı seslerin daha az kimlik bağlantısı ve daha fazla kozmopolit hümanizm talep etmeye başlaması şaşırtıcı değildir.

> Doğumumuza neden olmuş rastlantı, bir rastlantıdan başka bir şey değildir. Bu fikir bir kez kabul edildiğinde, milliyet, sınıf, etnik aidiyet ya da tür farklılıklarının bizim aramıza hudutlar çekmesini kabul etmemeliyiz (Nussbaum, 1999).

Bu akıma göre, daha ziyade "dünya vatandaşı" olmamız ve kendimizi, ne havanın ne de bilginin belirlediği hudutlarla sınırlanmış hissetmememiz gerekir. Sermayeler, tüketim ürünleri ya da kültür ürünleri, mesafeleri ve bölgesel farklılıkları giderek daha çok göz ardı ediyor. *Medyanın* her yerdeki varlığı, aynı yaşam tarzını her yere yayıyor. Homojenleşmeye ve aynı evrensel kültüre yönelik çokbiçimli eğilim inkâr edilemez gözükmektedir.

Bu koşullarda, (kanıtladığımız gibi) yokluğunda her bir halkın meydan okumalarına ve problemlerine karşı koymanın imkânsız gözüktüğü toplumsal sermayeyi, kamusal değerleri inşa etmeye, paylaşılan sorumlulukları üstlenmeye yönelik kolektif bir kimlik duygusu kuran bir "biz"in yeniden inşasından söz etmek mantıklı olur mu? Veyahut başka şekilde ifade edilirse, birlikte yaşamanın farklı biçimlerinden söz etmeye devam edebilir miyiz hâlâ? Bir küreselleşme çevresinde, kültürlerden, kültürel kimliklerden, kültür politikaları inşasından söz edebilir miyiz?

Kültür –bu fikir üzerinde ısrarla duruyoruz– bir grubun ya da bireyler bütününün paylaştığı bir dizi ortak temsile dayanır. Bu temsiller bize dünyaya dair belli bir ön-örgütlenme vizyonu, kendimizi yönlendirebileceğimiz ortak bir harita sunar. Kültür, aynı zamanda, paylaşılan bir bellektir (aynı dil, aynı tarih, aynı gelenekler, vs.) ve toplumsal mutabakatlar ve davranış kuralları gibi ortak yaşama imkân tanıyan kurallar bütünüdür (Todorov, 1996).

Bu fikirler kabul edilirse, hepimizin aynı anda birçok kültüre mensup olduğumuz ve bu kültürlerin de sürekli değişimlere tabi olduğu açıktır. Bizler Madritliyiz, Buenos Airesliyiz, Toledoluyuz, hatta Carabanchel'deki Madritliler semtindeniz, Buenos Aires'teki "Palermo"lardan ya da Barselona'daki "Gràcia"lardanız. Kendimizi Katalan ya da Rioja hissediyoruz; İspanyol, Perulu ya da İtalyan olma halimizi tüm dünyaya taşıyoruz ve diğer Avrupalılarla ya da diğer Latin Amerikalılarla binlerce şeyi paylaşıyoruz. Ve bazı kültürlerin diğerlerini içerdiği, bunlarla kesiştiği, farklı öğelerinin istikrarsız dengeler kurduğu, eşzamanlılık ve artzamanlılıklara yol açan parçalardan oluşmuş kimlikler misali (Gellner, 1994), bu kimlik çokluğunu büyük bir esneklikle yönetiyoruz. Günümüzün Katalan ve İspanyol kültürlerinin yüz elli yıl önceki halleriyle ne ilişkisi vardır? Her şey değişti; tıpkı Altın Post'un peşindeki yolculukları sırasında Argonotların teknelerinin çivileri ve tahtaları gibi, bütün öğeleri evrim geçirdi. Sonuçta, en önemli olan şey, geminin *aynı* gemi olarak hareket etmesi değil, doğru limana varmasıdır. Bu kültürler, geçmişteki halleriyle pek az bağları olmasına rağmen, kendi yurttaşları için "işlemektedir." Saf kültür ya da melez kültür diye bir şey yoktur. Bazı kültürler melezliklerini kabul eder, bazılarıysa bunu inkâr etme eğilimindedir. Bizim kültürlerimiz her birimizin dünyayı dolaşmamıza, yönümüzü bulmamıza, herhangi bir grup içinde kendimizi tanımamıza, "ait olma", "yer alma" zorunluluğuna cevaplar vermemizi sağlar. Sözünü ettiğimiz kültürel homojenleşme tamamen yüzeyseldir. Kimilerinin *MacMundo* (Barber, *a.g.e.*) diye de adlandırdığı "korporatif çokkültürcülük" (Semprini, 2000) farklılıkları sıradanlaştırır, pazara dâhil eder ve bunları *aynı potada eriterek* sportif ya da sanatsal büyük olaylara renk ve heyecan katan unsurlar olarak medyatik bir şekilde sunar. Böylece, bütün azınlıkların hegemonik mono-kültürel norma bir tür entegrasyonuyla karşı karşıya geliriz: Yukarıdan enjekte edilen –yoksa kendi başoyuncuları tarafından aşağıdan istenmiş ya da talep edilmiş olmayan– farklılık ve birlikte yaşam retoriği. Kimileri bu korporatif çokkültürcülük modelinin özellikle geleneksel liberal çokkültürcülüğün post-politik ve merkantilist versiyonu olduğunu, sözde homojen ve soyut olarak kamusal bir bağlamda farklılığın özel yönetimi imkânını sunduğunu ileri sürerler.

Günümüzde, politik liberalizmin iki biçimi etrafında belli bir tartışma belirmektedir. İlki, yurttaşlar arasındaki temel eşitlikleri "ayrımcı olmayan" şekle sokma eğilimindeki, "evrensel" nitelikte bireysel haklar üzerinde ve kurumların işleyişini ve karar almayı sağlayan işlevsel öğeler bütünü üzerinde temellenen bir kavrama denk düşmektedir. Bu perspektif içinde, kolektif hakların varlığı kötü gözle görülür; çünkü burada belli bir otoriterlik riski vardır (*Liberalizm 1*). Politik liberalizmin ikinci versiyonu, kamusal ve anayasal alan içinde, aynı demokraside birlikte var olan çeşitli grupların kültürel ve politik farklılıklarını koruma ve geliştirme öğelerini önceki versiyona ekler (*Liberalizm 2*).[1] Bu perspektifin savunucuları mevcut kültürel azınlıkların kabul edilmemesinin aynı mekânı paylaşan gruplar arasındaki eşitlik ilkesine bir saldırı olduğunu ileri sürerler. Sözü edilen birinci versiyonun, azınlıkların kültürel farklılıklarını özel alana sıkıştırma ve aynı zamanda çoğunluğun kültürel özelliklerini (dil, tarihin yeniden inşası, gelenekler vb.) zımni "ortak" gerçeklik olarak benimseme eğiliminde olduğunu ileri sürerler. Farklılıkları aynı şekilde ele almak eşitliğe aykırı olur. Bu nedenle kimileri, sivil, politik ve toplumsal haklardan sonra yeni bir hak dalgasının –kültürel haklar– ortaya çıktığını ileri sürer.

Bizim yaratmaya çalıştığımız özgür, demokratik, eşit biçimde paylaşmaya elverişli toplumlar, yurttaşların bu toplum içinde kabul görmesini talep eder. Ancak bu toplumlar, kendilerini oluşturan bireyler ortak ve kendilerine ait bir girişime gerçekten katılabileceklerine inandıkları takdirde işlerlik kazanır. Bu içerim, bu kişilerin haklarını ve özgürlüklerini sağlayan zımni bir normatif sözleşmeye dayanmakla kalmaz; bu kişilerin birbirlerini kendi aralarında bağlı hissetmeleri de önemlidir. Demokrasi, eşitsizliklerin arttığına dair bir saptamanın üreteceği ilgisizlik duygusuna ya da –yaşanan problemlerle kimsenin ilgilenmediği izlenimi oluştuğunda– terk edilme izlenimine karşı çok duyarlıdır.

Sahte ikilemler yaratmayalım. Belirgin bir liberal-kozmopolit evrensellik adına genellikle talep edilen şey, özel kültürel kimlikleri kapsama iddiasın-

---

1 Burada, Charles Taylor ile Michael Walzer'in ünlü ifadesinden yola çıkarak *Liberalizm 1* ve *Liberalizm 2* terimlerini kullanan Requejo'nun (1998) fikrini takip ediyoruz.

daki dilsel ve kültürel özellikler bütününün koşulsuz kabulüdür. Veya, kozmopolit olmanın tek yolu, yurtsever olmaya başlamaktır; bu bir mahalle yurtseverliği bile olsa... Ve kendimizi kozmopolitliği alttan alta destekleyen bu çerçevenin ve topluluğun parçası olarak hissetmezsek, kendi yaşam çerçevemizin işleyişine muhtemelen yatırım yapamayız.

KÜRESELLEŞMENİN MEYDAN OKUMALARI KARŞISINDA KÜLTÜR POLİTİKALARI

Kültür politikaları çoğu Batı ülkesinde dört önemli ilkeden yola çıkarak şekillenmiş ve gelişmiştir (Bonet, 2003b). İlki, sembolik ve iletişimsel standartların yayıcısı olan kültürün stratejik değeridir. İkincisi, kültür kolektif kimliklerin, dolayısıyla ulusların ve devletlerin kimliklerinin temelidir. Üçüncüsü, kültürlerin, ekonomik ve toplumsal anlamda yaratıcılığı, özsaygıyı, kişilerin ve bölgelerin olumlu bir imgesini geliştirecek etkilere sahip olmalarıdır. Dördüncü ilke ise, kültürel, tarihsel ya da doğal nitelikli kolektif bir kültür varlığını koruma zorunluluğuna dayanır.

Dolayısıyla, kamusal iktidarların kültürel bakımdan yansız olmakta güçlük çektikleri tespiti şaşırtıcı değildir. Yurttaş haklarını kabul etmenin ötesinde, liberal kurumlar, hegemonik iradelerini dayandıracakları ve açıkça ya da zımni olarak aradıkları ulusal kimliği beslemelerini sağlayacak bir özellikler ve değerler (dilsel, kültürel vb.) bütünü getirirler. Çokkültürlü bir yapıya sahip olan bir devlette bu yaklaşım, ayrımcılığın ortadan kaldırılması ve eşitlik adına sergilenen tutumlar sonucunda, bazı toplulukların kendi kimlik farklılıklarının doğrudan tehdit altında olduğunu görmesine bağlı olarak kimi önemli dengesizliklere yol açar. Liberal-demokratik geleneğe göre (özellikle de İspanyollar konusundaki sorunsalı fazlasıyla etkilemiş olan Fransız ve cumhuriyetçi versiyonu içinde), mevcut kural ve haklar kendimizi gerçekten yurttaş olarak görmemizi sağlar. Fakat bu kural ve haklar, dile, tarihsel yeniden inşaya ve yöntem sorunlarının ya da evrensellik duygusunun ötesine uzanan sözde "ortak" geleneklere bağlı bir öğeler bütününü içerdiklerinden, bireysel kimlikler karşısında her zaman yansız değildir. Bireysel özgürlük, eşitlik ya da kişisel saygınlıkla ilgili değerler onaylanmalı ve iyileştirilmelidir ki, işin içine bireysel kimlikleri oluşturan toplumsal farklılıklar dâhil edilebilsin ve çoğulculuk bir arada yaşamamızı sağlayan (ve çok da kullanışlı olmayan) bir çözüm olarak değil, çeşitliliğin zenginliğini vurgulayan bir değer olarak görülebilsin. Çoğul bir devlette, kültürel çoğulculuğu (yalnızca hoşgörü gösterilmesi gereken bir şey olarak değil) korunması gereken bir değer olarak görerek özümsemek önemlidir; bu da demokrasilerin normatif işleyişinin ve örgütlenme yapısının içinde bu çoğulculuğun bulunmasını gerektirir. Kültürel çoğulculuğu kabul yönündeki bu politikalar, her türden kültürel çeşitliliğin giderek daha çok yer aldığı demokratik sistemlerin ilkelerinin, kurallarının ve kurumlarının parçası olmalıdır.

Nihai olarak her yurtseverlik ve milliyetçilik, uydurulmuş, yapay ve hiçbir koşulda doğal olmayan bir topluluk yaratır. "Politik hayvan" olmamız nedeniyle, bütün toplumlar, insana özgü topluluk halinde yaşama zorunluluğundan doğan işleyişlerin ürünüdür. Kısacası, her kimliğin özü, bölünmeleri ve uyumsuzlukları aşan ve az çok ortak bir yön takip ederek yol almak amacıyla iradeleri ve duyguları birleştiren ortak bir gücün tanınması üzerinde temellenir (Delgado, 1998).

Herkes kendi kimliğini bir seçenekler bütününden yola çıkarak oluşturur ve pazarlık konusu yapar. Bizim modern kimliklerimiz çoklu ve karmaşıktır. Bu koşullarda devlet uyum sağlayabilir ya da "kendini" onlara uyumlamaya çalışabilir; yani yurttaşları için benzer bir şekilde az çok bulanık, çoklu ve melez egemenlikler ve kurumlar kurabilir ya da bu yurttaşları yapay olarak birleşmiş basit "teba"ya dönüştürmeye çalışabilir (Rubert de Ventós, 1999). Farklılıkları alçak gönüllülükle ele almak değil, her birimizin asla tam anlamıyla eşgüdümlü olmayan ve bu çeşitliliğin servetini sermayeleştirmeyi sağlayan kimlikler taşıdığımızı kabul etmek önemlidir. Bu karmaşıklığı inkâr etmeyen, tersine bileşenlerinin çeşitliliğini eklemleyerek entegre eden bir toplum örgütlemek; işte, politik geçersizleşmenin sembolü olmaya devam etmek istemeyen bir devlet yapısının meydan okuması budur. İktidarların hiyerarşikleşmiş ve temerküz etmiş olmaktan ziyade "ilişkili" ve dağınık olduğu ve egemenliklerin sorgulandığı, az çok dağınık bir şekilde ayakta kalmaya çalıştıkları bir dönemde, tekelciliğin peşinden giden tek bir kültür politikası fikri imkânsız bir lükstür.

Yeni kültür politikaları, çoklu kimlikleri entegre edebilen bir toplumun örgütlenmesini kolaylaştırmalıdır: Birlikte yaşamanın birçok tarzını bağdaştırdığından, bizim kabul ettiğimiz, güçlendirilmiş bir kamusal alan. Cumhuriyetçi model, herkesin kültüre eşit erişimini garanti ediyor gibiydi. Küçük bir sakıncası, azınlık kimlikleri tanınmadığından, bu azınlıkların kültürünün ancak belli bir çoğunluk tarafından kabul edildiğinde varlık gösterebilmesiydi. Azınlık kültürlerine elbette saygı ve hoşgörü gösterilebilirdi, ama bunlar ancak özel bir alanın parçası kabul ediliyordu. Bugün tartışma konusu edilen şey, yalnızca bireyler için değil, gruplar ve bu azınlıklar için de eşit hakların kabulüdür.

SONUÇ

Kültürlerarası model özel bir yasal statü gerektirir; kurgusal ve işlevsel olarak inandırıcı ve kalıcı olan eşitlikçi kurumlar aracılığıyla bu gerçekliği kabul eden kamusal bir uzamın yaratılmasını gerektirir. Bu modelin gücü, farklı duyarlılıkları ve kimlikleri temsil kapasitesine bağlı olacaktır. Bu, hiçbir seçeneği uzaklaştırmadan, sonlu uzamlardan ziyade "çerçeve" oluşturan, "sınırlandırmak"tan çok "içermeye" uygun kurumlar yaratarak, yenilikçi kültür politikalarını ve yeni bir ifade arayışını gerektirir; kültürel çoğulculuğun, kendini Perulu, İspanyol, Avrupalı, Antlı, Katalan ya da Salamankalı hissetmenin birçok şekli olduğunu kabul etmek anlamına geldiğini anlayan kurumların varlığını zorunlu kılar.

Gelecekteki demokrasilerin en belirleyici sınavlarından biri, giderek daha çoğulcu toplumları destekleme kapasitelerinde yatmaktadır. Bir demokrasi, kimi zaman ileri sürülenin tersine, uzlaşma sağladığı ölçüde değil, çatışmalara –bu çatışmaları yönetmeye ve kolektif yaşam çerçevesinde azaltmaya en uygun araçlar sayesinde– karşı koyabilir olduğu ölçüde güçlüdür. Aynı anlayış içerisinde, bir devletin kültürel olarak daha homojen olduğunda değil, büyük bir kültürel heterojenliği yönetme kapasitesi geliştirebildiğinde daha güçlü olduğunu söyleyebiliriz. Devletin temel değerlerinden birini oluşturacak özellik bu olacaktır. Eğer bu yönde hareket edilmezse, parçalanma faktörleri giderek daha belirginleşecektir. Albert Hirschmann'ın söylediği gibi, öncelikle, imkânsız olduğu belli bir *sadakat* arıyor ve kimsenin bunun bir yolunu (*exit*) bulmaya çalışmadığı sonucuna varıyorsak, sesimizin (*voice*) işitilebilmesi için daha fazla uzam yaratmamız gerekecektir (Hirschmann, 1970).

4

Kültür Politikaları ve Kültür Endüstrilerinin Küreselleşme Süreçleri

XAVIER CUBELES

Sanayi çağında önemli jeopolitik çatışmalar doğal kaynakların ve el emeğinin sömürgeci, ardından yeni-sömürgeci denetimi etrafında dönüyordu. Uluslar ve halklar arasındaki mücadelenin niteliğini mülkiyet hakları sorunu belirliyordu. Gördüğümüz gibi, jeopolitik çatışmalar artık dünya kültürüne, yerel kültürlere ve iletişim ağlarına erişim konusunda çıkmaktadır. Çokuluslu işletmelerin hizmetinde çalışan yeni kültürel aracılar, milyonlarcamızın yaşadığı deneyimin parametresini erişim mantığının belirlediği bir dünyada iletici konumlarıyla anahtar bir rol oynamaktadırlar (Jeremy Rifkin, 2000, s. 239-240).

20. yüzyıl boyunca ve özellikle son birkaç on yılda kültür endüstrilerinin gelişimi, kültür politikası sorumlularını aşılması güç, önemli meydan okumalarla karşı karşıya getirdi. Bu durum özellikle başka ülkelerden (başta da görsel-işitsel alanda Amerika Birleşik Devletleri'nden olmak üzere) gelen kültürel üretimin yayılması yoluyla kültür alanının ve iletişim araçlarının adım adım "işgal ettiği" bölgelerde görülmektedir. Bu bölgelerin, bu sektörlerin kültürel üretimini teşvik etmek konusunda karşılaştıkları güçlükler gittikçe artmıştır. Bu durumu düzeltmek için, bir yandan kendine özgü kültür alanını dış etkilere karşı korurken diğer yandan içerideki kültürel üretimi teşvik edecek kültür politikaları belirleme gerekliliği ortaya çıkmıştır. Fakat bu kültür politikaları her zaman çok tatminkâr etkiler yaratmamıştır, çünkü önlemlere rağmen, birçok durumda hedeflere ulaşılmamıştır.

Kültür endüstrilerinin küreselleşmesi süreci karşısında kültür politikalarının güncel durumunu değerlendirmek amacıyla, son yıllarda kamusal müdahalenin gelişimini, keza bu sektörde uzmanlaşmış faillerin gelişimini dikkate almak gerekir. Bu iki eylem alanının gelişim faktörlerinin analizi, bize bu sektörde kültür politikalarının "başarı" derecesini değerlendirmemizi ve gerektiğinde olası düzenlemeler ya da iyileştirmeler üzerine kendimizi sorgulamamızı mümkün kılan bir düşünme temeli sağlayacaktır.

Analizimiz dört koldan ilerleyecektir:

- Küreselleşme sürecinin ortaya attığı belli başlı soruların incelenmesi.
- Küreselleşme ve küreselleşmenin özel kültürel alışverişler üzerindeki etkisi: Kültür endüstrileri.
- Küreselleşme ve kamusal müdahale: Kültür politikaları.
- Kültür politikalarının etkinliğiyle ve kültür endüstrilerinin gelişimiyle ilgili nihai bazı saptamalar.

KÜRESELLEŞME SÜRECİ: BELLİ BAŞLI SORGULAMALAR

Küreselleşme süreci iki temel soru ortaya atar ve bu araştırmanın temel konusunu değerlendirebilmek için bunların incelenmesi zorunludur. İlk olarak, küreselleşme sürecinin genel gelişiminde çokuluslu işletmelerin (özel sektör) ve devletlerin (kamu sektörü) rolü ve bu iki alan arasında mevcut ilişkiler söz konusudur. Bu açıdan, teknolojilerin ve dünya çapında işletmelerin rekabet gücünün artması, büyük ölçüde kamusal iktidarların müdahalesi sayesinde gerçekleşmiştir. Bu durum birçok yazar tarafından vurgulanmıştır.

> Yönetimin eylemleri (dünya ölçeğinde) ticaretin idaresiyle sınırlanmaz: Bu eylemler, aynı zamanda, teknolojik gelişime ve uluslararası ekonominin iyi işlemesinin esas temelleri olan insan kaynaklarının oluşumu için gereken desteği de beraberinde getirir. [...] Hükümet sübvansiyonları ve (araştırma, yapılanma ve ihracat için verilen) borçlar, işletmelerin küresel rekabet ölçeğinde iyi bir konuma yerleşmesini sağladı. Örneğin Japon ve Güney Kore hükümetlerinin müdahalesi, işletmelerinin rekabet gücünü geliştirmekte önemli bir faktör olmuştur (Castells, 1997, s. 133).

Amerika Birleşik Devletleri örneğinde, federal yürütme de, "haberleşme ve iletişim teknolojisinin motoru olan elektronik ve uzay havacılığı sektörlerindeki işletmelerin araştırma ve geliştirme harcamalarına geniş ölçüde katkıda bulundu" (Mattelart, 1998, s. 58). Sonuç olarak, küresel ölçekte gelişim konusunda endüstri ve devletin önemli ve birbirine bağımlı bir rolü vardır. Küreselleşme, "haberleşme ve iletişim de dahil olmak üzere kaynakların ve ürünlerin dolaştığı uzamları dönüştüren uluslararası pazarın ve devletlerin pazarlıkları"nın (Mosco, 1996, s. 205) yönettiği bir süreç olarak ele alınmalıdır.

İkinci olarak, küreselleşme sürecinin ulus-devletlerin kurumsal çerçevesi içinde geliştiğini belirtmek gerekir. Bu durum bu sürecin evrimini belirlemekte temel bir etkiye sahip olmuştur:

> Düzenlemeler ve hükümet politikaları küresel ekonominin hudutlarını ve iç yapılarını belirler. Emeğe, teknolojiye, mal ve hizmetlere tamamen açık bir küresel pazar yoktur. Ulus-devletler (ya da Avrupa Birliği gibi ulus-devlet örgütleri) var oldukça ve hükümetler küresel rekabet çerçevesi içinde toprakları üzerinde bulunan işletmelerin ve yurttaşlarının çıkarlarını desteklemeye devam ettikçe, bu durumun yakın bir gelecekte değişmesi pek muhtemel değildir. Dahası, Birleşmiş Milletler Çokuluslu İşletmeler Merkezi'nin araştırmasının gösterdiği gibi, işletmelerin milliyeti tutumlarını belli ölçülerde belirlemeye devam etmektedir (Castells, *a.g.e.*, s. 125).

Sonuç olarak, kültür endüstrileriyle ilgili politikaların analizi, kamu iktidarlarının rolünün tarafsız ya da indirgenmiş olduğu düşünülerek yapılmamalıdır. Tersine, bu iktidarların, ulusal kurum olarak ölçekleri ve müdahaleleri nedeniyle, bu faaliyetlerin gelişimi üzerinde doğrudan ve dolaylı bir etkileri vardır.

KÜRESELLEŞME VE ÖZEL MÜBADELELER: KÜLTÜR ENDÜSTRİLERİ

"Kültür endüstrisi"nden anladığımız, kendi mekanik ya da elektronik üretim kapasiteleri sayesinde ürettikleri ürünleri teknolojik ilerlemelerden yararlanarak pazarda büyük ölçekte yayabilen faaliyet sektörleridir. Bunlara örnek olarak kitaplar, görsel veya işitsel ürünler verilebilir. Dolayısıyla bu incelemede (plastik sanatlar, canlı gösteri sanatları gibi) zanaat nitelikli diğer sektörleri dikkate almayacağız. Bu sonuncularla ilgili olarak yalnızca şunu belirtelim ki, "günümüze dek, geleneksel kültür üreticilerinin sübvansiyonlar yardımıyla faaliyetlerini sürdürme yönündeki çabaları, pazar özgürlüğünün gelişiminde olumsuz bir faktör olarak görülmemiştir. Bunun nedeni, bu tür bir faaliyetin kâr getirmeyen bir alanda vuku bulmasıdır" (Smithuijsen, 1996, s. 181).

20. yüzyıl boyunca kültür endüstrilerinin eşi görülmemiş gelişimi, özel ticaret mübadelesi alanında, sembolik içerikli mal ve hizmetlerin üretiminin artmasına yol açtı. İşletmelerin kültür sektörüne girmesindeki artış, 20. yüz-

yılın en önemli dönüşümlerinden biridir; bu pazarlar kolektif imgelem inşası, bilgi ve haber üretimi ve dağıtımı alanında artık önemli bir yer işgal etmektedir. Dünya ölçeğindeki bir pazarda kültür endüstrilerinin gelişimi esasen beş önemli faktöre bağlıdır:

- İşletmelerin "ulus-aşırılığı".
- İşletmelerin temerküzü ve ağların oluşumu.
- Bölgesel merkezîleşme eğilimi.
- İletişim araçlarının ve kültürel içeriklerin standartlaşması.
- Pazarların ortak yönelimlerinin artması süreci.

İşletmelerin Ulus-aşırılığı

Çok büyük ölçekli ekonomiler elde etmek için, kültür endüstrileri pazarlarını ya da bölgesel faaliyet alanlarını yayma eğilimi içindedirler. Bu işletmelerin uluslararası bir gelişime erişme kapasitesi eşit değildir (ve hep böyle olmuştur); çünkü ortaya çıktıkları (özellikle ulus-devletin hudutlarıyla ya da kültürel ve dilsel engellerle sınırlı) pazarın boyutu bu uluslararasılaşmayı koşullara bağlamaktadır. Pazarlar ne kadar genişse, ekonomilerin olası ölçeği de o kadar büyük olur; özel ya da kamusal sermayeleri buraya çekmek bu ölçüde kolaylaşır ve dış ticaret dengesi fazlalık vermeye bu ölçüde yatkınlık gösterir (Baró ve Cubeles, 2000, s. 68-72). Örneğin sinema filmlerinin üretim ve dağıtımı konusunda Amerika Birleşik Devletleri'nin Avrupa ülkeleri karşısındaki üstünlüğünün temelinde yatan, gelişiminin başlangıcından beri sinema endüstrisinin bu ülkenin iç pazarında sahip olduğu büyük kapasitedir. Ayrıca, şunu da belirtmek gerekir ki, "iletişim sektörünün ulus-aşırı işletmeleri, yerel, ulusal ve ulus-aşırı düzeyler arasındaki çatışmalı ilişkinin sonuçlarından en fazla mustarip olanlardır. Bu tür işletmeler, Darwinci kurama uyarlanmayı hızla öğrenerek, hassas bir bağlama (özel kimlikler bağlamı) karşı koymak zorundadır" (Mattelart, *a.g.e.,* s. 68).

İşletmelerin Temerküzü ve Bir Ağ Ekonomisinin İnşası

Kültürel üretim ve dağıtım süreçlerini denetlemek için büyük işletmeler kurulmuştur. Örneğin günümüzde, görsel-işitsel alanın kuralsızlaşması ve küreselleşmesi, dev şirketlere, bunların bilgi ve becerilerine, program takvimlerine ve mali kapasitelerine verilen büyük tavizlere bağlıdır (Balle, 1997). Bununla birlikte, işletmelerin bu temerküzünün belli örgütsel özellikleri vardır. Kültür endüstrileri, tıpkı enformasyon ekonomisinin bütünü gibi merkezî ve koordine bir şekilde örgütlenmiştir ve yenilenmeleri bir ağ mantığı üzerinde temellenmiştir (Castell, *a.g.e.*). Hollywood endüstrisi bu alanda çağdaş kapitalizmin küçük bir ağ şeklinde yeniden örgütlenme modeli olan eski bir deneyime sahiptir: Bu ağ bu açıdan, üreticilik alanındaki riski paylaşmanın etkili bir aygıtıdır. Somut olarak şöyle denebilir:

> Her filmin üretimi, uzmanlaşmış üretici işletmelerden ve bağımsız çalışanlardan oluşan bir ekibi bir araya getirir. Bunların her biri kendi alanında uzmandır ve her biri kendi nitelikli personeline sahiptir. Bununla bağlantılı olarak bütün bu öğeler, projenin evrimiyle sınırlı kısa süreli bir ağ, bir girişim oluşturur (Rifkin, 2000, s. 43).

Örneğin enformasyon içerikli pazarlar iki düzeyde örgütlenirler: Bir yanda üretim ve dağıtım süreçlerinin *leaders* olarak konumlanmayı başarmış büyük idarecileri vardır. Diğer yanda ise, faaliyetleri esasen büyük işletmelerin talebine bağlı olan, genel olarak çok sınırlı üretim ve dağıtım kapasitesine sahip, "bağımsız" küçük işletmeler ve özerk emekçilerden oluşan kalabalık bir topluluk bulunur. Üretim sürecinin esnekliği, üretim ve dağıtım süreçlerinin farklı evrelerini (işlerin "bağımsız" işletmelere doğru dışsallaştırılması sayesinde) *çözerek* ve (sektördeki büyük işletmelerin faaliyetlerinin temerküzü sayesinde) *yeniden birleştirerek* üretim alanındaki yetkileri düzenlemeyi sağlar (Baró ve Cubeles, 2000, s. 60-77).

Bölgesel Merkezîleşme Eğilimi

İşletmelerin coğrafi olarak belirli bir yerde yerleşmesi, o bölgede yoğunlaşan üretime bağlı olarak gelişen ekonominin ölçeğine göre belirlenmiş gözükmektedir.

> Nihai sonuç: Kimi alanları ve bunlar arasındaki ilişkilerin yoğunlaşmasıyla belirlenen iletişim coğrafyasının kökten dönüşümü. [...] İletişim teknolojileri, bireyleri ana eksene bağlayan alanların hudutlarını geriye çekmiştir, ama aynı zamanda iletişim düğümlerini de güçlendirmiştir: Bu merkezler bütün biçimleriyle teknolojiye erişimi sağlar, ama aynı zamanda buralar akış ağlarını oluşturma gücü olan kişi ve örgütlerin de bulunduğu yerdirler (Mosco, *a.g.e.*, s. 205).

Şehirlerdeki büyük yoğunlaşmalar, bu faaliyetlerin yerleşmesini kolaylaştırmak için en iyi koşulların bir araya geldiği alanlardır: Sanayide ve hizmetlerde çok miktarda sinerji ve yenilik faktörüne sahiptirler. Örneğin metropollerin kültür endüstrilerinin yerleşmesinde belirleyici bir avantajı her zaman vardır; özellikle de bu faaliyetler için koşulların elverişli olduğu yerlerde.

> Şehirler (yeni enformasyon toplumunda *global skill centers* olarak) şu üç şeye yatırım yapmayı iyi bilmelidir: Kavramlar (yeni fikirler, yeni yenilik kapasiteleri), yetenekler (uygun üretim ve tüketim beceri ve kapasiteleri) ve bağlantılar (dünya çapındaki diğer faaliyet merkezlerine erişim ve iletişim) (Baró, 1998, s. 71).

İletişim Araçlarının ve Kültürel İçeriklerin Standartlaşması

Enformasyon toplumunun –fabrikalar halinde değil– ağ ekonomisi şeklinde örgütlenmesi, işletmeler arası rekabet ve pazarların işleyişi üzerinde önemli değişimlere neden oldu (Katz ve Shapiro, 1994). Ağ ekonomilerini en açık şekilde niteleyen dönüşümlerden biri şudur: Bir tüketicinin bir maldan elde ettiği yarar, bu malı tüketen kişi sayısına göre artar. Bu ürün, iktisadi ifadesiyle, *ağın dışsallık etkilerinden* (*network effects*) yararlanır.

Ağ etkisinin birçok kaynağı vardır: Telefon, faks, internet vs. gibi fiziki araçlar ya da aynı yazılım ağının, aynı dilin ya da aynı yaşam biçimlerinin kullanıcıları olmak şeklindeki "sanal" ağlar. Bu ağ etkileri, kültür endüstrilerinin evrimi üzerindeki doğrudan etkileriyle birlikte, birçok düzeyde "standartlaşma" süreçleri yaratır. Kullanılan teknolojiye içkin etkilerin ötesinde, iletişim dili önemli bir değere sahiptir. Gerçekten de bu dil, iletişim aygıtı olan ağın ayrılmaz parçası olur ve kullanıcılarının kalitesine (tüketiciler için yararlılık da bu kaliteye bağlı olduğu ölçüde) bağlı olacaktır. Diğer yandan, kültürel içerikler konusunda, bulaşıcı etkiler mevcuttur (Liebenstein, 1950); yani tüketicilerin başka tüketicilere benzemek için bazı malları edinme arzusu. Belli bir metaya (bir film, bir CD ya da kitap) olan talep, sonuç olarak, basitçe başka insanlar zaten tükettiği için artacaktır.

Pazarların Sayısal Ortaklaşma Süreci

Son olarak, birkaç yıl öncesine dek farklı pazarları –enformasyon içerikleri (görsel-işitsel içerikler, basın ve yayın vs.), enformasyonun işlenişi (bilişim) ve son olarak da hizmet ve altyapı sağlayıcılar (telekomünikasyon, elektronik vs.)– ayıran geleneksel hudutların yok oluşunun sonucunda ortaya çıkan sayısal ortaklaşma sürecini tespit etmek de önemlidir. Bu süreç, işletmelerin bir yerde kümelenmesinin yaygınlaşması ve kültür endüstrisi sektöründe çok belirgin olan işletmeler arasındaki ittifakların gelişimi eğilimini açıkça güçlendirir (Katz ve Shapiro, 1994).

KAMUSAL MÜDAHALE ALANINDA KÜRESELLEŞME: KÜLTÜR POLİTİKALARI

Devletin kültür endüstrileri alanına müdahalesi, bu faaliyetlerin özellikle pazarın bağrında serbest gelişiminden yana olan görüşler ile korumacı nitelikteki politikalar yoluyla kamusal düzenlenişinden yana olan görüşler arasındaki karşıtlık nedeniyle yaygın bir tartışma konusu olmuştur. Yukarıda belirttiğimiz gibi, kamu yetkilerinin rolünün küreselleşme sürecinde –tarafsız ya da indirgenmiş olmak dışında– her şey olduğu doğru olsa da, kültür sektörü çok özel bir biçimde ortaya çıkar. Burada mevcut eğilime göre, "devlet kendi eylem alanını yavaş yavaş tamamen sanatsal olanla kısıtlamaktadır; iletişimle ilgili olanı kültür endüstrisine bırakmaktadır. Devletin geçmişin sorumluluğunu üstlendiği ve gelecek zamanı kültür endüstrisine bıraktığı bir süreç söz konusudur" (Zallo, 1995, s. 27).

Küreselleşme süreci karşısında kültür politikalarının içerik ve yönelimini daha ayrıntılı analiz etmek için, kültür endüstrileri konusunda şu boyutları analiz etmek uygun düşer: Doğrulanması, biçimleri, uluslararası-ulusal ve ulusal örgütlenmesi.

Kültür Endüstrileri Alanında Kamu Sektörünün Müdahalesinin Haklı Çıkarılması

Kültür sektörü çok çeşitli faaliyetlerin birleşmesiyle oluşur. Örneğin, iktisadi bir perspektif içinde, kamu sektörünün müdahalesinin haklı çıarılması, az çok karmaşık nitelikli farklı nedenlere dayanabilir. Kültürel faaliyetler alanında bu soru –en azından bazı koşullara göre ve belli ürün türleri için– pazar çerçevesinde doğru bir şekilde uygulanabilecek faaliyetler söz konusu olduğu ölçüde özellikle önemlidir. Bu sektörlerdeki kamusal faaliyetten yana iki temel argümandan söz edilebilir:

Son derece uluslararasılaşmış pazarların bağrında bu sektörlerin rekabet edebilmesi için yeterince yaygın özel kaynakların doğmasını sağlamayan, namevcut ya da yetersiz boyutlu "eleştirel kitle." Pazarların boyutunun, bu faaliyetlerin gelişiminde önemli bir rol oynadığını yukarıda gördük. Dile dayalı bir yapıya sahip bazı bölgeler ya da bazı kültürel kimlikler, yine de, yatırımlar için olduğu kadar tüketim için de özel sermayeleri çekmekte yeterince "eleştirel kitle"ye sahip değildir. Bu koşullarda, bazı kültürel alanlar pazarda rekabet edebilmek konusunda büyük bir zayıflık içinde bulunurlar. Böyle durumlarda, zayıf kalan eleştiri boyutunu (ya da "kitle"sini) dengelemek için kamu yetkilerinin müdahalesi haklı çıkar. Uluslararası ticari pazarlıklarda görüldüğü haliyle parçalı olan Avrupa kıtası karşısında Kuzey Amerika sanayilerinin durumu budur (Smithuijsen, *a.g.e.*, s. 179).

Kültürel faaliyetler alanında dışsal etkilerin yokluğu. Pazar ve fiyat mekanizmaları, kültürel üretim değerinin ekonomik sözleşmelerde bütünüyle dikkate alınmasını mutlak anlamda garanti etmez. Örneğin, kültürel faaliyetler alanında dışsal etkilerin yokluğu, serbest pazarda değerlenme eksikliğini dengelemek amacıyla bu sektöre yapılan kamusal müdahaleyi haklı çıkarmaya elverişlidir. Sonuç olarak, bazı kültürel ürünlerin üretimi ve dağıtımı (örneğin içerikleri çok yenilikçi ya da sanatsal olarak mükemmel olanlar) pazarların yetersiz işleyiş etkilerini düzeltmek amacıyla yönetimlerin aktif müdahalesine gerek duyabilirler.

Bununla birlikte, iktisadi olarak konuşursak, hiçbir artış kültür alanında devlet müdahalesini tartışmasız biçimde teşvik edemez. Gerçekten de, pazar faillerinin "içselleştirmeyi", yani kararlarında dikkate almayı başaramadıkları pozitif dışsal ya da toplumsal etkilerin varlığını "niceliksel" olarak kanıtlayabilmek gerekir (Frey, 2000). Oysa bunu kanıtlamak imkânsızdır ve kamusal müdahale, özellikle de toplulukların kültürel faaliyetlerin belli bir değeri olduğunu kabul etmesine bağlı olarak haklı çıkar. Bu nedenle, faaliyetler, hükümetlerin faaliyetleri içinde "tercihli mallar" (*merit goods*) olarak kabul edilir. İktisadi etki nosyonu da bu eyleme en iyi görüntüyü verebilmek için kullanılmıştır: Kültür, bir bölgenin ekonomik gelişimine katkıda bulunabilir ve bunu yapmak için kültür endüstrileri tam anlamıyla salık verilmiştir (Baró ve Bonet, 1997).

Kültür endüstrileri alanına kamusal müdahale, rekabete dayalı pazar yasalarında bir istisnadır. Bununla birlikte, ancak gerekçelendirilmiş bir haklılık ile politik olarak ifade edilmiş kolektif bir irade üzerinde temellendiğinde mümkündür. Kültür endüstrilerinin çok geliştiği ve uluslararasılaştığı büyük ülkelerde kamusal iktidarların müdahalesi daha az haklı gözükebilir. Buna karşılık, daha zayıf kültür endüstrilerine sahip olan daha küçük ülkelerde bu müdahale, topluluğun kendi kültürü karşısında yeterince duyarlı olmamasının karşılığı olabilir. Bu durumlarda, bu politikalara yönelik kamusal kaynak miktarı ve bunların uygulanmaları konusundaki yenilik kapasitesi, bu politikaların öneminin kolektif olarak kabulüyle orantılıdır.

Kültür Endüstrileri Alanında Kamusal Müdahale Stratejileri

Bu alandaki kamusal eylem, geleneksel olarak iki temel stratejik kavrama dayanır: Dışarısı karşısında yerli kültürün korunması ve yerli kültürün ülke içinde ve dışında desteklenmesi. Bu politikaların etkinlik derecesi özellikle arzulanan hedeflere erişilme kapasitesine bağlıdır. İlk olarak, sorulan soruları çözmek açısından bu hedeflerin "uygun" olup olmadığını düşünmek önemlidir. Bunun için, bu iki büyük stratejik kavramı ayrı ayrı incelemek gerekir. İlki (yerli kültürün ülke içinde ve dışarıda) kültürel gelişimidir. Korumacı önlemlere ek olarak, yönetimler, üretime destek, dış ticaret yardımları gibi kültürel gelişim önlemleri de alırlar. İkincisi (yerli kültürün dışarısı karşısında) kültürel korunmacılığıdır ve "savunmacı" niteliğiyle dikkat çeker. Fakat kültür endüstrileri alanında farklı gelişme derecelerine sahip ülkeler arasındaki temas, en az gelişmiş ülkeyi duruma tamamen pasif şekilde tepki göstermeye ve dışarıdan gelen ürünlere tamamen bağlı olmaya yöneltebilir. Ama aynı zamanda da, dışarıya karşı kendi kültürel uzamını koruma mekanizmaları yaratmaya ve yeterince rekabet edebilir bir endüstri geliştirmek için gereken zamanı edinmeye yöneltebilir. Kotalar ya da diğer kısıtlamalar dolayısıyla dış arzı sınırlandırmak için sergilenen çabalar, ülke için bazı olumsuz riskler de içerebilir: Ulusal işletmeler iç pazarın denetimini bir kez sağladıklarında, "yalnızca" (ya da öncelikli olarak) korumacı önlemlerin sürdürülmesiyle ilgilenme eğilimi gösterirler, dışarıya doğru rekabet edebilirliklerini gerçekten iyileştirmeye kalkışmazlar. Bu olumsuz etkiler esasen ulusal endüstrinin kültürel teşviki stratejisine verilen yönelime bağlıdır.

Dünya çapında bir ağ biçiminde örgütlenen bir ekonomide, kültür endüstrilerinin durumunda olduğu gibi, politikalar yerli kültür ile diğer kültürler arasındaki alışverişleri sürekli olarak teşvik etmelidir; böylece, yerli kültürün güçlenmesini ve daha iyi gelişmesini sağlamak amaçlanır. Buna karşılık, korumacı tutum "yalnızca" ulusal kültür endüstrilerinin varlığını ve bunların tek yanlı uluslararası yansımalarını sağlamayı amaçlayan önlemlerin uygulanmasıyla sınırlanır ve işbirliğini ve mübadeleleri teşvik etmezse, bu stratejinin belirlediği hedeflere uzun vadede erişemeyeceği açıktır. Kültürel alanda "serbest liman" (*free harbour*) kavramını ortaya atan –tarihsel olarak birçok açıdan zaten böyle olan– Hollanda'da kültür politikası bu şekildedir. Bunun, tecrit edici hudutlara sahip korumacı bir politikanın taban tabana zıddı bir inisiyatif olduğu açıktır (Cubeles ve Sanchis, 1998).

Genel olarak, ulusal kültür endüstrilerinin rekabetçi çevresi, ancak ulusal ya da uluslararası ölçekte üretim ve dağıtım alanında belli başlı işlevsizliklerin çözümüyle iyileştirilebilir. Örneğin Avrupa'da gözlemlenen budur.

Kültürel etkileşim ve uluslararası işbirliği dinamikleri kökten değişmektedir. Birleşik deneyimler ve ortak üretimler, maliyetlerin bölüşümünü ve ye-

> ni uluslararası pazarlara erişimi sağlayan somut ekonomik kazançlar doğurur. Aynı zamanda, uluslararası alanda işbirliğini gerektiren geçerli sanatsal nedenler de vardır: Yaratıcı düşüncelerin alışverişi, yaratıcı ve profesyonel gelişimin teşviki, kamunun zenginleşmesi, festivallerin ve sanatsal olayların programlanmasında daha büyük bir çeşitlilik. Bu tür kültürel alışveriş kıta üzerinde iki vitesli bir kültürel Avrupa'nın ortaya çıkma riskiyle birlikte çok eşitsiz bir şekilde meydana gelmektedir (Avrupa Konseyi, *a.g.e.*, s. 299).

Kamusal Müdahalenin Uluslararası Ölçekte Örgütlenmesi

Kamu sektörü yönetimin farklı düzeylerinde örgütlenmiştir: Yerel, bölgesel (yalnızca bazı ülkelerde) ve merkezî. Devlet-altı basamakların kültürel rolü çok önemlidir; birçok ülkede kültürel faaliyetlere yönelik kamu harcamalarının önemli bir kısmını bunlar yönetmektedir (mutlaka kültür endüstrileri olmasa da). Yine de, uluslararası düzeyde, kamu müdahalesi esasen devletlerin eylemine dayanmaktadır; çünkü, özellikle de uluslararası ilişkilerde, devletler tüm haklara sahip tüzel kişiliği ellerinde tutarlar. Faaliyetleri uluslararası düzleme dahil olan şehir ve bölgelere gelince, bunların hukuksal kapasiteleri ve kaynakları karşılaştırıldığında çok sınırlıdır. Kendi devleti olmayan bazı ulusal kültürel kimlikler ya da merkezî olmayan bazı metropoller, kendi kültür politikalarını uluslararası ölçekte sergilemekte güçlük çekmektedirler.

Paralel olarak, dış politikaların gelişimi, çoğunlukla devletler tarafından yaratılmış uluslararası örgütler tarafından sağlanmıştır. Bu perspektif içinde, ulusal çıkarların savunulması, kimi durumlarda, en esnek ve en uyumlu ifadelerin temelidir. Ülke grupları arasındaki kimi anlaşmaların ya da özel faillerin (ulus-aşırı işletmelerin) katılımına açık stratejik ittifakların durumu böyledir. NWICO (Enformasyon ve Telekomünikasyon Alanında Yeni Dünya Düzeni) ve ITU (Uluslararası Telekomünikasyon Birliği), küreselleşme sürecinde kamu sektörü ile özel sektör arasında işbirliğinin önemini gösteren bu tür olgulara örnektir (Mosco, *a.g.e.*)

Kamusal Müdahalenin Ulusal Ölçekte Örgütlenmesi

Kültür endüstrileri alanında kamu politikaları, son olarak, yönetim yapılarına dayanmaktadır ve bunların örgütlenmesinden söz etmek de şarttır. Bu örgütlenmenin ilk özelliği, önemli parçalanma derecesidir. Yetkilerin farklı idareler ya da bakanlıklar arasında (kültür, eğitim, iletişim, endüstri, ticaret, başkanlık vb.) dağılması bu politikaların genel bir özelliğidir ve bu da koordinasyonu güçleştirmektedir.

Kültür politikasının birçok sorumlusu kendi eylem alanlarını geleneksel kültür endüstrileriyle (kitap, ses kaydı, sinema) sınırlamaktadır. Yeni yaratı alanları bunların yetki alanı dışında kalmaktadır ya da marjinal düzeylere devredilmiştir (örneğin *factual films,* belgeseller, çizgifilmler, mültimedya üretimleri, güncel müzikler vb.). Teknolojilerin günümüzdeki gelişimi sanatsal yeni yaratı biçimlerinin tasarımlarına imkân tanımaktadır. Örneğin mültimeyda formatındaki interaktif anlatılar bunlara örnektir. Geleneksel ürünlerin yayılmasındaki yeni yollar da yürürlüktedir. Sonuç olarak, kültür politikaları, nesnelerinin hazırlanması ve tanımı açısından ifade edilirse, *hem* yeniliğin *hem de* uyumlanmanın meydan okumasıyla karşı karşıyadırlar. Avrupa'da sanatın kurumlaşmasının bilimin ve teknolojinin kurumlaşmasından daha çok sınırlı kaldığını saptamak ilginçtir. Güncel gelişmelerin yine de merkezinde bulunan ve olası farklı türlerde işbirlikleri içinde daha iyi dikkate alınmayı hak eden iki alan arasındaki etkileşimlerin zayıflığını bu durum kısmen açıklamaktadır (Avrupa Konseyi, 1997).

SONUÇ

Kültür endüstrilerinin küreselleşmesi karşısında kamusal müdahalenin etkinliğini değerlendirmek için, analizin kendi doğrulamaları ya da prensipleriyle sınırlanmaması gerekir. Özellikle hedeflerinin ve eylem aygıtlarının uyum derecesi ölçülmelidir. Kültürel üretim ve dağıtım pazar tarafından yeterince garanti altına alınmadığında, kamu politikalarının daha uyumlu olduğunu fark etmişizdir. Öncelikle, pazarın çok dar boyutu söz konusudur. Aynı zamanda, işletmelerin yoğunlaşması ve uluslararası pazarlarla rekabet etmekte çok güçsüz kalan kültür ya da dil bölgelerinde coğrafi merkezîleşme eğilimleri söz konusudur. Politikalar, dar bir kültür alanına etki eden dış etkiler ve kültürün büyüyen standartlaşmasına cevap verme zorunluluğuyla da belirlenmiştir. Sanatsal mükemmellik, yenilik ya da yaratıcılık ticari sözleşmelerde yeterince dikkate alınmaz. Kültür politikaları, kültürel faaliyetlerin değerini, ekonomik boyuttan çok toplumsal, politik ve ideolojik boyutlarını duruma göre az ya da çok kabul eden ülke yurttaşlarının kolektif iradesini (*merit good*) yansıtır.

Bu politikaların daha korumacı yanı karşısında (kotalar ve diğer kısıtlamalar), pazarın gerçekliğine yeterince uyum sağlamış kültürel teşvik önlemleriyle birlikte var olmadıklarında etkisiz oldukları ortaya çıkabilir. Burada çağdaş kültür politikalarının iki temel meselesini vurgulamak gerekir. İlki, makul ve henüz yeterince meşru olmayan kamusal eylem ölçeğidir: Küreselleşmiş bin ağa sahip olan bir ekonominin meydan okumalarına karşı koymak için uluslararası ölçek. İkincisi, üretim endüstrileri üzerinde değil, somut olmayan faaliyet akışları üzerinde temellenen bu yeni ekonomiyi niteleyen "ağırlıksızlık"tır (Rifkin, *a.g.e.*). Bu, stratejik yatırımların niteliğini kavramakta yapısal bir veridir. Kamusal politikaların düşüncelerini yoğunlaştırdıkları yönelimler şunlardır:

- Bölgelerin çekim kapasitesi: Yaratıcılık kutuplarının, nitelikli altyapıların, mali pazarların ve uyarlanmış vergi sistemlerinin oluşumu.
- Bölgelerin dışarıyla bağlantı kapasitesi: Uluslararası ortak-üretimlere yapılan yardımlar, uluslararası projelerin kamusal bakımdan ortak finansmanı, uluslararası faillerle buluşmaların örgütlenmesine destek, pazarlara ve uluslararası festivallere giriş kolaylıkları, telekomünikasyon bedellerinin düşürülmesi, uluslararası dağıtım inisiyatiflerine yardım. Bu alanda koruma ve teşvik politikalarının derecesi buradaki meselelerin merkezindedir.
- Bölgeler arasında dengeleyici ve dayanışmacı sistemlerin oluşumu, özel kaynakların teşviki, özgül bölgesel düzenlemeler (dağıtım üzerinde istisnai uygulamalar), bölgenin kültürel düzenlenmesi.
- Küresel politikaların oluşumu: Aktörler arasında (kamusal ve özel), araştırma sektörleri arasında (teknolojik gelişme ve yaratı), sanayileşme evreleri arasında (yenilik, üretim, dağıtım) çakışma alanında.

Son olarak, pazarın yaşadığı sürekli ve hızlı değişimler karşısında, kültür endüstrileri alanındaki gelişmelere kamusal eylemin tepkiselliği başat bir meseledir. Çok yavaş ya da anakronik şekilde uygulanan kamusal bir müdahale hızla etkisizleşir. Yenilik kapasitesi, kültürel kamu idaresi yapılarını, hem iç hem dış örgütlenmeleri ve bu politikaların hedefleri ile içerikleri arasında daima istikrarsız olan bağdaşıklığı kapsar.

5

Kültürel Çeşitlilik ve Haklar: UNESCO'nun Sözleşme Sınavı

ANTOINE LEONETTI

20 Ekim 2005'te UNESCO'nun "kültürel içeriklerin ve sanatsal ifadelerin çeşitliliğinin korunması" üzerine yeni sözleşmesinin benimsenmesi, kültürel haklar için, hemen bir düzelmeye yol açmasa da, en azından politik görünürlük konusunda önemli bir ilerlemeyi temsil eder. Sözleşmenin hedefi, her ülkede kültür ve eğitim politikalarına katkıda bulunanların daha iyi bilinçlenmesini sağlamak ve böylelikle kültürler arasındaki farklılıklara saygıyı daha sağlam temelli bir şekilde konuya dâhil edebilmektir. Ayrıca kültürel mal ve hizmetlere kendine özgü bir nitelik tanıyarak, ekonomi alanında kültürel haklar kavramının genişlemesine de katkıda bulunur.

Bununla birlikte, gerçekte *hangi* çeşitlilik söz konusudur? Sözü edilen bilinçlenme uzak ya da çok farklı kültürler arasındaki ilişkilerde açık seçik etkili olma iddiasındadır, ama her bir ülkenin içinde "ulusal kültür"ün veçhelerini oluşturan kültürler nelerdir? Çağdaş kimlik şemaları içinde "ulusal kültürler"in makullüklerini adım adım yitirdikleri bir dönemde, bu iç çeşitlilik ya da *yakınlık* çeşitliliği UNESCO tartışmaları ve konuyla ilgili doktrin çerçevesinde her zaman böyle ele alınmamıştır.

Ayrıca, kültürü ve yurttaşların kültürel haklarını tanımlayan öğelerin topyekûn işin içine girdiği kültürel çeşitliliğin tümelci bir yorumu yerine, yeni sözleşmenin sunduğu, üzerinde anlaşılmış kültürel çeşitlilik anlayışı özellikle iktisadi içerimlere bağlıdır; çeşitliliğin kimliksel içerimlerini başka tartışmalara bırakır. (I)

Böyle bir çeşitlilik anlayışı, yalnızca yurttaşların kültürel haklarının temelinde bulunmakla kalmayan, devletlerin kültürel yükümlülüklerinin de temelinde bulunan kültürün özerklik ilkesinin etkilerini zayıflatmaya yönelir; çünkü gelecekteki konvansiyon üzerine tartışmalarda fazlasıyla mevcut olan ve saygı duyulması gereken güçlü bir nokta olarak kabul edilen bu etkiler, "kültürel çeşitliliğin" anlamının bir bölümünü ortadan kaldırma riskini üstlenen nihai metinde nispeten azaltılmıştır. (II)

KISMİ ÇEŞİTLİLİK ÜZERİNDE BİR UZLAŞMA

Çeşitlilik tanımına öncülük eden farklılık derecesi nedir? Kültürlerin değişik öğelerden oluşan bu büyük yelpazesi içinde doğru yerde olabilmek için "öteki"nden çok farklı mı olmak gerekir? Sözleşme metni bizi, çeşitliliğin, kültürün ekonomik içerimlerinin ötesine ne kadar az geçtiğini saptamaya yönelten bir düşünme sürecine yöneltir.

Çeşitliliği Düşünmenin İki Ölçeği

Öncelikle yakınlık kavramının altını çizmek önemlidir; çünkü kültürel çeşitlilik ve UNESCO'nun yeni sözleşmesi üzerine tartışmalar, ister coğrafi olarak çok uzak isterse aynı şehrin uzamlarında bir arada yaşıyor olsunlar, çok farklı kültürleri (kültür alışkanlıkları, din, deri rengi) anıştırarak "çeşitlilik"ten söz ederler. Ulusal birlik adı altındaki şeffaf katman altında genellikle çelişik, heterojen, eşitsiz ve kimi zaman da gergin bir mozaik oluşturan bu çeşitlilik, içerdiği çok özel meydan okumalara rağmen, açık bir şekilde kültürel çeşitlilik üzerine daha küreselleştirici söylemlerden kaynaklanmamaktadır. Her zamanki "komşu" karşısında, çaba ille de zorunlulukla eşanlamlı gözükmemektedir; çünkü tanışıklığın özünde bir istikrar teminatı olduğu sanılmaktadır. Bu akıl yürütme elbette yanlıştır: Kültürel anlayışsızlık, çoğu zaman tersine, en yakın ve tam da farklılık çizgisinin kabaca zorlanmak istendiği ilişkilerden kaynaklanır. Büyük çatışmaların hemen hemen hepsinin kesinlikle komşu nüfuslar arasında ortaya çıktığı gayet iyi bilinmektedir; ve yeni iletişim araçları kanalıyla kimlik farklılıklarının eşi görülmemiş bir şekilde yeniden inşasına gönderme yapan Martín Hopenhayn'ın bu eserde vurguladığı, günümüzdeki "farklılık patlaması", bu özelliği güçlendirmede medyatik kolaylığın bir örneğidir.

"Kültürel çeşitlilik barışa benzer" ya da "barışın koşulları aynı zamanda sahici bir kültürel çeşitliliğin koşullarıdır" demek, yalnızca birbirlerinden çok uzak olan uygarlıklar arasında değil, aynı zamanda birbirlerine en yakın öğeler arasında da öncelikle bir istikrar ve bağdaşıklık politikasından söz etmektir. Kültürel çeşitlilik üzerine alışıldık söylemler yayan "büyük" küresel çeşitlilikle aynı sıfatla, bu yerel çeşitlilik, kamusal politikalarla aynı derecede dikkati hak eder. Luca Dal Pozzolo'nun yukarıda düşündüğü şekliyle kültüriçilik açısından, kimliklerin ve özellikle yakınlık kimliklerinin bireysel birikimine gösterilen insani eğilim dikkate alındığında bu daha doğrudur.

Yerel ve Ulusal Kamu İktidarlarının Sorumluluğu: Hangi Somut Denetim Mekanizmaları?

Kültürel kimliklerin barış içinde bir arada yaşaması kuşkusuz ki nazik bir alandır; bireysel duygulanımlar ile kolektif duyarlıklar, medyatik-politik oyunun az çok şanslı eylemiyle karışarak burada itişip kakışır. Üstünlük ya da hakaret eğiliminin ilişkileri zehirleyebileceği ve tasasız bir rekabeti aşırılıkçılar arasında savunulamaz bir karşıtlığa hızla dönüştüren bir alandır bu. Kültürel farklılığın nefret için geçiş tahtası görevi gördüğü bu geçiş içinde medyatik oyun geniş bir sorumluluk taşır. Victor Francisco Sampedro Blanco'nun (2004, s. 336) belirttiği gibi, "çağdaş kimliklerin gerçek yöneticileri kitle iletişim araçlarıdır." Dolayısıyla, sadece farklı kültürlerin varlığını teşvik etmek için değil, aynı zamanda bunları kimliklerin manipülasyonunu önlemek için karşı karşıya getirmek ve her birini iktidar mücadelesinde rehin tutmak için mekanizmalar da garanti edilmezse, kültürel ifadeleri korumaktan bahsedilemez. İç kültürel çeşitliliği garanti etmek, yalnızca estetik bir çokluk adına aynı ülkenin farklı kültürlerinin zıt ifadesini nesnel olarak garanti etmek anlamına gelmez. Yakınlığın kültürel çeşitliliğinden söz etmek, bu kültürler arasında barışçıl bir arada varolmanın aktif iradesinden ve dolayısıyla bunların iyi anlaşması için kesinlikle zorunlu olan toplumsal barış koşullarından söz etmektir.

Bu ilişkilerin dengesini teşvik eden somut mekanizmalar –vurgulamak gerekir ki– ender ya da etkisiz değildir. Yerel düzeyde ya da aynı bölgesel topluluğun içinde, farklı kültürlerin ya da dinlerin temsilcileri arasındaki kurumlar içi ilişkilerin diplomasisine göstermekten esirgenmemesi gereken çok özel bir özen söz konusudur. Aynı zamanda, hem kültürel çelişkileri hem de tamamlayıcılık ve zenginleşme perspektifi içinde bir topluluğa aidiyet duygusunu vurgulamaya elverişli toplumsal ve kültürel eylem programlarına da önem vermek gerekecektir. Politik ve medyatik dildeki kötü kullanımlara karşı, hınç çağrılarına ve seçim kazanmaya yönelik yavan ve ikici mantıklara karşı mücadele etmek için –uygun araçlarla donanmış– aktif olarak uyanık olma da bunlar arasında sayılabilir. Bu amaçla, sivil toplumun (*Human Right Wat-*

ch, Derechos Human Rights, Amnesty International, Fédération internationale des droits de l'homme vb.) ve yerel *ombudsmen*'in başat rolü üzerinde ve sonuç olarak henüz varolmadıkları çok sayıda ülkede bu organların yaratılmasında kamusal iktidarların sorumluluğu üzerinde ısrar etmek uygun olur.

Fakat, Avrupa Konseyi'nde İnsan Hakları Komiserliği'nin nispeten yakın dönemde kurulması gibi uluslararası inisiyatiflerin önemini de elbette vurgulamalıyız. İspanya'daki eski *Defensor del Pueblo*'nun Alvaro Gil Robles tarafından uygulamaya konulmasından altı yıl sonra, Komiserlik, kategorilere göre temel özgürlüklerin durumu üzerine somut ve ülke ülke bir alan faaliyeti yürüttü ve hak ihlallerinin eşi görülmemiş bir açıklıkla sergilenmesine katkıda bulundu. Bu mekanizma, idareler ve yerel seçilmişler tarafından, özellikle kültürel alanda hak ihlallerinin ayrıcalıklı bir gözlemevi olarak hareket eder.

Kültürel Çeşitliliği Kendi İç Gerilimlerine Karşı Korumak

Kamu güçleri açısından kültürel çeşitliliği korumak ne anlama gelir? Yalnızca bir kültürün yansız kullanımını sağlamak mıdır? Bütün bu türev ifadeleri, bunlar kelimenin gerçek anlamıyla kültürden uzaklaşsalar bile, hiç sınırlamasız teşvik etmek mi söz konusudur? Radikalleşme riski ya da kimlik nefreti ne zaman ve hangi koşullarda doğar? Tehdidin ölçüsü, gayet klasik bir tartışmaya denk düşer ve benimsenen modeller, iç farklılıkların gözardı edilmesinden ya da bastırılmasından, İspanyol uyrukluluğunun açıkça tanınmasına –Birleşik Krallık'taki ulusların uyrukluluğuna– dek uzanır.

Tony Bennett'in burada vurguladığı gibi, çokkültürcülüğün birçok biçiminin varlığından ve kültür farklılığından doğan iç *gerilimler,* yerel ve ulusal politikaların meydan okumalarından biridir, ki bunun çözümü de kültürel çeşitlilik üzerine tartışmada kültürel haklar kavramının derinleştirilmesine dayanmaktadır. Patrice Meyer-Bisch'in (2006) bu haklardan söz ederken vurguladığı gibi, bu hakların "tanımlarının, niteliklerinin ve çeşitliliğe saygısızlık şeklindeki hak ve özgürlük ihlalinin aydınlatılması, denetimsiz kültürel hakların insan haklarının evrenselliğine karşı çıkan kültürel bir görececilikten yana kullanılmasını, toplulukları, hatta bütün olarak halkları birbirine karşı çıkarmanın gerekçesi olmasını önlemenin en iyi yoludur."

İyice sınırlanmış kültürel haklara saygı anlamında yorumlanan çeşitlilik, çeşitliliğin kalıcı niteliğinin olası tek yoludur.

Oysa, kültürel ifadelerin çeşitliliğinin korunması ve teşviki üzerine UNESCO'nun yeni sözleşmesi, öncelikle bu hakların ekonomik boyutuna bağlı kalarak, kimliklerle ilişkilerinin önemli bir kısmını askıda bırakmaktadır.

Kimlikten Çok Ekonomiye Dayalı Bir Sözleşmeli Çeşitlilik

Aralık 2003 ile Haziran 2005 arasında toplanan bağımsız uzmanların üç toplantısı ve hükümetler arası üç toplantı boyunca kaleme alınan raporlar ve ön projeler, metnin uygulanma alanının adım adım daralmasını yansıttı. Öncelikle, 2001 tarihli UNESCO Bildirgesi'nden kaynaklanan çok geniş bir "kültürel çeşitlilik" kavramından yola çıkıldı (UNESCO, 2001). Aralık 2003'teki bağımsız uzmanların ilk toplantısının terimleri, kültürel çeşitlilik üzerine Bildirge'nin tüm metnini benimseme yandaşları ile Sözleşme'nin amacının geniş anlamda kültürel çeşitliliği değil sanatsal içerik ve ifadeleri korumak olduğunu vurgulayanlar arasındaki çatışmayı açıklamaktadır. Benimsenin Sözleşme, "kültürel ifadeler"in çoğulluğuna gönderme yapar; kelimenin gerçek anlamıyla kültürel kimlik kavramından çok sanatsal boyutlara ve kültür endüstrilerine –yani kültür ekonomisine– yöneliktir.

Kimlik kavramı nihai metinde elbette yok değildir: Gerçekte yalnızca iki kavramsal referans söz konusu olsa bile, kavram dört kez geçmektedir. Bir yandan, kültürel "ifadelerin" ve "içeriklerin" tanımları, sanatsal yaratıcılık ile kimliği bütünleştiren bir kültürel çeşitlilik kavramına gönderme yapar. Giriş bölümünün 7. paragrafı benzer bir şekilde bu anlayışı yansıtmaktadır. Diğer yandan, kültürel mal ve hizmetlerle ilgili olarak, girişin 18. paragrafı ve 1. madde ile "Hedefler" bölümündeki (g) bendi bu malların "kimlik taşıyıcısı" olduğunu kabul eder.

Kültürel kimliğe ayrılan yer tartışmalar sırasında net bir şekilde geri çekildiğinden, bu iki referans *a minima* (asgari) bir konsensüsün sonucudur. Uzmanlar, böylece, nihai metnin kimliksel radikalleşme ya da "kültürel milliyetçilik" amaçlarıyla kullanılabileceği kaygılarını ifade etmişlerdir. Buna karşılık, bu kaygı, *insan haklarının güvencesini kültürel çeşitliliğin korunmasının bile önüne koyan* 2. maddenin ("insan haklarına zarar vermek için sözleşmeye başvurulamaz") ifade ettiği yönlendirici ilkelerin ilkinde hukukun üstünlüğü ilkesinin çok net bir şekilde ileri sürülmesiyle son derece belirgin ve hukuksal olarak işlemsel tanımların gerekliliğiyle somutlaşmıştır. İlk ön-proje, bu ilkenin ifadesinde, yalnızca "insan hakları"ndan söz ederken, hükümetin uzmanları, ardından, ikinci ön-projede, somut hakları temel özgürlükler – ifade, bilgi edinme ve iletişim özgürlükleri– biçiminde sayarak, kültürel çeşitlilik güvencesi karşısında bunların önemini vurgulamayı arzuladılar.

İlk iki ön-projenin giriş bölümlerinde mevcut olan, kimliğe üçüncü bir referans bu kavrama daha merkezî bir yer veriyor ve şöyle belirtiyordu: "Kimliklerin çokluğunu açıklayan kültürel ifadelerin çeşitliliği, halklar ve bireyler için bir zenginlik oluşturur; çünkü kendi fikirlerini, değerlerini ve imgelemlerini ifade etmelerini ve başkalarıyla paylaşmalarını sağlar." Bu "kimlik çokluğu", nihai metinde, daha yansız bir terim olan "geleneksel kültürel ifadeler" şeklinde yumuşatılacaktır. Daha sonra, aynı ön-projede, kültürel çeşitliliğin tanımıyla ilgili dördüncü bir referans bulunur: "Mekân ve zaman içinde kültürün aldığı çeşitli biçimler, insan soyunu oluşturan kişi ve toplumların kültürel kimliklerinin ve ifadelerinin özgünlüğünü ve çokluğunu ortaya çıkartır."

Çeşitlilik ve kimlik, "toplumlar ve toplumsal gruplar için, özelikle azınlık ve yerli gruplar için, kültürel çeşitliliği korumanın, bir kimlik ve toplumsal bağdaşıklık sorunu olduğunu kabul eden" (UNESCO, 2005) bağımsız uzmanların arzuladığı gibi dolaysız olarak ilişkiye sokulmuş olur.

Aynı şekilde, Sözleşme'nin son faslının ve uygulama alanının tercihleri *sanatsal* ifadelerin (dolayısıyla, kültür endüstrilerinin çeşitliliğinin ve ekonomik değerlerinin) korunmasına başat bir değer verilmesini açıklar. Bağımsız uzmanların başlangıçta tercih ettikleri "kültürel içeriklerin ve sanatsal ifadelerin çeşitliliği" ile hükümet uzmanlarının sonuçta tercih ettikleri "kültürel ifadeler" arasında, yaratıcılıkla kimliği bir araya getirmeyi hedefleyen basit bir kavramsal kestirme yoldan başkası yoktur. Aynı zamanda burada, kimliği, ikinci bir sumen –"kültürel içerikler"in tanımının– altına koyarak uzaklaştırma iradesi de vardır. "Kültürel ifadeler", Sözleşme'nin yer verdiği tanıma göre, gerçekte bir "kültürel içeriği" olanlardır. Oysa, kavramın birden çok öğeye –sembolik, sanatsal ya da son tahlilde "kökeni" kültürel kimlikler olan ya da bunları "ifade eden" kültürel değerler– gönderme yaptığını görmek için "kültürel içeriğin" tanımına uzanmak gerekir. "Kültürel kimlikler" burada doğrudan doğruya sayılmamıştır, ama dahası bazı örnek durumlarda dikkate alınan "kültürel değerler" ("kökenleri" ya da "ifade ettikleri" şey) aracılığıyla hedeflenmiştir.

Ayrıca, "kültürel çeşitlilik" tanımı içinde, bağımsız uzmanlar, kültürlerin ille de belirli bir coğrafi uzama denk düşmedikleri fikrinde olduklarından, "ulusların", "bölgelerin ya da "toplulukların" kültürüne gönderme yapmaktan açıkça kaçınmışlardır (Bağımsız Uzmanlar İkinci Raporu).

Sözleşme'nin ruhu, 1945 yılında UNESCO'nun kuruluşuna öncülük etmiş ruha –kültür yoluyla "barışın korunmasına katkıda bulunma"– ve o zamandan beri sergilenen diplomatik eyleminin çizgisine tamamen denk düşmektedir. Yine de devletler, kültürel olgunun kimliksel içerimlerini tamamen dikkate almadan bunun kapsamını sınırlandırmayı başarmışlardır. Aynı zamanda, Bildirge'nin ve Sözleşme projesiyle ilgili ilk tartışmaların ruhuna uygun olarak, kendilerine düşen yükümlülüklerin gücünü azaltmaya da katkıda bulunmuşlardır.

HANGİ ÇEŞİTLİLİK İÇİN HANGİ KÜLTÜREL HAK VE GÖREVLER?

Kültürün özerkliği ilkesi, eskiliğine rağmen, kültürel yurttaşlık haklarını ve kavramlaştırılması günümüzde henüz tamamlanmamış olan devletin kültürel yükümlülüklerini içerir. Ayrıca, doktrinin ve idari pratiğin ortaya koyduğu hak ve yükümlülükler evrensel kabul görmekten uzaktır. Oysa, Sözleşme'nin hakların kavramsallaştırılmasındaki ilerlemeye katkıda bulunduğu doğru olsa da, buna karşılık, devletlerin yükümlülüğü konusundaki kısıtlayıcılığı pek azdır.

Kültürel Hak ve Ödevler ve Kültürün Özerkliği

Kültürel Hakların Kökeni: Kültürün Özerkliği Kavramı

Kültürel haklar kavramı kökenini temel bir kavramın gelişiminde bulur: *Kültürün özerkliği.* 19. yüzyıl başı Alman doktrini şu fikri geliştirdi: Devlet kültürü kendi hizmetindeki basit bir aygıt (mutlakıyetçi rejimlere özgü anlayış) olarak görmemelidir; tersine, devlet için kültürün kendinde bir amaç olduğu ve insan için de kendi kişiliğinin gelişiminde temel bir özgürleştirici işlevi olduğu kabul edilmelidir. Bu bakış açısına göre kültür *özerktir,* yoksa bazı kamusal idari hedeflere erişmenin basit bir aracısı değildir. Kültürün devletten bireye doğru bu kavramsal aktarımı, modern sosyal devletin inşası sürecinde kültürel hakların sonraki kavramsallaştırılmasının temelinde bulunmaktadır (Gonzáles Moreno, 2003, s. 30).

"Kültürel haklar" kavramı yine de belirgin değildir. Bizim kültürel politikalarımız çerçevesinde olduğu kadar kültürel idarelerin pratik işleyişi içinde de kurumsal olarak iyi tanımlanmış gözükseler de, bu hakların ve pratikte kapsamaları gereken şeyin incelenmesinden bazı kavramsal güçlükler ortaya çıkar. *Kültürel hak, kültürün hakkı* ya da *kültür hakkı* terimleri, hepimizi öncelikle bizzat kültürü tanımlama klasik problemine yöneltir. Bu tanımların hiçbiri gerçekten tatmin edici değildir; oysa ki uluslararası bildirgelerin ve modern anayasaların bu konudaki gelişimi, her şeyi kültür kavramı altında toplamaya yönelik gerçek bir entelektüel "girdabın" varlığını ortaya koydu. Mónica Lacarrieu'nün yukarıda pek yerinde olarak sözünü ettiği bu "kültür coşkusu", kamusal politikalar konusunda her biçime girebilen söylemlerde olduğu kadar medyatik ya da akademik özel tartışmalarda da kültür kavramının maceracı yayılımını belirtmektedir.

Başvurulması Güç Bir Kültür "Hakkı"

Kültürel haklar arasında belki de en özetleyicisi olan "kültüre erişim hakkı" son derece sorunsallıdır. Gerçekten de –ve paradoksal olarak– bu haliyle yargıya intikal ettirilemeyecek bir haktır. "Kültüre erişim hakkı", herhangi bir kuruma ya da herhangi bir gösteriye katılım hakkının tersine, doğrudan doğruya ve başlı başına talep edilemez. Genellikle şu haklarla birleştirilen *temel özgürlüklerden* söz etmek elbette daha avantajlıdır: Bir yanda, *ifade özgürlüğü;* diğer yanda, *genel olarak seyahat etme özgürlüğünün* özel bir hali olan *kültürel yapılara ve faaliyetlere erişim özgürlüğü.* Bu özgürlükler, sanatçı için sanatsal ifade özgürlüğünü ve kitle için de kültürel bilgiye, kültüre ve ulusal ya da yerel kültürel kimliklerinin ifadesine erişim özgürlüğünü garanti eder. Dinsel özgürlük, bilgi edinme özgürlüğü, edebi, sanatsal, bilimsel ve teknik üretim ve yaratı özgürlüğü, toplanma ve dernek kurma özgürlüğü, eğitim özgürlüğü gibi diğer kültürel özgürlükler mantıksal olarak bu temel özgürlüklerden kaynaklanır.

Bununla birlikte, kültürel çeşitlilik üzerine yeni tartışmalar, kuşkusuz ki, kültürel hakların iki "yeni" kategorisini onaylamıştır: Bir yandan ekonomiyle ilişkili olanlar ve diğer yandan kimliğe gönderme yapanlar. Kültürel mal ve hizmetlerin kendine özgü bir niteliği olduğunu kabul eden sözleşme, kültürel haklar içinde başlı başına bir kategorinin varlığını zımni olarak vurguladı: *Ekonomik kültürel haklar.* Ayrıca (hükümet uzmanları metnin içinde bunlara sonuç itibarıyla topyekûn bir dikkat göstermeyi arzulamamış olsalar da), tartışmalar kimlik bileşeninin önemini onaylamıştır ve bunu da yeni bir anlam içinde yapmıştır: Çoklu *bireysel* kimliğe sahip olma hakkı. Kimlik tercihi artık yalnızca azınlıklar ve kolektif haklar terimleriyle yapılmamaktadır; aynı zamanda kişisel bir bileşen de edinmektedir. *Çok kimlikli kültürel hak* bunun bileşkesidir.

Bu haklara denk düşen bireysel görevler üzerinde durulduğunda bazı sınırlarını belli eden, ama hâlâ "bulanık" olan bu haklar, kamu idaresinin görevlerine "negatifinden" bakıldığında iyice belirginleşirler.

İdarenin Komşuluk Çeşitliliğinin Temel Güvenceleri Olan Kültürel Yükümlülükleri

Yukarıda belirttiğimiz ve bireylerin kültürel haklarını doğrulayan kültürün özerkliği kavramı, aynı şekilde, kamu idaresinin başat görev ya da "yükümlülüklerine" temel bir kavramsal destek sunmaktadır. Bizi ilgilendiren alanda –çeşitliliğe saygı ve politik denge–, kendi aralarında birbirine sıkı sıkıya bağlı iki sorumluluk ortaya çıkar: Başlı başına kültürel bir idare zorunluluğu ile politika oyununun olumsuz etkilerinden korunan kültürel bir idare zorunluluğu.

Başlı Başına Kültürel Bir İdarenin Varlığını Garanti Etmek

Uzun süre *eğitime* indirgenmiş olan ya da başka disiplinlerle (spor, turizm, iletişim vb.) zorunlu olarak birleştirilen kültür, yakın dönemde, yani İkinci Dünya Savaşı'ndan sonra benimsenen insan haklarının korunmasıyla ilgili uluslararası metinler model alınarak, kamusal haklar tarafından özerk bir şekilde ele alınmıştır. İspanyol Anayasası iki kavramı net bir şekilde birbirinden ayırır. Aznar hükümeti tarafından Kültür ve Eğitim bakanlıklarının geçici olarak iç içe geçmesi bu kurumsal perspektiften bir kopuştur. Çok sayıda Latin Amerika ülkesi de kültürün özerkliğini kendi kültürel idarelerine tamamen katmaktan uzaktırlar. Birkaç istisna (Brezilya, Kolombiya ve Venezuella) bir yana bırakılırsa, bakanlığın bakış açısından kültür, eğitimle, sporla, hatta ekonomiyle (Bolivya) her zaman birliktedir. Birleşik Krallık'ta, yazılı anayasanın yokluğuna rağmen kültürel idarenin özerkleşmesi, net bir şekilde, Sanat Konseyi'nin hedeflerinin ifadesinden ve John M. Keynes'in *Libération*'da dile getirdiği kültür programından kaynaklanır. Keynes, ünlü edebiyat grubu *Bloomsbury*'nin ve özellikle bunun temel figürü ve eğitimin kısıtlamalarının pençesinden ve Viktorya okullarının iğrenç katılığının anısından kurtulmuş bir kültürün ateşli militanı olan Virginia Woolf'un bakışına sadıktı. Bu model, yine bu özerklik kavramından kaynaklanan kamu idaresinin ikinci temel kültürel görevini somutlaştırdığı olgusunda da yatıyordu: Politik iktidarın müdahalelerinden uzak bir kültür idaresi güvencesi.

"At Arm's Length" İdaresi;
Kültürel Çeşitliliğin Temel Güvencesi

Kültürün, devletin elinde kendi amaçlarını gerçekleştirmekte basit bir aygıt olmamasını gerektiren özerkliği, kültürel idarenin bir diğer temel misyonu sonucuna varır: Tamamen *politik* alanın dolaysız etkilerinin sonuçlarından uzaklaşmak. Bir yandan, iyi tanımlanmış kültürel ölçütler temelinde, kültürün idaresinin ve ekonomisinin profesyonel kalitesi dikkate alınır. Diğer yandan, politik söylemin bireysel kimlik çeşitliliğine getireceği olası yön değişiklikleri söz konusudur. Doğumundan itibaren her insan, kendisine sunulan kültürün ötesinde, kimlikleri, etkileri, dilleri, bunların herhangi birinden vazgeçmek zorunda kalmadan biriktirme yönünde değişken bir kapasiteye de sahiptir. Bu çeşitlilik, iç çatışma yaratma iddiasında değildir, çünkü her bir kişinin kişiliği bu etkilerin bileşimini kendince gerçekleştirir. Ulusal ya da yerel kültür idaresinin rollerinden biri, özellikle "kültürel çeşitliliğin" bu bireysel çeşitliliğin kullanım ve korunmasını mümkün olduğunca teşvik ettiğini de anlamaktır. Bu durum, önemli bir bilgi derecesi ve idarenin, bireyin kimlikler arasında *seçim yapmasına* yardım etme eğiliminde olmadığı kültür alanında atılım göstermiş bir profesyonellik gerektirir. Oysa politik söylem, işleviyle, yurttaşı üstlendiği çoğul kimlikler arasında kısıtlı bir ayıklamaya –genellikle iç çatışma olmadan– yöneltebilen sembolik tercihler gerçekleştirir. Bu *kimlik tercihi dayatma* olgusu hem ulusal düzeyde hem de yerel düzeyde karşımıza çıkabilir; ve ilave etme ve birleştirme yerine, seçme ve çıkarma buyruğuna varabilir.

Sonuçta, kültürün özerkliği, kültür çeşitliliği konusunda bir otorite zorunluluğu gerektirir: Öz olarak, bir kimliğin diğeri üzerindeki başatlığı sonucuna varmamak için yeterince geri durma ve kimliklerin kendi içlerinde karşıt olmaması mantığına göre –bireysel ya da kolektif– kültürel ifade haklarına saygıyı –biçim üzerinde– garanti etmek. Çeşitliliğe bağlı olan bu devlet yükümlülükleri, UNESCO'nun yeni sözleşmesinde doğrudan doğruya hedeflenmiştir. Yine de, öngörülen mekanizmalar zecri eğilimler düzeyinde midir?

Kültürel Çeşitlilik Konusunda Devletlerin Sözleşmeye Dayalı Yükümlülüklerinin Zayıflığı

Devletlerin ulusal düzeyde kültürel çeşitliliklere saygı gösterme yükümlülüklerini belirlemeyi hedefleyen tartışmalar çok canlı olmuştur. Sözleşmenin nihai metninin komşuların kültürel çeşitliliğini hukuksal olarak hangi sınırlar içinde koruduğu buradan anlaşılır. Bu konuda devletlerin egemenliklerinin azaldığını görme kaygısı, uzmanların raporları ve ön-projeler birbirini izledikçe, bu yükümlülüklerin yoğunluğunun adım adım zayıflamasına neden oldu. Nihai "konsensüs" bağımsız uzmanların ifade ettiği kesinlik dileklerinden uzaktır. Bağımsız uzmanların birinci toplantısı sırasında, birkaç kişi, "kültürel çeşitlilik büyük ölçüde sivil toplumun ve özel sektörün canlılığına bağlı olduğundan ve her zaman için bunun tek güvencesi devlet olmadığından, devletlere fazla otorite verme riski"ni vurguladı: "[...] Genel olarak, kültürel çeşitliliğin teşvikine devletlerin aktif katılımının önemi vurgulandı. Uzmanlar devletlerin hem uluslararası hem ulusal düzeydeki hak ve yükümlülükleri üzerinde ısrarla durdular."

Bu son noktada bunu önemli değerlendirme farklılıklarıyla yaptılar.

Bağımsız uzmanların ikinci toplantısı sırasında, çoğunluk, "devletlerin (ulusal düzeye) katılımlarını belli bir güçle ifade eden bir söz dağarı kullanmanın" şart olduğunu vurguladı. "Böyle bir aygıta uygun terimler kullanılmadığında, metin, etkisi basit bir bildirgeye denk olan bir dizi ilke bildirimine dönüşür. [...] Üyeler, gelecekteki sözleşmeyi zecri bir nitelikle donatarak, 2001'de benimsenen metnin ötesine gitme zorunluluğu üzerinde durdular."

Metnin gelişimi yine de tersini kanıtladı. Hükümete bağlı uzmanların birinci toplantısında, üye devletler, hem "devletler için fazla ağır ulusal yükümlülüklerden kaçınma"nın, hem de "hükümete bağlı bir komite yararına devletlerin egemenliklerini yitirme riskinden kaçınma"nın uygun olacağını belirttiler.

Aralık 2004 tarihli ön-projede, "her üye devlet önlemleri *benimser...*" deniyordu; yoksa nihai sözleşmedeki gibi "benimseyebilir" değil. Önerilen 6 seçenek, yükümlülüğü ("benimser") koruyordu; ve "benimseyebilir" ifadesinin kullanımı konusunda çok sayıda çekince belirtilmişti. Keza, 7. madde, "Kültürel İfadelerin Çeşitliliğini Teşvik *Yükümlülüğü*" adını taşıyordu. Bu, daha sonra, ""Kültürel İfadeleri Teşvik *Önlemleri*" şeklini almış ve yükümlülük kavramı üzerinde güçlü bir tartışma yaşanmıştır.

Dolayısıyla bir paradoksla karşı karşıya bulunmaktayız: Kültürel mal ve hizmetlerin geleneksel tanımı ve kurumlaştırdığı kültürel istisna, bir yandan, "at arm's length" (piyasa koşullarına uygun) idare ve dolayısıyla devletler için yükümlülük terimleriyle eşi görülmemiş bir ilerlemeyi temsil eder; çünkü kültür ekonomisini egemen ekonomik akışlardan korumayı sağlamaktadır. Ama diğer yandan, ulusal düzeyde devletlerin kendi toprakları üzerinde çeşitliliğe saygıyı sağlamaktaki yükümlülük derecesi çok cılız kalmaktadır.

SONUÇ

Sözleşmenin politik etkinliği, hukuksal olarak kısıtlayıcı olmamakla koşullanmıştır. Çok sayıda devletin sözleşmeye katılmasına elbette imkân tanınmıştır. Sözleşmenin etkinliği uygulama evresinde görülecektir: En başta da, politik plandaki etkilerini garanti etmek ve sektöryel lobilerin, *majors*'un ve onlara katılan kamusal idarelerin eylemine karşı kültürel ekonomi haklarının gerçek bir savunmasını gerçekleştirmek aşamasında.

Ayrıca, kültürel çeşitlilik, Sözleşme'nin ruhuna uygun olarak, kamunun eylemine, iki yüzyıllık bir geçmişe dayanan ve hem yurttaşların kültürel haklarının hem de devletlerin kültürel yükümlülüklerinin dayandığı bir doktrini –kültürün özerkliği– dâhil etmek koşuluyla barışçıl ve *barışçılaştırıcı* olacaktır ancak. Kökensel olarak ulus-devletler çerçevesinde düşünülen ama bütün anlamını günümüzde kamusal idarenin ademimerkeziyetçi düzeylerinde bulan bir doktrin: Ulusal kültürlerin yeniden oluşumu bu doktrinin makullüğünü tartışma konusu etmez, özellikle uygulanma ölçeklerini küresel düzeyden bölgesel basamaklara yayar.

Bu nedenle (dahası kimlik gerilimleri ve açık çatışmalar sıklıkla en az aşikâr farklılıklardan ve görünüşte en yakın topluluklardan kaynaklandığından), *komşuluktaki* çeşitliliğin önemini ve bu çeşitliliğin kültürel hak ve görevler terimleriyle hak ettiği ilgiyi görmesini özellikle vurgulamak gerekir. Bizim en yakınımızda yaşayanların kimler olduğunu bildiğine inanarak, ama yeni bir bakış fırsatını onlara asla sunmadan, meçhul özgünlüklere sırtımızı dayayarak büyüme riskine koşuyoruz. Onların farklılıkları –ortaya çıktığında– bize dayanılmaz gelebilir: Onların mevcut hallerini *reddediyoruz;* tıpkı birlikte büyüdüğümüz ve ona karşı –kabul etmesek de– karanlık hınçlar beslediğimiz ve asla yetişkin biri olarak kabullenmek istemediğimiz kardeşimiz gibi. Komşu toplulukların saygınca anlaşmasını engelleyen ve kimilerinin daha fazla bölmek için araçsallaştırmayı gayet iyi bildiği şey, bu karanlık düğüm noktalarıdır. Kültürel çeşitlilik, evrenselci ve barışçı anlamı ile yerel uygulaması içinde özellikle bu karanlık düğümleri bozma amacı taşımaktadır. Oysa, ifade özgürlüğü, kültüre erişim özgürlüğü, kolektif kültürel haklar ve –sözleşmenin düşünüm süreci sayesinde– kültürel ekonomi hakları konusunda hukuk doktrininin iyi tanımladığı kültürel *haklar,* ancak bireylerin kimliksel çoğulluğa erişme hakkı konusunda daha iyi belirtilmişse bu yapılabilir. Kültürel çeşitliliğin daha az kısmi bir korumasını sağlamak, kültürel hakların tanımı ve politik olarak uygulanmaları üzerinde tartışmaya devam ederek sağlanabilir.

İKİNCİ BÖLÜM

Somutta Kültürel Çeşitlilik

6

Birleşik Krallık'ta Kültür Politikaları ve Çeşitlilik

FRANÇOIS MATARASSO

Çeşitlilik, otuz yılı aşkın süredir Birleşik Krallık'taki toplumsal ve kültürel politikanın büyüyen kaygısıdır.[1] Bu makale, sınırlarını belirlemenin önem taşıdığı çok geniş bir karmaşa ve çeşitlilikteki tartışma, analiz ve inisiyatiflerin ayrıntısına elbette giremez. Biz yalnızca İngiltere'nin durumunu ele alacağız: İskoçya, Kuzey İrlanda ve Galler Ülkesi'nin her birinin kendine özgü bir tarihi ve kültürel sorumluluklarını bağımsız biçimde sürdüren vekâlet verilmiş idareleri vardır.[2] Keza bu makale yalnızca sanat politikasını ve özellikle İngiltere'de sanatı destekleyen devlet örgütünün –"Arts Council England, ACE" (İngiltere Sanat Konseyi) sürdürdüğü politikayı ele almaktadır. Müzeler (Denniston, 2003; GLLAM, 2000), belediye kütüphaneleri, ulusal galeriler ve kamu kültürü altyapısının diğer yanları –ticari kültürel faaliyet hakkında bir şey söylemezsek– aktarılması ilginç deneyimlere tanıklık etmektedir; ama bunları başka yerde ele almak gerekmektedir.[3] Sonuç olarak, bu saptama ve sınırlandırmalardan sonra bile, bu konuda güncel ama bütünleyici bir bakış vermeye, hatta okura Britanya kültür çeşitliliği deneyiminin daha

---

1 Bu makalenin çok kısaltılmış bir versiyonu *L'Observatoire,* no 30, yaz 2006, s. 34-36'da "*Arts Council England* et la diversité culturelle en Angleterre" adıyla yayımlandı.

2 Diğer ülkelerdeki kültür stratejileri üzerine daha fazla bilgi için bkz. İskoçya hükümetinin internet sitesi (http://www.scotland.gov.uk/Topics/ArtsCulture); Galler hükümetinin internet sitesi (http://new.wales.gov.uk/topics/cultureandsport/?lang=en); ve Kuzey İrlanda hükümetinin internet sitesi (http://www.dcalni,gov.uk/).

3 Bu sektörlerdeki genellikle hızlı gelişmeler üzerine daha fazla bilgi için Museums, Libraries and Archives Council'in (http://www.mla.gov.uk/), English Heritage (http://www.english-heritage.org.uk/) ya da bizzat kültür departmanının (http://www.culture.gov.uk/) internet sitelerine bakılabilir.

derin bir araştırması için bazı ölçütler sağlamaya çalışacağımız konusunda uyarmak önemlidir.

AVRUPA KÜLTÜR ÇEŞİTLİLİĞİ

Kültür politikasının temel öğesi olan kültürel çeşitlilik kavramı nispeten yenidir. Bunun ortaya çıkışı, günümüzde büyüyen önemi gibi, normalde Batı Avrupa'nın İkinci Dünya Savaşı'ndan beri yaşadığı demografik ve toplumsal derin değişimlere bağlıdır. Ama, göç önemli bir rol oynamış olsa bile, kültürün demokratikleşmesi ve ticarileşmesi ya da felsefenin postmodernizm ve postkolonyalizm şeklinde gelişimi gibi aynı ölçüde önemli başka etkileri göz ardı etmek haksızlık olur. Bu demektir ki, çağdaş kültür çeşitiiliği kaygısı, gerçekten kültürel bir olgu olduğu gibi, politik tercihlerin ya da ekonomik güçlerin de bir sonucudur. Kültür, açıkça ve bilinçli olsun ya da olmasın, ifade edilen değerlerin alanıdır: Karmaşık ve hızlı bir ideolojik evrim döneminde, doğal ve zorunlu bir itiraz alanı oluşturur. Kültürel çeşitlilik başlığı altında rastlanan tartışmalar, kendini yeni taleplerin tehdidi altında hisseden bu çıkarların kimi zaman ileri sürdüğünün tersine, kültürel alana tamamen uygundur.

Avrupa'nın etnik ve kültürel çeşitliliğinin eskiliğini de kabul etmek gerekir. Batı Avrupa ülkelerinde belli bir ulusal homojenlik yanılsaması, 1950'lere doğru, toprağı üzerinde az çok önemli ya da az çok yaygın, çok büyük çeşitlilikte etnik gruplardan oluşan bir kıtanın tarihsel gerçekliğinden kopuşa damgasını vurur. Yahudilerin örneği iyi bilinmektedir; ama örneğin Orta Avrupa'da Alman topluluklarının tarihsel varlığını ya da Macarların Romanya'daki varlığını, Vlaklar, Samiler ya da Çingeneler gibi vatan toprağı olmayan grupları ve günümüzde önem taşıyan İspanya'daki İngilizlerin ya da Londra'daki Fransızların varlığını da unutmayalım. "Etnik temizlik" deyimi yenidir; ama Avrupa tarihinde sık rastlanan süreçleri belirtmektedir. Avusturya-Macaristan, Osmanlı, Rus, Nazi ve Sovyet imparatorluklarının çöküşüyle birlikte, Avrupa halklarının çoğunun 20. yüzyıl boyunca postkolonyalist bir deneyim yaşadıkları bile ileri sürülebilir. 1950 yılında, belirgin olan bu homojenlik çok yüksek bedelle satın alındı. Yeniden doğmakta olan çeşitlilik, ister değer verilsin, ister çekinilsin, Avrupa'nın kültürel mirasının merkezindedir. Günümüzde Avrupa uzamının nüfusunu oluşturan etnik topluluklar, kuşkusuz ki 19. yüzyıldakilerle aynı değildir –ve bunun çok belirgin nedenleri vardır– ama çağdaş politikayı bireyler ile toplumsal gruplar arasındaki farklılıkların kaçınılmaz varlığını tanımaya zorlayan bu etnik toplulukların varlığı devlet ile yurttaş arasındaki olası ilişkiler üzerine eski fikirlere yeniden değer vermektedir.

BİRLEŞİK KRALLIK'TA ÇEŞİTLİLİK

Birleşik Krallık'ta çeşitliliğin çağdaş deneyimini bu bağlam içinde ele almak gerekir. Ülkenin adı bile, art arda karmaşık geliş ve gidişlerin sonucu olan, Britanya adalarının etnik ve politik çeşitliliği içindeki kökenlerini belirtmektedir. Romalı, Sakson, İskandinav ve Norman istilacılar, Yahudi, Protestan ve Müslüman göçmenler, hemen hemen her yerden gelen mülteciler... Bunların hepsi de iz bırakmıştır ve yine bunların çoğu, günümüzde "British" politik adının oldukça büyük bir farklılık özgürlüğü sağladığı bir nüfusun parçasıdır. Ama Birleşik Krallık'ta da Avrupa'nın diğer yerlerinde de bu çeşitliliğin bilinci şimdi daha keskinleşmiştir. Bunun kısmen daha önce belirtilen nedenleri vardır; ama aynı zamanda diğer bir nedeni de, 20. yüzyılın politik ideolojilerinin geri çekilmesiyle 1989'dan beri boş kalan yeri kimlik politikasının doldurmaya çalışmasıdır. Birleşik Krallık'ta, Avrupa'nın başka yerlerinde olduğu gibi, en fazla dikkat çekenler en son gelenlerdir. Bunun nedeni, kısmen farklılıkların çok büyük görünürlüğüdür. Karaipler'de, Hindistan'da ve Afrika'da kurulmuş eski sömürgelerin göçü, ülke sanayi emeğine ihtiyaç duyduğunda teşvik edildi. 1980'li yıllardan beri, üretimden çok hizmetlere bağlı bir ekonominin atılımıyla birlikte, özellikle işçi nüfus arasında işsizliğin arttığı görülmektedir. Çoğunlukla en yoksulların maruz kaldığı ekonomik, toplumsal ve kültürel şokların neden olduğu kişisel ve topluluksal güçlükler gruplar arasındaki gerilimleri artırmaktadır ve belirgin farklılıklar politik sömürüye kolaylıkla imkân tanımaktadır. Avrupa koşullarında hâlâ çok marjinal olsa da, aşırı sağcı "British National Parti", kimilerinin kaygılarını sömürerek bazı "post-endüstriyel" mahallelerde sınırlı bir başarı gösterdi. Bu koşullarda, İngiltere'de barınma hakkı talep edenlerin ve Polonya ya da Litvanya gibi Avrupa Birliği'ne yeni üye olmuş ülkelerden gelen işçilerin günümüzdeki durumu aşina bir tarihsel sürecin yeni evresi olarak görülebilir.

Günümüzdeki durum birkaç rakamla saptanabilir. Son nüfus sayımında (2001) Birleşik Krallık nüfusunun % 7,9'u kendini etnik bir azınlığa mensup olarak tanımlıyordu ve % 8,3'ü yurtdışında doğmuştu; 1951 yılında yurtdışında doğmuş nüfusun oranı ise % 4,2'ydi.[4] Ama burada da kolaycı bir analizden kaçınmak gerekir. Yeni gelenler farklı ülke ve kültürlerden gelirler: Köylü ve kırsal kökenli olanlar çok sayıdadır, diğerleri askerî ya da idari yerleşik profesyonel çevrelerden gelmektedir. Bunlar Sih, Müslüman, Hin-

4 http://www.statistics.gov.uk/cci/nugget.asp?id=1312

du ve Hıristiyandırlar. Aralarında başka dinlerden olanlar ya da hiçbir dine mensup olmayanlar da vardır. "Ugandan Asians" örneği bu deneyimlerin özgüllüğünü açıklamaktadır. Uzun süre yaşadıkları (imparatorluk döneminde Afrika'da yaşamak üzere Hindistan'ı terk etmeleri teşvik edilmişti) Uganda'dan İdi Amin Dada tarafından sürülen Hint kökenli 30 bin kişi 1972 yılında Heath hükümeti tarafından İngiltere'ye kabul edildi; genellikle orta sınıfa mensup olan, çoğu iyi eğitimli bu kişilerin büyük bölümü travmayı aşmayı başararak İngiltere'ye yerleşmiş ve olanak olduğunda da refaha kavuşmuşlardır. Bu grubun, örneğin bizzat Hindistan'dan gelen gruplardan ya da Afrika kökenli Ugandalılardan farklı ve ayrı bir tarihi, bir kültürü ve hedefleri vardır. Yüzlerce kez çoğaltılabilecek bu örnek, yalnızca yeni gelenlerin kendi aralarındaki başkalığını vurgulamakla kalmaz, aynı zamanda onları kabul eden topluluklara benzemezliklerini de vurgular.

Günümüzde çeşitlilik, normatif bir toplum karşısında basit bir azınlıklar sorunu olarak kavranamaz. Toplumsal kimlik daha zengin ve çeşitlidir ve her birey farklı bağlamlarda ve farklı momentlerde azınlık ve çoğunluk gruplarının üyesi olarak bulur kendini.

Kültür politikası açısından bu karmaşıklık temel bir meydan okuma oluşturur. Kültürel çeşitlilik, önceki ve homojen bir nüfus ile yine birleşik yeni bir nüfus arasında ayrım yapmanın bir şekli olarak düşünülmemelidir: Tersine, özellikle çeşitlilikle nitelenen birey ve grupları kapsayan bir nüfus düşünmek gerekir. Bu çeşitliliğin kendisi her zaman istikrarlı değildir. Kimlik politikaları bağlamında, "Hıristiyan" olduklarını söyleyen iki kişi son derece farklı, hatta karşıt tutum ve değerlere sahip olabilir. Kültürel bir etiket, bundan yararlanan ya da bunu taşıyan –buna maruz kalan da denebilir– ne kadar kişi varsa o kadar çok anlam taşıyabilir. Aynı kişi bunu evrimci tarzda da yaşayabilir. Irak'ın işgalinden ve Londra metrosuna yapılan terörist saldırıdan bu yana Britanya hükümetinin sözünü ettiği genç Müslümanların "radikalleşmesi", bu alandaki fikir ve katılım akışkanlığının belirgin bir örneğidir. Bu karmaşalar günümüzün politik ve medyatikeşmiş söyleminde genellikle basitleştirilmiş olur. Kimileri "çokkültürcülüğün" belirgin kusurlarına saldırmaktadır; diğerleri ise –Ziauddin Sardar gibi–, prensibin önemini savunurken uygulamasını sorgulamaktadır: "Multiculturalism has been so unsuccesful because it is offered as a one-way traffic, something tha the white community does for the 'ethnic minorities'" ("Çokkültürcülüğün yenilgisi, tekyanlı bir yol olmasına, Beyaz topluluğun 'etnik azınlıklara' sunduğu bir şey olmasına bağlıdır") (Sardar, 2002, s. 142). Britanya kimliği acil politik tartışmaların, taleplerin ve yeni simgeselliklerin konusu olmaktadır: 2004'ten bu yana Britanya uyrukluğu elde eden kişiler artık bir uyruk edinme seremonisine katılmak zorundadırlar.

Sonuç olarak, çağdaş kültürel çeşitlilik karmaşıklığının bu bilançosu, günümüzde yalnızca politik söylemlere ve medyaya hâkim olan etnik ve inançla ilgili yanları dikkate alınırsa eksik kalır. Gerçekten de, İngiliz kültür politikası başka toplumsal grupların durumunu da çeşitlilik prizmasından hayal meyal sezebilmektedir: Kadınların, engelli kişilerin ve toplumsal dışlanma mağdurlarının ya da yoksulların kültüre –ister yaratıcı olsun ister kitle– erişimini kolaylaştırmayı hedefleyen inisiyatifler normalde kültürel çeşitliliğin büyük çerçevesi içinde düşünülmüştür. Örneğin, yalnızca "Black and Minority Ethnic" (BME) denen kökene mensup kişilerin değil, "C2, D ve E" toplumsal grup kategorilerine mensup kişilerin de kültüre katılım düzeylerini yükseltme yönünde sözleşmeli bir yükümlülüğü bulunan Arts Council England'daki "Department of Culture, Media and Sport"un (Kültür, Medya ve Spor Departmanı) belirttiği hedefleri bu perspektif içinde anlamak gerekir.[5] Engellilerin katılımını hedefleyen inisiyatifler, ayrımcılığa karşı yeni yasalarca da desteklenerek, Arts Council England'ın kültürel çeşitlilik politikasının anahtar bir öğesini oluşturmaktadır.

KÜLTÜRÜN POLİTİK İDARESİ VE "ARTS COUNCIL ENGLAND"

İngiltre'deki bütün politik ve idari sistemi burada ayrıntılandırmak mümkün olmasa da, daha öteye gitmeden ana hatlarını çizmek yine de yararlı olacaktır. Britanya devletinin ve belediye meclislerinin ülkenin kültürel yaşamına katılımı, 1945'ten sonra, "welfare state"in yaratılması bağlamında büyük bir gelişme göstermiştir. Bu büyüme son birkaç on yıl içinde hızlanmıştır (Hewison, 1995). 1992'ye dek sanat bakanı hükümet kabinesine kabul edilmemişti ve bir bakanlık yerine basit bir büroya başkanlık ediyordu. Günümüzde, "Department of Culture, Media and Sport", kabinede üç bakan ve bir müsteşara sahiptir ve yalnızca adında belirtilmiş alanlarla değil, (1992 yılında kurulan ve kültürel faaliyetlerde belli bir büyümeden sorumlu olan) ulusal pi-

5 Bu harfler, Birleşik Krallık'ta yaygın bir toplumsal sınıflandırmanın (on üzerinden) son üç sınıfını belirtmektedir (bkz. http://en.wikipedia.org/wiki/NRS_social_grade). Aslında Britanya'nın resmî istatistik bürosu olan *Office of National statistics* 2001'deki nüfus sayımından bu yana bir başka sistemi kullanmaktadır (bkz. http://www.statistics.gov.uk/methods_quality/ns_sec/). DCMS ile *Arts Council* arasındaki sözleşme için bkz. http://www.culture.gov.uk/Reference_library/Publications/archive_2006/fa_ace_0508.htm

yangoyla ve turizmle de ilgilenmektedir.[6] Ulusal müzelerin (British Museum, Tate Gallery vb.) sübvansiyonları, keza spora, kültür varlığına ve diğer çeşitli faaliyetlere ayrılan fonları da bakanlık bölüştürmektedir.

Bakanlık, İngiltere'de çağdaş sanatların desteklenmesi, geliştirilmesi ve teşvikiyle görevli ulusal örgüt olan Arts Council England'ın bütçesini de yönetmektedir.[7] 1946 yılında kurulan örgütün başlangıçta bütün Büyük Britanya'ya yayılan bir sorumluluğu vardı; günümüzde İskoçya'da, Kuzey İrlanda'da ve Galler Ülkesi'nde de paralel yapılar mevcuttur ve Arts Council'in kapsamı İngiltere'yle, dolayısıyla ulusal nüfusun % 85'iyle sınırlıdır. Hükümet ile Arts Council arasındaki ilişkiler, hükümetin kültür politikası ile işlemsel kararlar ve özellikle mali yardımlar arasında bir ayrım yapmaya çalışan "arms length principle"i (makul piyasa koşulları ilkesi) izler. (Gelirlerini doğrudan hükümetten değil, özel bir vergiden elde eden) BBC için ve farklı biçimlerde başka alanlarda da geçerli olan bu ilke çeşitli yorumlara açıktır ve bazı baskılara tabi olabilir. Bununla birlikte, Arts Council'in politikasının, daha önce saptadığımız gibi (Tusa, 1999; Wallinger ve Wornock, 2000) ona genel ve sözleşmeli yönelimler veren bakanlık politikasından –en azından ilkede– bağımsız kaldığını belirtmek önemlidir. Arts Council meclis üyeleri bakanlık tarafından atansa da, bu, herkese açık bir adaylık çağrısının ardından yapılmaktadır. Kültürel örgütler –"Royal Shakespeare Company" gibi ulusal denen yapılar bile– genellikle bağımsız bir yasal statüye sahiptir. Kültür bakanlığı bunların işleyişine karışamaz. "English National Opera"yla son dönem ilişkilerinin karışık tarihinin kanıtladığı gibi, Arts Council'in kendisinin bu alanda çok sınırlı yetkileri vardır.

2004-2005 vergi yılında Arts Council'in gelirleri yaklaşık 549 milyon paund idi (794 milyon avro). Bunun 532 milyonu (769 milyon avro) sanat örgütlerine ve bireysel sanatçılara dağıtılmıştı. Bu örgütler arasında 1.100'den fazla "Regularly Funded Organisations" bulunuyordu ve bunlar Arts Council'in onlara atfettiği İngiliz sanat yaşamındaki yapısal önemlerine bağlı olan sübvansiyonları düzeyinde belli ölçülerde yıllık güvenceden yararlanıyorlardı.[8]

Özellikle kültürel çeşitlilik bağlamında, İngiliz belediyelerinin –şehirler, kasabalar ve kontluklar– ülkenin sanatsal yaşamında temel bir destek ro-

---

6 http://www.culture.gov.uk/
7 http://www.rtscouncil.org.uk/
8 "Arts Council England", *Annual Review 2005*, Londra. Bkz. http://www.arts-council.org.uk/publications/publication

lü oynadığını kabul etmek önemlidir. Teknik ve pratik nedenlerle doğru bir karşılaştırma yapmak güç olsa da, toplam olarak belediyelerin Arts Council'le karşılaştırılabilir bir bütçeleri vardır. Arts Council sübvansiyonu alan tiyatroların, kamusal galerilerin ve diğer sanat örgütlerinin büyük çoğunluğu belediye meclisi tarafından desteklenmiştir: Birçoğu yerel kültürel çeşitliliği yansıtan diğer küçük kültürel örgütler, Arts Council'in desteği olmadan, yalnızca belediyelerin yardımını almaktadır. Birçok belediye meclisi bağımsız kültürel hizmet de vermektedir. Belediyeler kendi kültür bütçelerini –sürdürmeleri yasal olarak zorunlu olmasa da– Arts Council'in kullandığından farklı argümanlarla gerekçelendirirler. Onların özel anlamda daha geniş hedefleri vardır ve genellikle sübvansiyon alan kültür örgütlerinin sunduklarına yerel karşılık vermekle ilgilenirler. Bütün büyük İngiliz şehirlerinde aşağı yukarı olduğu gibi, bir nüfus etnik ve kültürel çeşitliliğin damgasını güçlü biçimde taşıdığında, bundan yerel kültür politikası için önemli sonuçlar çıkar.

KÜLTÜREL ÇEŞİTLİLİĞİN TANINMASI: İLK ADIMLAR

1976 yılında Naseem Khan *The Arts Britain Ignores*'u yayımladı. Bu, 1950'li yıllardan beri İngiltere'de yerleşik yeni toplulukların kültürel faaliyeti üzerine ilk rapordur (Khan, 2006). Rapor, yalnızca bu kültürlerin büyük zenginliğini belirtmekle kalmaz, aynı zamanda bunlar ile Arts Council'in destek ve sübvansiyon yapıları arasındaki sınırlı teması da belirtir. Devlet, bu yeni (elbette yalnızca İngiliz bağlamında yeni) biçim ve değerlere mali ya da başka türlü hiçbir kaynak aktarmıyordu. Rapor belli bir şoka yol açtı ve sonraki yıllarda, durumu düzeltmeye çalışmak için farklı inisiyatiflere girişildi ama başarı sınırlı oldu: On yıl sonra, "Black and Minority Ethnic" denen sanatçılar Arts Council'in fonlarının yüzde birinden azını alıyordu.

1989 yılında Arts Council, bu durumu dönüştürmekle görevli küçük bir iç ekip olan "Acces Unit"i kurdu. Bu ekip problemlere ve kimi zaman örgütün içindeki diğer aktör ve gruplara enerjik bir şekilde ve kararlılıkla karşı koyarak, yalnızca kaynakları artırmayı değil, başka önemli örgütlerin doğuşuna da katkıda bulunmayı başardı. Bunlar arasında inIVA (Britanyalı olmayan sanatçıları sergileyen "Institute of international Visual Arts") ve fotoğraf ajansı "Autograph" bulunmaktadır.[9] Bu çalışma on yıllarca sürdü, ama örgütlenme ve genel olarak kültür sektörü düzleminde yapacak hâlâ çok şey

9 Bkz. Http://www.iniva.org/ ve http://autograph-abp.co.uk/

kaldı (Khan, 2002). Aynı zamanda, Anish Kapoor, Steve McQueen ve Chris Ofili gibi az sayıda sanatçı (her biri prestijli "Turner Prize"ı kazanmıştı), dans ve tiyatro kreatörleri olarak –aralarında Shobana Jeyasingh, Jackie Guy, Yvonne Brewster ve Jatinder Verma bulunuyordu– yer edinmeye başlamıştı. Onların başarıları yalnızca başka kültürlerin sanatlarıyla (örneğin Hint klasik dansı) değil, kültürlerarası etkileşimden kaynaklanan yeni biçimler, fikirler ve ifadelerle ilgilenen bir kitlenin varlığını da kanıtlıyordu. Bu şaşırtmamalıdır: Popüler müzik, sinema ve televizyon, diğer ticari sektörler arasında, bu yeni pazarlar karşısında çok daha az tereddütlüydü.

ÇAĞDAŞ ÇABALAR

2002 yılında Arts Council'in yeniden yapılanmasıyla, ulusal örgütten ve sınırlı özerkliğe sahip dokuz bölgesel bürodan oluşan yeni bir örgütlenme doğdu. Sanatçılar için destek programları basitleştirildi ve Arts Council'in hedefleri berraklaştırıldı. Böylece, 2003-2006 dönemi için örgüt kendine şu beş hedefi saptadı:

- Bireysel sanatçıya öncelik tanımak;
- Kültürel örgütlerin gelişimine yardım etmek;
- Kültürel çeşitliliği misyonunun merkezine yerleştirmek;
- Öncelikle gençlerle ilgilenmek;
- Sanat alanında büyümeyi teşvik etmek.

Kültürel çeşitliliğin desteklenmesi, ilk kez Arts Council'in ana hedefi oluyordu ve 2006-2008 döneminde bu hedef mevcut meselelerin gelişiminin ötesinde sürdürülmüştür. Dolayısıyla, geçmişte olduğundan daha derin bir değişim meydana getirebilecek inisiyatifler geliştirmek temeldir. Yasama bağlamının ve kamu hizmetlerine dayatılan farklı yükümlülüklerin de dikkate alınması gerekir. İngiltere'de ırk ayrımcılığına karşı ilk yasalar 1970 tarihlidir. Bunlar, yasaların uygulanmasını desteklemek ve kamu eğitimini teşvik etmek görevine sahip bir "Commission for Racial Equality"nin kuruluşuyla birlikte ortaya çıkar. Birleşik Krallık'ta bu önlemlerin gelişimi karmaşıktır, ama bir değişimi de belirtmek gerekir: Diğer değişiklikler arasında, yeni bir yasa 2000 yılında kamu hizmetlerine aktif bir sorumluluk vermektedir. Bu sorumluluk da şudur: Ayrımcılığı önlemek yeterli değildir, ırksal eşitliği de aktif biçimde teşvik etmek gerekir. Engelli kişiler karşısındaki ayrımcılıkla mücadele etmek için, 2005 tarihli bir yasa kamu yetkililerine paralel bir görev dayatmaktadır: Tam eşitliği teşvik etmeye yönelik eylemleri de gösterebilmek gerekmektedir.[10] Diğer önlemlerin yanında bunlar da, Arts Council'i, çeşitlilik alanındaki politikasını ve eylemlerini gözden geçirmeye zorlamaktadır.

Bunun sonucu olan farklı inisiyatifler arasında üçü temel önemdedir. Öncelikle, Arts Council, düzenli sübvansiyon alan örgütlerin (RFO) % 10'unun farklı kültürleri temsil etmesine karar verdi. Bu örgütlere dayatılan ölçütler şunlardı: Ya sanatçılar tarafından yönetiliyor olacaklar ve yönetimlerinde çoğunluk "black and minority ethnic" kökenli olacaktı, ya da tamamen kültürel çeşitlilik alanında çalışacaklardı. 2006 yılında, desteklenen örgütlerin % 13,2'si bu kategorilerdendir. Bu değişim temel önemdedir, ama yine de iki önemli olayı dikkate almak gerekir. Öncelikle bu değişim, 1999'dan beri Arts Council'in mali kapasitesinin önemli miktarda arttığı bir dönemde gerçekleşti: Bir örgütlenmeden diğerine sübvansiyon aktarımını önleyen cömert finansmanlara sahip olunduğunda, bu türden bir süreci yönetmek daha kolay olur. İkinci olarak, bu gruba sunulan kaynakların Arts Council'in toplam bütçesinden % 13,2 daha az oranı temsil ettiğini kabul etmek gerekir. Bu örgütler genellikle genç ve mütevazıdır, şu an için ihtiyaçları oldukça sınırlıdır. Büyük yapılar ise –örneğin ulusal tiyatro ya da kraliyet operası– çok daha önemli miktarlarda sübvansiyon düzeyleri gerektirir ve alırlar.

Arts Council, dağıttığı milli piyangonun önemli kaynakları yardımıyla da kültürel çeşitlilik politikasını destekler. Bunun bir bölümü büyük projelere –özellikle tiyatroların, galerilerin ve benzer binaların yenilenmesine, aynı zamanda da sanatsal yaratı ve temsil için yeni yapıların yaratılmasına– ayrılmıştır. Bugüne dek, Avrupa kökenli olmayan sanatçı örgütlerine dağıtılan bu fonların oranı, özellikle 1992'den bu yana harcanan büyük miktarların yanında çok cılız kalır. Bu bağlamda geliştirilen projeler arasında, 1994-1998 arasında Birmingham'da kurulan "The Drum", Manchester'deki "Chinese Arts Centre" ve Londra'da hâlâ yapım aşamasında bulunan "Bernie Grant Centre" ve "Rich Mix" ve Nottingham'daki "New Arts Exchange" sayılabilir. Bununla birlikte, bu inisiyatiflerden bazıları sorunlar yaşamıştır. Örneğin, bir Siyah tiyatro yaratım ulusal merkezi kurma hevesi hâlâ karşılanmamıştır ve Arts Council bu fikirleri başka biçimler altında diyalog şeklinde araştırmaktadır. Yeni ya da doğmakta olan örgütler sübvansiyon aldıklarında, bu

10 1999 yılında Stephen Lawrence'ın öldürülmesi üzerine Sir Wiliam Macpherson'un resmî raporu ve ardından gelen adli soruşturma Metropolitan Police'i "kurumsal ırkçılık"la suçlamaktadır. Bu yeni kavram kamu kurumlarına ahlâki bir meydan okumadır.

alandaki güçlüklere denk düşen –ve daha ileride tekrar üzerinde duracağımız– genellikle karmaşık nedenlerle sonuçlar kimi zaman üzücüdür.

Arts Council'in dağıttığı milli piyango fonları, "Grants for the arts" programı aracılığıyla bireysel sanatçının ve sanatsal üretimin yardımına gelmektedir. 2003 ile 2004 arasında, BME denen sektörden gelen talep sayısının 1.151'den 1.529'a çıktığı görülmüştür; yani % 33'lük bir artış. Kabul edilen taleplerin toplam miktarı aynı dönemde 5,7 milyon pounddan 7,1'e yükselmiş, yani % 25'lik bir artış olmuştur. Miktarlar çok yüksek değildir, ama gelişimin yönü önemlidir. Paralel olarak, Arts Council, kısmen yasa değişiklikleri sayesinde, kendi saflarında olduğu gibi kültürel örgütlerde de etnik azınlıklara mensup kişilerin bu fonları kullanımını teşvik edici önemli çabalarda bulunmuştur. 2004 yılında, bu alandaki kendi eylemlerini yönlendirmek için bir "Race Equality Scheme" yayımladı. 2005 yılında, Arts Council'in desteklediği örgütleri hedefleyen "Respond" adlı bir teşhis aygıtı kaleme aldı. Arts Council'in son verilerine göre, düzenli sübvansiyon alan örgütlerin idari meclis çalışanlarının % 7'si ve üyelerinin % 12'si Siyah ya da Asya kökenliydi.

Son olarak, Arts Council belirgin durumları ya da problemleri hedefleyen bazı stratejik müdahaleler de ortaya atmıştır. Bunlar arasında şunları belirtebiliriz:

- "Decibel"; çok çeşitli alanlardaki Afrika, Karaipler ve Asya kökenli çağdaş sanatçıları tanıtarak, programcıların ve kültür sektöründe istihdam edilen diğer kişilerin arz zenginliğini daha iyi kavramasına yardımcı olmaya yönelik bir program.
- "Black Regional Initiative in Theatre"; İngiltere'de tiyatro çeşitliliğini yaymayı başarmış ve bu alanda yeni bir ulusal inisiyatife de –"Sustained Theatre"– katkıda bulunmuş bir inisiyatif.
- "New Audiences Programme"; 1998-2003 arasında, kültürel faaliyetlerde doğru düzgün temsil edilemeyen izleyicileri hedefleyen inisiyatifler için 20 milyon pound yatırmıştır.

Belirgin bir amaca yönelik bu inisiyatiflerin ötesinde –ülkenin en yoksul bin okulunda sanatsal faaliyetleri destekleyen "Creative Partnerships" gibi– daha türsel başka programlar da önemli bir katılımcı etkide bulunmuştur.

Daha yapacak çok şey olsa da, Arts Council'in özellikle bu son birkaç yılda gerçekleştirdiği ve aynı zamanda bilgi, temas ve güven gelişimi sağlamış olan atılımlarını kabul etmek doğru olur. Naseem Khan, ilk raporundan yaklaşık otuz yıl kadar sonra, bu değişimin derinliğini saptamıştır: "I think at first arts bodies thought that you could pick and choose from other culture without changing yourself, but now we can see that you have to change the wholeagenda when you bring in people that have historically been on the outside" ("Sanırım başlangıçta kültür örgütleri kendilerini değiştirmeden başka kültürlerin öğelerini seçerek alabileceklerini düşünüyorlardı, ama tarihsel olarak dışlanmış kişiler entegre edildiğinde kendi temel programını dönüştürmek gerektiğini artık görebiliyoruz.")[11] Kat edilen yol dikkate alındığında, kökenlerini bulduğu bağlamdan çok uzaktaki muğlak bir "britishness" fikrini güçlendirmeye çalışırken çeşitliliği de yücelten politik retorik genellikle muğlak kalsa da, İngiltere'de kültür çeşitliliği politikası karşısında önemli bir yön değişikliğini bugün hayal etmek, en azından kısa vadede güçtür.

SONUÇ

Bütün ikilemlerin ve bütün meydan okumaların, kültürel çeşitliliğin bütün olasılıklarının ve bütün problemlerinin kabaca belirttiğimiz inisiyatiflerle çözümlendiğini iddia etmek yine de yanlış olur. Kültür çeşitliliğinin ilke ve tezahürlerinin, genel olarak kültür yaşamına sıkı sıkıya bağlı olsalar da, bu yaşamın bağlamını büyük ölçüde aşan etkileri vardır: Kamusal alanı ilgilendiren şeylerin pek azı onların etkisinden kurtulur. Altmış yıllık göçün ardından ve kültür politikasının bu kadar yıllık ulusal idaresinin ardından birçok değişiklik ve birçok bakış açısında önemli bir iyileşme fark edilebilir. Doğru düzgün bilgi edinemeyen ve çoğu zaman kökene ilgisiz kalan kültürel örgütlerin yeni taleplere tepki göstermeleri ve ortaya çıkan olasılıkları kabul etmeleri uzun zaman almıştır. Ardından yeni bir dönem gelmiştir; burada, katılım arzusu bilgi ve kavrayış eksikliğiyle, naiflikle ve bunu takip eden zarar ve taleplerle kösteklenmiştir. Bu evre kuşkusuz geride kalmamıştır, ama, buna paralel olarak, son yıllarda ulusal ve yerel kültür politikası açısından ve de kültür yaratıcıları ve failleri açısından daha ciddi yeni bir katılım evresi görülmüştür. Bütün bunlar, kültürün güçlü bir yer işgal ettiği çok sayıda başarı örneklerinin yanında hoşgörüsüzlük ve ırkçılık izlerinin hâlâ gölgesinde olan Britanya toplumunun hızlı ve çok boyutlu evriminin çok daha geniş koşullarında cereyan etmektedir.

Bu engebeli yolu çizerken, bundan çıkartılacak bazı dersleri de ayırt etmek gerekir. Örneğin, kamu idarelerinde ve kültür sektöründe harekete geç-

11 Naseem Khan, "Change the Whole Agenda", internet gazetesi *"Spiked-online"*da 8 Temmuz 2003'te yayımlanan makale. Bkz. http://www.spiked-online.com/Articles/00000006DE3E.htm#footnotes

me iradesinin yeterli kapasite olmadan da var olabileceği açıktır. Kamusal inisiyatifler, ne kadar iyi niyetli olsalar da –diyalogdan, sabırdan ve gerçekçilikten söz etmesek bile– formasyon programları ve kaynakları tarafından desteklenmediklerinde, her türlü zarara yol açabilirler. Aynı şekilde, sanatsal yaratı boyunca ortaya çıkan ve çatışan farklı değerlerin karşı karşıya gelmesi potansiyel bir kriz kaynağı olarak kalır. Aralık 2004'te Birmingham Repertory Theatre'da Gurpreer Kaur Bhatti'nin "Behzti" piyesinin temsili sırasında düzenlenen isyanlar tehlikeleri gayet iyi göstermektedir. Bu gösteriden rahatsız olanlar Sihler olsa da, ertesi yıl, Stewart Lee ile Richard Thomas'ın "Jerry Springer: The Opera"sına karşı gösteri düzenleyenler Hıristiyanlar oldu. Günümüzde herkes kendini tehdit altında hissedebilecek bir azınlığa mensup olabilir. Fakat en derin ders, kültürel çeşitliliğin ne egemen topluma karşı bir meydan okuma ne de çözümlenmesi gereken bir sorun olduğunu anlamak gerektiğidir: Bu, esas meziyeti bir sorgulama, yaratı, pazarlık ve oluşum sürecinde yatan değişmez bir gerçekliktir. Amerikalı James Surowiecki'nin bir başka bağlamda yazdığı gibi: "Ultimately, diversity contributes not just by adding different perspectives to the group but also by making it easier for individuals to say what they really think" ("Sonuçta, çeşitlilik yalnızca grubun yeni perspektiflerle zenginleşmesine katkıda bulunmakla kalmaz, insanların gerçekten düşündüklerini söylemelerini de kolaylaştırır") (Surowiecki, 2004, s. 39). Kültürel çeşitlilik karşısında demokratik kültürün cevabı –eğer gerekliyse– ne değersiz bir çokkültürcülüğün yüceltilmesi olacaktır ne de sıkı bir entegrasyon üzerinde ısrar etmek; bu cevap, farklı ve karşıt seslerin dinlenmesini kolaylaştırarak, bunların birbirlerini anlamasını ve –umalım ki– adaleti teşvik etmelidir.

7

Kültürel Çeşitlilik Kültürü mü? Hollanda'nın Durumu

ELTJE BOS - CAS SMITHUIJSEN

Daha yakın zamana dek Hollanda ulusal kültür üzerine ateşli tartışmalardan habersizdi. Yine de birkaç yıldan beri bu türden bir tartışma kendini göstermektedir. İki neden bu durumu açıklamayı sağlar. İlk olarak, Hollanda hızla Avrupa Birliği'ne ve küresel topluma uyum sağlamaktadır. İkinci olarak, Hollanda toplumunun birçok tabakasında din ve yaşam tarzı olarak İslâm'ın etkisi artmaktadır. Bu iki gelişim nedeniyle, kendine özgü olan bir tarihe ve referansiyel bir kültürel çerçeveye sahip bir Hollanda kültüründen bir süredir daha ısrarla söz edilmektedir.

Bununla birlikte, bu yenilenmenin kalıcı nitelikte mi, yoksa Hollanda'nın bugün içinden geçtiği geçici bir evre mi olduğu sorusunu sormak yerinde olur. Bu geçiş evresini Hollanda'ya özgü toplumsal gelişimler bağlamına yerleştirmek gerekir. Bu gelişmeler de uluslararası bağlam tarafından aydınlatılmalıdır. Lluís Bonet ile Emmanuel Négrier, giriş bölümünde, Avrupa'nın binyıl değişimi sürecinde yeniden bir sorgulama evresinden geçtiğini belirtmektedirler. Bu yeniden sorgulamanın Avrupa Birliği'ne üye devletlerin kültür politikaları düzeyinde yankıları vardır. Ulusal yetkililer kültür politikalarını yazarların sıraladığı beş evrimin baskısı altında gözden geçirdiler. Öncelikle ademimerkeziyetçiliğin evrimi vardır: Yetkililerin müdahalelerinin çekim merkezi, bölgesel ve yerel yetkililerden yana kaymaktadır. Daha sonra, yerel kültür stratejilerinin evriminde kayda değer bir canlanma belirtilmektedir. Üçüncü olarak, üye devletlerin kültürel özerkliğinin önemini vurgulayan Maastricht Anlaşması'nın ruhu artık Avrupa devletlerine yayılmıştır. Dördüncü olarak, kültür alanında özel inisiyatifin gelişimi belirtilir. Ticari sözleşmelerin yanında, kültür endüstrisinde üretim prosedürleri ve özel fonlar ve kültürel hamilikler aracılığıyla kültürün özel finansmanı söz konusudur. Beşinci olarak, kamusal politikaların özel örgütlerden ve işletmelerden ödünç alınma aygıtlardan esinlendikleri de giderek aşikâr bir hal almaktadır.

Gerçekte Hollanda, daha ziyade sınırlı bir devlet idaresini ve zayıf bir ulusal kültürü tanımıştır her zaman. Yukarda anılan beş gelişmenin hangi ölçüler içinde Hollanda'yı da ilgilendirdiğini incelemek için öncelikle Hollanda'nın kendine özgü tarihini kısaca ele alacağız. Ardından, özellikle tarihsel bir perspektiften yola çıkarak Hollanda'nın kültürel çeşitlilik politikasını ele alacağız. Denememiz, güncel gelişimlerin bilançosuyla tamamlanacaktır.

ULUSAL KÜLTÜR POLİTİKASININ YÖRÜNGESİ

Kompartımanlara Bölünmüş Bir Sistem

Resmî politik belgelerde Hollanda "ademimerkeziyetçi üniter devlet" olarak nitelenmiştir. Hollanda'nın bir monarşi olmasının özellikle sembolik bir anlamı vardır. Yönetim yetkisi hükümetin ve parlamentoyu oluşturan iki meclisin ellerindedir. Hükümet, çoğu zaman, ikinci meclisteki çoğunluk partilerince oluşturulur. Hükümeti başbakan yönetir. Başbakan, devlet başkanıyla, kraliçeyle birlikte yürütme içinde birliği oluşturur.

19. yüzyıl boyunca, üniter devlet içinde üç önemli ideolojik akım ortaya çıkmış ve gelişim göstermiştir: Katolik ve Protestanlardan oluşan dindarlar, liberaller ve sosyalistler. Toplumsal, kültürel ve politik örgütler bu büyük akımların içinde şekillenmiştir ve bu da Hollanda'ya özgü olan kompartıman sisteminin kurulmasına yol açmıştır. Bu sistemde temel olan şey, herkesin "kendi çevresinde özerkliği" ilkesidir. Örneğin bunun anlamı, eğitimde de sağlık sisteminde de, devlet eğitiminin yanında Katolik bir eğitimin; Kitab-ı Mukaddes'le birlikte Protestan okulun ve özgül bir ideolojiyi savunan ve öğretim süreçleri aracılığıyla bunları aktaran başka okulların varlığıdır. Ayrıca, Katolik ya da Protestan inançlı kütüphaneler, amatör sanat dernekleri ve hastaneler de vardı. 20. yüzyılın başında gelişen radyo-televizyon sistemine gelince, sosyalistler kendi radyo-televizyon birliklerine sahiptiler; tıpkı Katolikler, liberal Protestanlar, liberaller ve de hümanistler gibi. Bütün bu eğitim, kültür ve radyo-televizyon birlikleri "hakkaniyetli adalet" ilkesi üzerinde temellenen bir sübvansiyon sistemi sayesinde var olabilmişlerdir. Bu sektörler karşısında devlet aygıtının temel işlevi vergiden elde edilen geliri yeniden dağıtmaktır.

Ulusal vergi merkezî olarak toplanıyor, sonra da birlik üyelerinin sayısını dikkate alan bir tahsis sistemiyle yeniden dağıtılıyordu. Farklı kompartımanlardaki yandaş sayısının kapsamı devletin katkısının kapsamını da geniş ölçüde belirliyordu. Böylece, merkezî olarak düzenlenen korporatif bir kültür politikası adım adım ortaya çıktı; bu politikanın içinde merkezî otorite koordinasyon rolü oynuyordu (Avrupa Konseyi, 1994).

Merkezî otorite de tamamen bu kompartıman sisteminin parçasıydı. Politik birliklerin örgütlenmesinden yine kompartımanlar sorumluydu. Örneğin ulusal temsil bu kompartımanlı toplumu doğrudan doğruya yansıtıyordu. Hiçbir parti parlamentoda çoğunluğu elde edemediğinden, hükümet daima bir koalisyon mantığına dayanmıştır. Bu durum, örneğin Fransa gibi bir ülkenin hükümetiyle karşılaştırıldığında, hükümetin bir yandan toplum karşısındaki, diğer yandan parlamento karşısındaki zayıf konumunu açıklamayı da sağlar. Aynı zamanda, Hollanda hükümetinin politik emellerinin nüfus içindeki aktif akımlara neden her zaman bağımlı olduğunu açıklamayı da sağlar; ulusal olarak yönetilen eğitim, radyo-televizyon ve sağlık sistemlerinde kompartımanlar geniş ölçüde kaybolmuşsa da, bu, çağdaş bir özellik olarak kalmıştır (De Beus, 1999). Kompartımanlaşma felsefesi, hükümetin başında bulunanların gündelik idaresinde günümüzde de hâlâ sürmektedir. Artık bir ideoloji değil, yönlendirici bir davranış hattı söz konusudur. Güncel politik eylem içinde, tersine, İslâmi okulların ve derneklerin ortaya çıkışının yol açtığı yeniden kompartımanlara bölünmekten büyük bir korku duyulmaktadır. İçeriği 19. yüzyıldan kalma olan eğitim yasası Onderwijswet, dinsel ya da ideolojik yönelimli eğitim kurumlarına desteği yasaklamaz.

Seçmenlerin farklı akımlarını mümkün olduğunca düzenlemek için, art arda gelen kabineler, bir prosedür mantığına vurgu yaparak uzlaşma çözümleri bulmaya çalıştılar. Ahlâki olduğu kadar dinsel de olan ve toplumda rol oynayan bazı temel sorunlar, mümkün olduğunca politik alanın dışında kaldı. Bu konuda "hoşgörü" sözcüğü sıklıkla kullanılmaktadır, ama bu aynı zamanda derin karar almalardan kaçınan sistematik bir stratejinin sonucu olarak da algılanabilir.

Yardım Alma ve Özerklik

Çevreler içindeki özerkliğin ve daha önemli kararlar karşısında belli bir çekincenin ötesinde, hukuksal ve kurumsal açıdan bir yardım geleneği de söz konusudur. Yukarıda belirttiğimiz gibi, Hollanda ademimerkeziyetçi üniter bir devlettir. Hollanda'nın merkezindeki ademimerkeziyetçi unsur Fransız döneminden (1795-1813) öncedir. Ülke o dönemde henüz özerk cumhuriyetlerin bir birliğiydi; bunlar halk meclislerinden oluşan kurumun tekrar tekrar birleştirdiği vilayetler olarak adlandırılıyordu. Bu durum resmî olarak 1648-1795 arasında sürdü. 1815 yılında yerleşik bir monarşi olan Hollanda ademimerkeziyetçi üniter bir devlet olarak kaldı.

Ademimerkeziyetçi bir sistemin içinde mali yardım, kamu işlerini çözüme bağlaması gereken bölgesel ya da yerel, mümkün olan en yakın düzeydeki yetkililere ayrıcalık sağlamayı kapsar. Eğer bir köy, bir şehir ya da bir bölge kamu idaresinin kimi görevlerini üstlenecek durumdaysa, bu durum bu görevleri merkezî idareye yıkmaktan daha iyidir. 1945 yılında, görevlerin farklı yetkililer arasında sabit bir bölüşümü meydana geldi; bu durum kimi örneklerde daha büyük bir merkezileşmeye yol açtı. Böylece sağlık ve eğitim sistemleri (yükseköğrenim de dâhil) devletin işi oldu. Konut politikası –anılan diğer sektörler de dâhil– tersi yönde gelişme göstererek, daha ziyade belediye idarelerine emanet edildi.

Kültüre kamusal destek Hollanda'da üç farklı düzeye bölünmüştür: Devlet idaresi toplam bütçenin yaklaşık % 30'unu sanat ve kültüre ayırırken, bölgeler % 10'unu, belediyeler de yaklaşık % 60'ını ayırırlar. Dolayısıyla, finansman konusunda ulusal idarenin rolü önemsizdir. Buna karşılık, yasa ve düzenlemelerde ve kültür üzerine politik söylemde devlet başat bir rol oynamaktadır. 1980'den itibaren belediyeler ve devlet temel sorumlulukları art arda değiş tokuş etmişlerdir (Ministerie van Binnenlandse Zaken, 1994). Sahne kumpanyalarının (tiyatro, müzik toplulukları) finansmanı devlete bağlıyken, amatör uygulamalar, kültürel eğitim, kütüphanelerin donanımı ve mimarisi merkezî idareye bağlıdır. Sanat ve kültür yapımları için büyük fonlar da devletin elindedir. Çağdaş sanat müzeleri belediyelere bağlıyken, daha ziyade tarihsel ve ulusal yönelimli kurumların idaresi, örneğin Kraliyet Kütüphanesi, Ulusal arşivler, Rijksmuseum (Ulusal Sanat ve Tarih Müzesi) ve Tropikler Kraliyet Enstitüsü devletin sorumluluğundadır. Son olarak, konservatuvarların ve güzel sanatlar okullarının da dâhil olduğu sanat eğitimi de merkezî hükümete bağlıdır. Genel olarak, bölgesel düzeyde kültür politikası yoktur. Hollanda, Portekiz gibi çok küçük bir devlettir ve burada belediyeler güçlü bir müdahale merciidir.

Sorumlulukların resmî dağılımının ötesinde, farklı başoyuncular arasında yeni ilişkiler de gelişmektedir. Bunlar, yeni bir denetim biçimine yabancı olmayan mesafeli düzenleme tarzlarına bağlıdırlar. Yukarıda andığımız kurumlara gelince, bunlar adım adım özerkleştirilmiştir. Bunun anlamı, devlet idaresinin bunların yönetim ve idaresinin doğrudan sorumluluğundan kurtulmuş olmasıdır. Fakat, bu sorumluluktan kurtulmak için, merkezî idare bu kurumlar üzerinde, onların işletmesi ve sanatsal ve kültürel programları üzerinde daha dolaylı belli bir yönelim uygulamaya devam etmektedir. Bölgeler ve belediyeler için de aynı süreç geçerlidir. Hollanda devletinde, kurumların içeriğini daha sıkı bir şekilde yönetme ve sübvansiyon alan kurumların üretim ve temsillerini hükümetin kültür politikasına uyarlama özlemi hiç olmadığı kadar görülmektedir. Hükümetin kültür politikasının en önemli temaları, (1) kültürel katılım, (2) sanatçıların ve kültür kurumlarının iktisadi yükselmesi ve (3) kültür çeşitliliğinin güvencesidir. Şimdi bu sonuncu temayı ele alalım.

1980'DEN İTİBAREN HOLLANDA'DA KÜLTÜREL ÇEŞİTLİLİK POLİTİKASININ GELİŞİMİ

1950 ve 1960'lı yıllarda çok sayıda kişi iktisadi bakımdan dinamizmi düşük olan Hollanda'yı terk ederek Kanada ya da Avusturalya'da yeni bir yaşam kurmaya gitmiştir. 1970'li yılların sonuna dek Hollanda kendini öncelikle göç veren bir ülke olarak görüyordu. Bu algı bir diğer demografik olguyu görmezden gelmeyi de sağlıyordu: Göç alma olgusu. Tarım işletmecileri ve orta sınıftan gelen kişiler Hollanda'yı terk ederken, göçmen işçiler de kitlesel olarak buraya geliyordu. Bu göçmenler, ülkenin yerli halkının yapmadığı işlerde, özellikle yeterince kalifiye olmayan el emeği sektörlerinde çalıştılar. *Etnische minderheden* (Etnik Azınlıklar) başlıklı ve 1979 yılında WRR'nin (Hükümet Politikası Bilim Konseyi) yayımladığı rapor gerçek bir dönemece işaret eder: Gerçekten de bu rapor, Hollanda'nın dışarıdan göç alan bir ülke olarak kabul edilmesini savunmaktadır. Dışarıdan göç almanın da dışarıya göç vermek gibi toplumsal hiyerarşi üzerinde etkisi vardır. Farklı hükümet programlarına rağmen, dışarıdan göç alma sorunu, başarı şanslarının eşit paylaşımı ve topluma entegrasyon problemi olmaya devam etmektedir (Gölpınar ve Smithuijsen, 2002).

Bir kültürel çeşitlilik politikasının ilk hazırlıkları yaklaşık olarak 1980'li yıllarda başlamıştır (Ministerie van WVC, 1982). Daha baştan, tanım sorunuyla karşılaşılmıştır: Kültür kelimesinin anlamına nasıl bir kapsam verilmelidir; bu politikanın kapsamına ne dâhildir, ne dışlanmıştır? Dolayısıyla, bazı sanatsal ifadelerin son on yıl boyunca bu politika tarafından asla ele alınmadığını saptıyoruz. Örneğin, sübvansiyon verilen kültürden çok daha büyük bir iç çeşitlilik gösteren "sahne" ya da "şehir" sahnesi mizahçıları denen kesim bunlardandır. Sübvansiyon dolaşımının içinde ve dışında gelişmiş olan farklı kültür biçimleri arasındaki bu farklılığın nedeni de günümüzün egemen düşüncesini koruma eğiliminde olan bir politik mantığa bağlıdır. Politik dünyanın içinde kültürel tercihlerin yönelimi ve oluşumu geniş ölçüde kendi kendine referans yapmaktadır.

Ayrıca, çeşitlilik politikasının gelişimi başından itibaren iki güç alanınca belirlenmiştir: Azınlıklar politikası ve kültür politikası. İlki 1980'li yılların başından itibaren temelden değişmiştir. Kültür politikası ise, tersine, toplumsal değişimlere çok daha az duyarlıdır; çünkü merkezî dogması, geleneksel sanat eserlerinin özerkliği ve telif haklarının ihlal edilemezliğidir. Sanat üzerine fikir belirtmekle görevli olanlar, geleneksel olarak uzmanlardır ve bunlar esasen meşru dolaşımlar içindeki yerleri özellikle sağlam olan sanat ya da kültür çevrelerinden gelmektedirler. Bunların görüşleri oluşurken, evrensel olarak kabul gören, yüksek düzey bir kültüre içkin ve sınırlı ekonomik imkânları nedeniyle ancak kamusal sübvansiyonlarla ayakta kalabilecek bir kaliteyi dikkate alırlar. "Yüksek" denen bu sanat, farklı politik toplumsal akımların çoğu tarafından toplumsal bakımdan değerli kabul edildiğinden, en uygun hedef, nüfusun sanatsal ve kültürel faaliyetlere katılımını teşvik etmekti; dolayısıyla kolektif bir kültür ve yükselme çabası söz konusuydu. Kültür politikası, evrensel niteliği bu uzmanlarca garanti edilmiş bir arza erişimde eşitliği öne çıkaran genel bir toplumsal yaklaşımla özetleniyordu; yoksa heterojen bir toplumsal alan içinde özgül bir kültür yaklaşımıyla değil. 1960'lı ve 1970'li yıllarda gelir politikası, bir kültür politikasından ziyade kültürel bir katılıma daha geniş ölçüde katkıda bulunuyor gibidir. Yine de bu, niteliksel bir kültürün öne çıkarılmasının ve korunmasının her zaman için devlet müdahalesinin merkezî yaklaşımı olmasını engellemedi: Günümüzdeki durum da hâlâ böyledir.

1983 yılında, gelir politikası Hollanda'da artık yürürlükte değilken, azınlıklar üzerine ilk hükümet raporu yayımlandı (Ministerie van Binnenlandse Zaken, 1983). Bu raporun temel fikri, toplumda çok yüksek olmayan toplumsal bir konumu yüklenmiş grupların ve Hollandalı olmayan etnik ve kültürel kökenlerin "farklı" olarak algılandıkları ve yapısal marjinalleşme riskine maruz kaldıkları yönündeydi. Bu raporun ardından önerilen önlemler esasen kalifiye olmayan el emeği üzerinde yoğunlaşıyordu, yoksa bütün göçmenler üzerinde değil. Temel fikir, (terimin geniş anlamında) kültüre, dine ve inanca özel bir dikkat göstererek bütün alanlara katılımı teşvik etmekti. İlke, "göçmen kültürü"nün gelişimiyle azınlıkların ilgilenmesi yönündeydi; bu bakış açısı, kompartımanlara ayırmanın savunduğu felsefeden her zaman derinden etkilenmiştir. Devlet, gelişimleri kolaylaştırmakla ve bu çerçevede ilerlemelerini izlemekle sınırlı kalmalıydı (Bruquetas vd., 2007).

Göçmen kültürü alanındaki ilk program taslakları 1980'li yılların başına tarihlenir. "Kültür ve göçmenler" temasının gündeme gelmesi politik sorumlulardan ziyade göçmenler sayesindedir. Surinamlı bir grup tiyatro sahneye koyucusu, 1970'li yılların sonunda devlet idaresinden sübvansiyon talebinde bulundular. Bu talep derhal sorun oldu: Talep nerede ele alınacaktı? Başka talepler de ortaya çıktı ve 1981 yılında özellikle sübvansiyon taleplerini ele almakla görevli Azınlıkların Sanatsal İfadesi Komisyonu (CCM) kuruldu. Komisyon, ayrıca, kültürel ifadeleri teşvik etmeyi ve bunları daha yüksek bir düzeye çıkarmayı sağlayan bir politika hazırlama görevini de üstlendi (Ministerie van Binnenlandse Zaken, 1981). Bu komisyonun çalışması 1982 yılında ilk *Actieplan Cultuuruitingen Migranten*'i (Göçmenlerin Kültürel İfadeleri İçin Eylem Planı) ortaya çıkardı. Bugün bile bu belgeyi "kendi çevreleri içinde özerklik" geleneğinin merkezine yerleştirebiliriz. Etnik gruplar ve kültürleri burada merkezî bir yer işgal ediyordu.

Bu eylem planı, kültür politikası ile azınlık politikası arasında mevcut sürtüşmelere açıkça tanıklık etmektedir. Plan, göçmenlerin saygınlığının güçlendirilmesi gerektiği fikrine dayanmaktadır. Hollanda toplumunun bağrında azınlıkların serpilip gelişmesine uygun alanı yeterince kalıcı bir şekilde sunan bir ortam doğmalıdır. Ama aynı zamanda, eylem planı, kalitesi kabul görmüş bir sanat tercihi yapar. Azınlıkların Hollanda'nın kalite normlarına uyumunu sağlamak için bir büro görevlendirildi. Bu büronun esas görevi, eğitimi, sanat üretimini, uluslararası katılım ve alışverişleri teşvik etmekti.

1987 yılında, kültürün içinde azınlıklar politikası hâlâ ön plandaydı. Bakan, azınlıkların "gerçek gecikmelerini" ortadan kaldırma zorunluluğundan söz ediyordu. Konunun bu önceliği, "hedef grup yaklaşımı"yla ifade ediliyordu. Gerçekten de, "her etnik grup [...] kendisine yabancı olan bir toplumun içinde, kendi kültürel köklerine kavuşmak ve bunları tanımlamak ihtiyacı içindedir. Her demografik grup bunu kendi tarzında ve kendi ritmine göre yapar" (Ministerie van WVC, 1987). Kültürel azınlıkların özerklik tercihi yine de bütünsel değildi. Hedef grup yaklaşımının, kaliteli bir sanatsal yaratının teşvikine ayrılmış klasik bir kültür politikasıyla gerçekten uyum içinde olması konusunda kuşku hüküm sürüyordu. Sanat için ya da azınlıklar için gerçek bir tercihin yokluğu, ikili bir finansman sistemi yarattı. Azınlıklara yardım için, "uyum" denen ayrı ayrı projeler üzerinde sübvansiyonlar sürdürüldü. Azınlıkların kültürü için öncelikli alanlar saf profesyonel sanatlar değildi. En büyük başarılardan biri sanatsal yaratıcılıktan, amatörlükten ve buluşturucu karaktere sahip temsil ve olaylardan bekleniyordu.

Bakanlık, azınlık kültürleri karşısındaki bu ikili stratejinin sakıncalarının elbette bilincindeydi (Ministerie van WVC, 1989). Hükümetin resmî danışmanlık örgütü olan Sanat Konseyi'ni de dâhil ederek stratejik çözümler bulunmaya çalışıldı (Romijn ve Blijleve, 1989). 1989'da belirtilen bir görüşle, konsey entegrasyon ilkesini benimsedi. Bu, iki tarafta da bir şeyleri harekete geçirmek anlamına geliyordu: Resmî sanat politikası daha az "Hollandalı" olmalıydı, ama aynı zamanda, göçmenler de Hollanda kültürünün parçası olmaya ve istisna konumlarını terk etmeye çabalamalıydılar. Konsey'e göre, entegrasyon, egemen kalite ölçütlerinin yeniden değerlendirilmesine ve konseylerin çokkültürcü bileşimine hizmet eder. Ayrıca, daha iyi koşullar yaratmayı hedefleyen politika daha sıkı bir şekilde kullanılmalıdır; böylelikle mevcut yetenekler yeterince geliştirilmiş ve formasyon olasılıkları iyileştirilmiş olur. Uzmanlaşmış sanat eğitimi (hazırlık formasyonları da dâhil) kültürel azınlıklardan gelen öğrencilere daha fazla açılmalı ve bu azınlıklar içinde mevcut yetenekleri daha iyi saptamalıdır.

Konsey, bu entegrasyon perspektifinin gerçekleşmediğini somut olarak saptadı. Talepler gerçekten de erişimi kolay olan kurumları ilgilendiriyordu: Tiyatro ile müziği birleştiren festivaller. Belediye tiyatroları ve konser salonları, müzeler, galeriler ve sanat sinemaları gibi daha resmî ve klasik kültür kurumları bu bakış açısından daha erişilmez kalıyordu. Kültürel azınlıklar sübvansiyonların işleyişini ve tüzük karmaşasını bilmiyorlardı ve kaynaklara erişimin eşitlikçi olduğu doğru değildi. Bu süreci hızlandırmak için, kültüre ayrılmış bütçenin kimi bölümlerini azınlıklara ayırmak önerildi; dolayısıyla kotalara göre bir bölüşüm gerçekleştirilecekti.

Bakanlık bu görüşü benimsedi ve gecikmeyi telafi etmeyi hedefleyen "tamamlayıcı" geçici önlemleri geçici olarak almaya karar verdi. Kültürel karar süreçlerinin temsil gücünü geliştirmek amacıyla Konsey, Sanat Konseyi'nden ve sanatsal fonlardan konseylerin içindeki azınlıkların sanat alanındaki uzman sayısını artırmayı talep etti.

Fakat Konsey'in görüşü eleştirilerle karşılaştı. Gerçekten de bakanlık bunu ayrıntılandırmaya çalıştı ve tersi yönde argüman ihtimalleri buldu: Her azınlık grubu farklıdır ve gruplara göre gecikmişlik düzeyinde önemli farklılıklar mevcuttur. Dolayısıyla –diye devam ediyordu– bu sosyo-kültürel sorunun ele alınacağı alan sanat politikası mıdır? Kesinlikle olmaması gereken şey, azınlıklara yardım amacıyla kalite normunun (tesadüfi bir şekilde) düşürülmesidir. Etnik azınlıklardan gelen sanatçılara "pozitif ayrımcılık" denen teşvik politikasını sistematik biçimde uygulayarak azınlıkların damgalanması tehlikesini de inkâr etmemek gerekir.

Bunun üzerine, bakanlık kamusal desteğe erişim sisteminin ikiliğini sürdürdü. Bunun anlamı, devlet fonlarında kota politikasının reddidir; ama aynı zamanda politikanın bir başka düzeye, hazırlık düzeyine, yani sanat eğitimi, sanatsal yaratı, amatör sanat uygulaması düzeyine de yayılmasıdır. Bakanlık, etnik azınlıkların farklı hedef gruplarının ve nüfusun karşılaştırmalı katılım şemalarıyla ilgili soruşturmalar da başlattı. Dans ve müziğin erişimi kolay alanları düzeyinde özgül yapılar ile medyayla bağlantılı sanatlarla ilgili özel eylemler oluşturuldu. Sinema ve edebiyat bu bakış açısının uygun sıçrama noktaları olarak kabul edilmişti; göçmenlerin radyo-televizyon zincirlerinden de destek görüyordu.

Bununla birlikte, temel sanatsal çekirdek bütün bu önlemlerin kapsamı dışında kalıyordu. Konseyin önerdiği ve hedefi Hollanda'nın kültürel manzarası içinde etnik azınlıkların sanatına görünürlük kazandırmak olan misyonu bir kenara bırakarak, bunu yalnızca galerilerin ve müzelerin kendi kendini düzenleyici sorumluluğuna emanet etti. Aynı zamanda, sanat eğitimini kültürel azınlıklardan yana yeniden yönlendirmeyi hedefleyen misyonu da uzaklaştırarak, bu görevi eğitim bakanlığına bıraktı.

1980'li yılların sonunda, ilk raporunun hazırlanmasından on yıl sonra, hükümet politikasının Bilim Konseyi, "etnik azınlıklar politikası"nı ele alan ikinci bir belge yayımladı. Bu rapor çalışma ve eğitim alanlarında bu politikanın yenilgisini açıkça ortaya koydu ve kültürel yanlara gösterilen çok büyük özene vurgu yaptı. Entegrasyonu geliştirmek için –diye belirtti Konsey– etnik azınlıkları grup grup ele almak yerine, bireysel yaklaşımı benimsemek gerekir. Bu yeni referansiyel, 1990 yılında hükümetin yayımladığı *Brief over het Categoriale Beleid kunstuitingen van Minderheden* (Azınlıkların Sanatsal İfadelerinin Kategorileştirilmiş Politikası Üzerine Mektup) adlı belgede geniş biçimde açıklanmıştır. Bu mektupta, ("her düzlemi ve herkesi kapsamayan") bir gecikme gösteren bazı kişiler için kolektif yaklaşım eğiliminin, tamamen terk edilmese bile, daha az önem taşıdığı belirtilmiştir. Bireyin rolüne yapılan vurgu, bireysel göçmenin entegrasyonu için daha belirgin bir sorumluluğun karşılığıydı. 1994 tarihli *Contourennota* (bağlam analizi) ve ardından gelen 1998 tarihli *Kansen pakken, kansen krijgen* (Şans yakalamak, şans elde etmek) başlıklı bakanlık notası, grupsal yaklaşımın tamamen terk edilmesini bile savunmaktadır (Ministerie van Binnenlandse Zaken, 1994; Ministerie GroteStedenBeleid, 1998). Bunun üzerine, bireysel denen bir yaklaşım benimseyen hükümet, göçmenlerin kişisel sorumluluğunu vurgular. "İyi yurttaşlık" kavramı merkezî bir kavram olur; bir yurttaşın yalnızca hakları değil görevleri de vardır. Aynı zamanda, entegrasyonla ilgili görüşlerde de bir değişim belirtilmiştir. Sosyo-ekonomik entegrasyon üzerinde daha fazla durulurken, daha önceleri başat olan kültürel ve dinî yanlara daha az önem verilir.

Entegrasyon politikasının bu yeni bakış açısı, azınlıkların ve kültürün politik stratejisinde yeni bir anlayış doğurdu. 1990'lı yılların ikinci yarısı, etnik azınlık gruplaşmalarına belli bir kültürel özerklik derecesi vermek gerektiği şeklindeki düşüncenin adım adım sonunun geldiğini duyurdu. Kültür bakanlığı, kültürlerarasılık temasını ortaya attı. Devlet idaresinin *Pantser of Ruggengraat* (kabuk ya da omurga) başlıklı, 1997-2000 tarihli kültür raporunda, çeşitliliğin kültürel buluşmayı ve birliği; sanatsal ve kültürel yeni esin kaynakları ve deneyim paylaşımını hedefleyen karşılaşmaları teşvik etmeyi sağladığı kültürler arasında daha büyük bir iletişim ilkesi geliştirildi (Ministerie van OCW, 1996). Rapor, çeşitli çağdaş kültürel disiplinlere Batılı olmayan kültürlerin katkısı üzerine tartışmanın ortaya çıkışına gönderme yapmaktadır. Bu tartışmada, "o zamandan beri ortaya çıkmış yeni sanatsal ifadeler karşısında sanat tarihinin kavramlarının korunabilirliği"; ve "bu yeni ifadelerin yorumu ve değerlendirilmesi" söz konusu edilmektedir. İlk başta, etnik azınlıklara ayrılmış özgül bütçe kaldırılmıştır. Fakat bunu yeniden yerleştirmek gerekmektedir, çünkü çok fazla inisiyatif her türlü destekten yoksun bırakılmıştır.

Ruim baan voor Culturele Diversiteit (Kültürel Çeşitliliğe Açık Kart), bu konuyu ele alan en ayrıntılı devlet raporunun adıdır (Ministerie van OCW, 1999). 1999 yılında yayımlanan bu rapor, kültür politikasının çeşitliliğini ortaya koyan ve farklı bir yaklaşımın taslağını içeren eleştirel bir incelemedir. Bu raporda, arzın ve sübvansiyon alan bu arza katılımın çok sınırlı ve tekyanlı olduğu, kültür sektöründe çokkültürlü toplumun tamamen görünmez olduğu, çokkültürlü toplumda kültürün rolünün yeniden değerlendirilmesi gerektiği ve kültür politikası ile kültürel dünyanın günümüzde gecikmiş bir durumda bulunduğu belirtilmiştir. Rapor, öneriler, alternatifler dile getirmekte ve bir zihniyet değişimi başlatmaktadır. Yerleşik kültürel düzen sarsılmalı ve kurumlara erişim yaygınlaştırılmalıdır.

Bununla birlikte, daha fazla açılım göstermesi gereken yalnızca kültür sektörü değildir. Yeni Hollandalılara dayatılan zorunluluklar da güçlendirilmelidir.

1998 yılında mevcut hükümet, Hollanda dilini ve kültürünü öğrenmek için pedagojik düzenlemelerle birlikte, zorunlu entegrasyon programı gibi sosyo-ekonomik entegrasyonu teşvik etmeye yönelik önlemler de dayattı.

Bu sonuncu rapor, 19. yüzyılın kültürlerarası politika projesini ortaya koyar. Bununla birlikte, bu politikaya "Hollanda kültürü" kavramını eklemek gerekmektedir. Bu kavram, uluslararasına güçlü bir şekilde yönelmiş ticari bir ulusun içinde her zaman için arka planda kalmıştır. Ama aniden entelektüel açıdan ön plana yerleştirilmiştir. Gazeteci ve siyasetbilim uzmanı Paul Scheffer, Hollanda gazetesi *NRC-Haündelsblad*'da 29 Ocak 2000'de yayımlanan bir makalede, Hollandalıların kendi kültürlerini büyük ölçüde ihmal ettiklerini ve bu kültürü yeni gelenlere canlı bir şekilde sunacak durumda olmadıklarını belirtir (Scheffer, 2000). Böylece Hollanda toplumu önemli bir entegrasyon aracını elinden kaçırmıştır.

Nispi bir istikrar döneminin ardından Hollanda aniden önemli bir politik krizle sarsıldı. Kaos, 2002'de Hollanda'yı etkileyen toplumsal bir hareketliliğin sonucu oldu. Mevcut hükümet, hastanelerde bakım kalitesinin kötülüğüne ve bakımın yavaşlığına ve büyük şehirlerde giderek kalabalıklaşan etnik azınlıkların varlığına bağlı rahatsızlığa karşı etkin önlemler alamamaktan doğrudan doğruya sorumlu tutuldu (Van den Brink, 2005; De Vries ve Van der Lubben, 2005). Medyada ve toplantılarda yönetici sınıfa açık açık ders veren muhalif politikacı Pim Fortuyn'un öldürülmesi (6 Mayıs 2002) ve İslâmcı köktendincilerin aşırılıklarına karşı mücadeleye çok provokatif şekilde girişmiş olan gazeteci ve sinemacı Theo van Gogh'un katli (2 Kasım 2004) Hollanda toplumunu daha hoşgörülü kılmadı; tam tersi bir sonuç doğurdu. Hollanda toplumu bütün bu problemlerin sistematik ihmalinden ve hatta inkârından politikacıları ve yetkilileri sorumlu tuttu. Bu olaylara ve halkın hoşnutsuzluğuna tepki olarak, politik gündem de uyarlanmak zorunda kaldı (Ministerie van OCW, 2003). 2002'ye kadar, bütün politik akımlar, felsefeleri ne olursa olsun, göçmen grupların kendi sanatsal ve kültürel kimliklerini yaşamaları, Hollanda devletinin ve hukukunun sınırları içinde gelişimlerini sürdürebilmeleri için gerekli alandan yararlanmaları gerektiği konusunda hemfikirdiler. Sonradan durum böyle olmamıştır. 2002'den sonra kültür bakanlığının, Hollanda'da çokkültürcülükle ilgili yakıcı sorun konusundaki kamusal tartışmada kapsamlı hiçbir rol oynamadığını özellikle belirtebiliriz. Bakanlık, kültürlerarasılığın giderek artan kısıtlamalarına göre sübvansiyon dağıtımıyla sınırlı kalmıştır. Tamamen ayırt edici bir şekilde, entegrasyon konusunda yakın dönemde alınan belli başlı önlemler esasen güvenliğe bağlı kaygıların rehberliğinde olmuştur. Bunlar, artık kültür bakanlığının değil, adalet ve entegrasyon bakanlığının hükümet gündemindedirler (Bos, 2006).

SONUÇ

Bu eserin girişinde Lluís Bonet ile Emmanuel Négrier'nin belirttiği beş evrim açısından Hollanda'nın konumu nedir? Kültür politikasında bölgelere giderek daha önemli bir rolü adım adım vermekte olan Fransa ve İspanya gibi Avrupa'nın büyük devletlerinin tersine, Hollanda'da merkezileşmeye doğru hafif bir eğilim saptamaktayız. Bu ülkede, yönetimin giderek sertleşmesi üzerine bir söylem, bu son yıllarda görülen olaylar dizisinden sonra gün ışığına çıkmıştır. Nüfus, 2002 seçimlerindeki tavrıyla, himayeci devletin etkinliği ve mahallelerde etnik problemlerin politik bakımdan ele alınışı karşısındaki hoşnutsuzluğunu belli etti. Daha geniş olarak, günümüzde büyüyen bir iyileşme ve değerlenme baskısına tabi olanlar, kamusal altyapılardır. Örneğin, tartışmalar eğitimin kalitesine ve eğitimi geliştirmek için dayatılan reformların yenilgisine yöneliktir. Kültür politikaları konusunda Hollanda, kültürel ve tarihsel-kültürel bir otoportre çizmeyi hâlâ başaramamıştır. Bu uluslararasılaşma ve küreselleşme döneminde, ulusal bir kimlik, potansiyel olarak herkesin kabul ettiği ulusal bir kültür sembolü arayışı –bu sembolik ve dağınık talebe cevaplar belirgin olmasa da– giderek daha belirgin olmaktadır. Amacı, Hollanda tarihinin en önemli öğeleriyle birlikte referansiyel kültürel çerçevenin bütününü oluşturmak olan bir komisyon yakın dönemde oluşturulmuştur. Buna paralel olarak, bazı projeler daha aşikârdır; örneğin amacı ilk ve orta okul öğrencilerine kendi ülkelerinin tarihini açık seçik ve net biçimde öğretmek olan bir ulusal tarih müzesi bu projelerdendir. Göç konusunda iki hedef saptanmıştır. İlk olarak, sığınma talep edenlerin ve ekonomik nedenlerle iltica edenlerin Hollanda toprağına girişi eskiden nispeten kolayken şimdi güçlü biçimde sınırlandırılmıştır. İkinci olarak, her göçmenin entegrasyon derslerine devam etmesi ve Hollandacaya mümkün olduğunca hızlı bir şekilde hâkim olma (pasif ve aktif olarak) şeklindeki önlemin denetimi güçlendirilmiştir. Bu politik buyruklar elbette belediyeler tarafından uygulanmıştır ama yine de bu denetimle devlet yükümlüdür.

Kültür politikasının yeniden merkezileştirilmesi, bakanlık, belediyeler ve bölgeler arasındaki işbirliğinin gelişimiyle kendini gösterir. 1990'lı yılların sonu "Kültürel Kapsam" adlı eylem planının uygulanmasının damgasını taşır. Bu plan, özellikle gençler ve etnik azınlıklar arasında kültürel katılımı teşvik amacıyla saptanmıştır. Çok sayıda bölge ve belediye, plana başarıyla katılmıştır. Bu programın finansmanı, devindirici gücü elbette devlet olsa da, büyük ölçüde yerel yetkililere bağlıdır. Etnik azınlıkların ve yerlilerin kültürel şemalarının ve her iki taraftaki kültürel tutumların kavranışını teşvik için alınmış önlemlerin durumu da aynıdır. Devlet, ülkenin dört büyük şehriyle işbirliği içinde, kültürel entegrasyonu geliştirmeyi sağlayan bir enstitü ağı fikrini ortaya atmıştır. "Kültürel Diyalog Evi", söz konusu gruplar ile yeni Hollandalılar arasındaki, keza yeni Hollandalıların farklı etnik grupları arasındaki tartışmayı teşvik etmeye çalışmaktadır. Dolayısıyla burada terimin en geniş anlamında bir alışveriş söz konusudur.

Yetkililer arasındaki işbirliği, yetkililerle özel sektör arasındaki işbirliğine yansımıştır. Bu, Bonet ile Négrier'nin belirttiği dördüncü gelişmedir ki Hollanda'da bu görülür ve kültür alanında devlet politikası tekelinin gerilemekte olduğuna işaret etmektedir. Prestijli bir konser yeri olan Amsterdam'daki *Concertgebouw*, çok asgari düzeyde de olsa, devlet sübvansiyonlarına bağlıdır. Gelirlerin % 30'u bağışlardan ve sponsorlardan elde edilirken, % 70'i biletlerden karşılanmaktadır. Devletin bu yer ve programları üzerindeki nüfuz kapasitesi artık sorumlularının yetkinlik vizyonlarıyla güçlü bir rekabet halindedir; dinleyicilerin zevki ve destekçilerinin teşvikleri de buna eklenir. Amsterdam'daki *Rijksmuseum*'un durumu da budur. Burası, 1990'lı yıllarda özerkleşmeden önce, neredeyse yalnızca devlet sübvansiyonlarıyla işliyordu. Yaklaşık on yıl kadar sonra bütçesinin % 62'si sübvansiyonlardan ve % 38'i de kendi gelirlerinden oluşmaktadır. Bu durum üzerinde bakanlığın etkisi artık ne doğrudandır ne de bütünsel. Kültürel çeşitlilik konusunda, *Concertgebouw* ve *Rijksmuseum* gibi kurumlar da artık politik buyruklarca kolaylıkla belirleniyor değildir. Bu bakış açısından, bu kurumların strateji değişiklikleri perspektifi bundan böyle dolaylı bir etkiye, inanç üzerinde ya da kamu kanaatlerinin bir aracısı üzerinde temellenen işbirliklerine dayanmaktadır.

Hollanda'nın kültür politikası günümüzde devlet düzeyinde sert bir şekilde tartışılan, yorumlanan ve işlenen bir konudur. Eğilim, gündemin oluşumunda ve hedeflerde, azami boyutlarda merkezileşme yönündedir. Ama çoğu zaman belediyeler masrafları karşılamaktadır. Dolayısıyla, nispeten küçük bir ülkede küresel politik uyumlanma (*portage*) ile kamusal finansman yapısının evrimi arasında büyüyen bir fark vardır. Yakın dönemde gelişmiş kimi aygıtlar işe yararlılıklarını hâlâ göstermek zorundadır: Pazarlama, sözleşmeli sübvansiyonlar, kamu karşısında dinamik eylem ve Lluís Bonet ile Emmanuel Négrier'nin uluslararası düzeyde sözünü ettikleri beşinci evrede yer alan tüm diğer yöntemler. Toplumu daha az hiyerarşik kılmak amacıyla vaktiyle formüle edilmiş, adalet, adil gelir, bilgi ve yetki dağılımı politikalarının saygın misyonları, 21. yüzyılın doğmakta olan ideolojisinde arka plana geçmiştir. Bu anlamda, evrenselci bir sanat ve kültür politikası ile azınlıklardan yana aktif bir politika arasında bağ kurmak yapısal olarak güç gözükmektedir. İngiltere gibi (François Matarasso'nun bölümündeki dersleri izleyerek) Hollanda da bu sorunun Avrupa'daki öncülerindenken, böyle bir ilişkinin sayısız açmazını hâlâ çözememiştir. Kültürel çeşitlilik politikası, problemin belirgin tanımı, belirlenecek destek koşullarının, karar ölçütlerinin ve uygulamaya konulacak somut düzeneklerin tanımlanması konularında hâlâ zayıflık göstermektedir. Son olarak, büyüyen normun Hollanda kültürü olduğu koşullarda, bu yeni kolektif göndergeye azınlık kültürlerin tüm katkısı hâlâ doğru dürüst tanımlanmış değildir. Bu kültür, yaygın, değişken, yenilikçi, geleneksel ve daha birçok şey olabilir. Ama hiç olmadığı kadar dikkate almak gereken ilke, bir Hollanda kültürünün söz konusu olduğudur.

8

Çokkültürlülük ve Kültür Politikaları

ILDA CURTI - LUCA DAL POZZOLO

Çokkültürcülükten genel olarak anlaşılan şey, bir toplumun içinde, farklı etnik kültürlerin yer ve uzamları kullanımıdır; oysaki kültürlerarasılıktan çeşitli kültürler arasındaki ilişki, etkileşim anlaşılır. Bizim bölümümüz, "çokkültürlü" teriminin bir anlamda sona erdiği sembol olan bir "botanik bahçesi" içinde kültürlerin bir arada bulunma anlayışının aşılması şeklindeki bu ikinci anlamı ele almaktadır. Bize göre çokkültürlülük, kaçınılmaz olarak kültürlerarasılığın sonucudur. Bu terimler bir problemler ve meseleler bütününden söz ederler; bunların içinde toplumsal diyalog gereklilikleri, yurttaşlık pratikleri, kültürel köklerin korunması, sanatsal yaratı, dâhil etme ve dışlama süreçleri bulunur... Ve sonunda, farklı toplumsal grupların birlikte yaşama sorunsallarına, bölgelerin idaresine özgü tematiklere, iktisadi gelişme ya da kamu düzeninin korunması politikalarına varır.

Elbette, bu kapsamda sorunsallar yığınını ayrımsız ele almakta hiçbir analitik yarar yoktur: Gerçekte bu çeşitli bileşenler arasındaki etkileşimlerin çok sayıda olduğunu kabul ederek, kültürler arasındaki ilişkiler sorunuyla karşı karşıya gelindiğinde her zaman mümkün olan karışıklıklara ve sakıncalara düşme riskini önlemek değilse de, bu riske hâkim olmak amacıyla perspektifimizi ayrıntılandırmak uygun olur.

Bu sakıncalardan biri, özellikle zararlı olanı, çokkültürlülüğün bizim değil "başkalarının sorunu" olduğu savıdır. Kuşkusuz, böyle bir sakınca bu kadar belirgin biçimde ender olarak kendini gösterir; ama çokkültürlülüğü yalnızca her zaman azınlıkta olan başka kültürlerin varlığına bağlamak oldukça yaygındır. Çokkültürlülük, genellikle kendi kültürümüz hakkında "bilgi sahibi" olmadığımız, onun içinde balıklar gibi yüzdüğümüz ve ancak ondan koparıldığımızda varlığını –acılı bir şekilde– algıladığımız andan itibaren başkalarının bir problemidir. Bu, özellikle, tıbbi terimlerle, "CBS" (*Culture Bound Syndrome*) kısaltmasıyla bilinmektedir. Özellikle tarihte bunun sayısız örneği bulunur. Örneğin 16. yüzyıl İtalyasında son derece acımasız Alman paralı askerler olan *lansquenet*'leri etkilemiştir; bazıları, ülkelerinden uzakta bulunduklarında öyle derin bir bitkinliğe düşüyorlardı ki sonunda ölüyorlardı!

Başka kültürlerle ve göç dinamikleriyle ilişkilerin önemli etkisi, kültürlerarası ilişkilerin, farklı toplumsal grupların "başkalarıyla" ilişkilere tepki gösterdiği derin farklılıkları aydınlatmasıdır. Bir günebakan çiçeği gibi hareket eden kültürlerarası ilişki, içinde yüzdüğümüz su olan bizim kültürümüzün, bir sıvının homojenliğine taban tabana zıt olan ve aslında karmaşık dokulu bir yapboza ya da yama işine daha çok benzeyen, son derece eklemli bir bileşim olduğunu ortaya koyar (Nathan, 2003).

TEKİL KÜLTÜRLERİN EROZYONU

Kültürlerarası ilişki, ulusal ya da yerel bir ortaklığa tekyanlı biçimde doğrudan bağlı olan bir kültürün "tektip" kavramını derinden aşındıracak kadar karmaşık "kültür-içi" bir etkileşimi içerir. Aynı kültürün içinde, çeşitli toplumsal grupları niteleyen ve farklı büyük eklemlenmelerin bir coğrafyasını oluşturan farklılıklar, bulaşıcılıklar ve çelişkiler ortaya çıkar. Farklılıkların bir zenginlik olduğu şeklindeki artık yıpranmış ve yanlış nakaratın kökeninde bunlar bulunmaktadır (Augé, 2003).

İsveçli antropolog Ulf Hannerz (1997), yukarıda belirtilen holistik ve tektip anlamdaki "kültür" terimini kullanmak yerine, toplumsal grupların ve bireylerin belli ölçülerde (her zaman çeşitli) ve belirli momentlerde paylaştıkları "duyular habitus'u" kavramını işin içine katarak, özellikle, kültür ile toplum arasında fazlasıyla organik ve entegre bir ilişki ihtiyacını önlemeyi amaçlar. Duyu habitusları, bu anlayış içinde, kültürler içi ve arası ilişkilerin daha karmaşık bir değişimini düşünmeyi ve farklı kültürleri sınıflandırabilmek için farklılıkların karmaşıklığını önceden feda etmemeyi sağlar.

Aynı zamanda, bu vesileyle aydınlatıcı da olan ikinci muğlaklık, çokkültürlülük olarak kabul edilen şeyle kültürler arası diyalog arasındaki perspektif karışıklığıyla ilgilidir: Bir yandan, dâhil etme, farklı toplumsal gruplar arasındaki ilişki süreci ya da yurttaşlığın teşvikinin, toplumsal bağdaşmanın ya da çatışma yönetiminin aygıtı; diğer yandan, kültürel ve sanatsal üretim alanı.

Bu iki boyutun derinden iç içe geçtiği aşikârdır, ama kültürel ve sanatsal üretim ile toplumsal bağdaşma arasındaki ilişkinin doğrusal ya da dolaysız olduğu söylenmemiştir. Toplumsal nitelikteki hedefler, toplumsal çatışmanın idaresi içinde birlikte yaşama pratikleri sayesinde ölçülür; oysaki kültürel ve sanatsal üretim, sonuçlarıyla, neden olduğu ilgiyle, farklı anlam habituslarını aktifleştirme, bağlantıya geçirme ve geliştirme kapasitesiyle değerlendirilir. Son olarak, bulaşıcılık ve çokkültürlülük, sanatsal-kültürel üretim için açıkça ilan edilmiş ve üstlenilmiş paradigmaları temsil etse de, toplumsal eylemin geri kalanı içinde, sorunsal, çatışma, bölünme terimleriyle ifade olunur (Négrier, 2005).

KÜLTÜR, TOPLUMSALLIK VE KÜLTÜR POLİTİKALARI

Belirtmiş olduğumuz paradoks, kamusal politikalarda belirgin biçimde yansır: Belirgin ve vazgeçilmez toplumsal bağların çatışma ya da kopma düzeyleri ortaya çıktığında, çokkültürlülük varlık hakkı kazanır ve rol sahibi olur; bu durumda "kültürel" cevap da toplumsal dinamiklerin olası idari öğesi olarak ileri sürülür.

Bu tür durumlarda, sanatsal ve kültürel üretimin, toplumsal iletişimin güçlüğünü azaltıcı dispositif olarak, başkalarıyla ilişkilerin sözleşmeli ve stereotip kodlarının kopuş öğesi olarak müdahalesi istenir.

Bu bağlamlarda, toplumsallık kültürün uzamları doldurmasını, ilişkiler ve diller yaratmasını talep eder. En iyi durumda bu, bir olayın, bir üretimin ya da performansın ürettiği toplumsal dinamiklere dikkatte ifade bulur; bu dikkatin, sanatsal ve kültürel ürünün niteliğine ille de denk olması gerekmez. Şehrin yeniden oluşum politikaları alanında kendi meşruluğuna sahip olan "bölgesel canlanma" terimi, çokkültürcülüğün eşanlamlısı olur ve daha kurumsal kültür politikaları karşısında zayıf ve marjinal bir anlam edinir.

Dolayısıyla, çokkültürlülük ve kültürlerarasılık temalarının sıklıkla toplumsal politikalar alanında buluşması bir tesadüf değildir; buna karşılık, kültür politikaları alanında ender olarak bunlardan söz edilir.

Kamusal kültür politikalarının analizinde çokkültürcü yaklaşımın belirgin zayıflığına rağmen, çoklu, karmaşık ve küresel bir toplumun içinde kültürel pratikler temasıyla nihayet yüzleşebilmek için bu yaklaşımın kilit bir noktada olduğu doğrudur. Vizyon, strateji olarak kilit olmanın ötesinde, her geçen gün daha bulanık, prizmatik ve çok-merkezli olan yerel bir koşulda "okunabilen" kültürel ürünlerin gelişimi açısından da kilit önemdedir.

Avrupa kimliği üzerine tartışmanın, politik entegrasyon sürecinin merkezinde olacak şekilde, kurumsal bağlamdan doğduğu bir dönemde, yerel kültür politikalarının analizinde çokkültürcü bir yaklaşımda kullanmak, topluluk Avrupasının tüm topraklarını içeren soruların da sorulması anlamına gelir. Etkili bir kültür-içi alışveriş koşullarının yaratılmasına doğru ilk adımdır bu. Dolayısıyla, tanımlı bir yerel bağlamda etnik-içi/çok-etnili ihtiyaçları ve arzı listelemek önem taşır. Artık istikrarlı göç dinamikleri –bilindiği gibi– bu bağlamı kat ederler ve bu dinamikler, kimlik, ortak kültür varlığı ve duyarlılık şeklinde bulaşma eğilimi gösterir. Bu dinamikler, kolektif kimliğin anlamını; dile, yerlere, kamusal ve özel uzamlar arasındaki tüketim tarzlarının anlamına atfedilen anlam ve aidiyetin anlamını dönüştürme eğilimindedir.

Bu perspektif içinde, referans kitle olan, toplumsal özne olan ve onlara hitap eden ya da onların harekete geçirdiği kültür ürünlerinin potansiyel tüketicileri olan göçmenlere hitap eden kültür politikalarının gelişimini öngörerek ve kapsayarak işe başlamak uygun olur (Berthet, 1998).

"Kültür" terimi, eski ilişkileri parçalayan, yeni bağlantıları yavaş yavaş dâhil eden, sürekli hareket halindeki bir anlam akışına gönderme yapsa da, yerel olarak tanımlanmış herhangi bir Avrupa toprağının yurttaşlarının hangi kültürel takımada içinde önümüzdeki birkaç yılda evrim geçireceğini kendimize sormak önemlidir. Bir topluluk içinde anlam ve kimlik oluşturan kodlar, kültürel paradigmalar hangi anlamı üstlenecektir? En azından yerel düzeyde, ileri toplumların çoksesli ve çoğul tipik özelliklerine sahip olan bir toplumda, kültürel melezlik biçimleri, bir süre sonra, heyecan verici ideolojik tutumların ya da retlerin ötesinde, fiili bir veri olur (Breidenbach ve Zukrigl, 2000).

Öncelikle, kapılarına kadar gelen dönüşümlerden etkilenmeden, "öteki"yle ilişkiyi sıklıkla "toplumsal"a havale etme eğilimindeki kültür kurumlarının ve kültür dünyasının içinde bir düşünmeyi teşvik etmek gerekir.

Yeni yurttaşlarla kültürel ilişkiyi toplumsala –ve dinamikleri öngörme yönündeki kültürün kaçınılmaz kapasitesine– havale etme, toplumsal tüketimin ayrımcı uzamlarını oluşturmak anlamına gelir; ama bunu yaparken, dışarıda olanın belki de içeride olandan daha ilginç şeyler yapmaya başladığı kuşkusuz düşünülmez.

Çokyüzlü, parçalı ve açık bir görüntü oluşturma çabasıyla, "izlenimlerle" ve telkinlerle hareket etmeyi gerektiren –türlere, kuşaklara, entegrasyon derecesine, toplumsal ve eğitimsel düzeye, ikinci kuşağın yerleşmesine bağlı– çeşitli göçmen nüfuslar içindeki aşırı parçalanmayla da olsa, bu yaklaşımın, alışılmamış ve karmaşık değerlendirme, araştırma aygıtları, belirteçler içerdiği açıktır.

Dolayısıyla, bir tür kimliksel coğrafi haritasını çizmenin mümkün olduğu, sınırları tanımlı ve net etnik grup ya da toplulukların var olduğunu ileri süren yanlış topluluk paradigmasını unutmadan hareket etmek şarttır.

Sosyoloji ile topluluklar arasında gerçek bir ilişki yokluğunda, günümüzde, bireyselliklerden, kişisel yörüngelerden, özgeçmişlerden, kökensel kültürlerden ve gidilebilecek yerin kültürüne bulaşmaktan oluşan parçalı bir evrene bir biçim ve içerik vermek neredeyse imkânsızdır.

İstatistik veri eksikliği, niteliksel yaklaşımların gelişimini engellemez; tersine, buna yöneltir. İtalyancada dendiği gibi, kuyuyu açmalı, donatmalı, çünkü günün birinde içinden bir şeyin çıkacağı kesindir.

PİYEMONTE ÖRNEĞİ VE TORİNO METROPOL ALANI

Kültürel Gözlemevi'nin analiz ettiği Piyemonte örneği emsal oluşturur. Piyemonte'de göç olgusu –diğer Avrupa gerçeklikleri karşısında yakın dönemli olsa da– son on yılda başlamış, istikrarlı, kalıcı ve uzun vadeli bir olgu olarak tanımlanmaktadır (Allasino, 2001). Öncelikle şehir yapılarında –Torino ve kuşağı– yoğunlaşmış olsa da, daha mütevazı, hatta kırsal merkezlere doğru bir hareketlilik eğilimi, bu son yıllarda, yabancı kökenli yurttaşların bir bölümü arasında görülmeye başlamıştır. Bütün bölgeye dağılmış olan, çoğunluğu üretim sanayiinde, inşaat ya da hizmetlerde (ticaret, üçüncü sektör, aileler) yer alan, orta öğretim seviyesindeki genç erkek ve kadınlardır bunlar.[1] Göçmenler bölgenin resmî ve kayıtdışı ekonomisine katkıda bulunurlar (Bobbio, Allasino ve Negri, 2002).

Geldikleri ülkeyle ve kökenlerini oluşturan toplulukla ilişkileri çok güçlü olsa bile, göç projesi giderek daha düzenli ve uzun vadeli bir hal alıyor gözükmektedir; göçmenlerin aktardığı paralar birçok ülkenin ulusal gelirinin önemli bir kısmını oluşturmaktadır. Bu durum, göçmen kabul eden ülkenin kaynaklarına yatırım yapmanın güçlüğüyle birlikte, öncelikle iktisadi bir göç projesi görünümü oluşturur.

Aynı zamanda göçmenler, iktisadi ve toplumsal açıdan marjinal öznelerdir ve bunların görünürlüğü sırasıyla kabul, aciliyet, suça eğilimlilik, çatışma ya da destek terimleriyle belirtilir (Amndola, 1997). Önemli kimliksel ve etnik-içi bağlara ve uyruklar arasındaki gayriresmî buluşma yerlerinin (şehir parkları, bazı mahalleler, özgül "hedefleri" olan birçok diskotek ve dans salo-

1 Piyemonte'de ikamet eden yabancılar arasında en temsil edici yaş sınıfı (% 56,4) 26-40 arasıdır. Göçmenlerin % 59'u lise diplomasının dengine sahip olduklarını, % 19'u ise üniversite diplomalı olduğunu belirtmiştir. *Osservatorio Provinciale Sugli Stranieri*, Rapporto, 2002.

nu, ibadet yerleri vb.) çok sayıda olmasına rağmen, toplumsal yaşam, iktisat ve yurttaşlığın "sıradan" yolları karşısında, tecrit ve marjinallik önemlidir.

Göçmenler, konut edinmekte, geçici olmayan ve düzenli bir iş aramakta, kredi, kamu hizmeti, bakım ve sağlık hizmeti alabilmekte daha fazla engelle karşılaşırlar. Bazı topluluklar için (Çin, bazı Afrika ya da –Pakistan, Hindistan ve Bangladeş gibi– Asya ülkeleri) dil engeli önemlidir ve uyarlanmış özgül aygıt olmadan bu durumun aşılması güçtür.

2002 tarihli Fini Bossi yasasının sonucu olarak, göçle ilgili ulusal yasama çerçevesinin değişimi, göç alan ülkeyle ilişkilerin saf anlamda ticarileşmesine tabi olmayan, istikrarlı ve bireysel yaşam projelerinin gelişimini daha sıkıntı verici, güç ve karmaşık kıldı.

Göç alan ülkedeki yaşam koşullarının yanı sıra, ekonomik, toplumsal ve yurttaşlıkla ilgili katılım yollarından yararlanma güçlükleri de zaten pek açık seçik olmayan, muğlak bir çerçeveyi iyice karartır.

Göçmenler, gündelik normallikleri içinde, görünmez ve algılanmaz bir karanlık yüzey olarak kalırlar. Bölgenin toplumsal ve kültürel yaşamına katılım ve yurttaşlık uygulaması, istikrarlı ve meşru temsil biçimlerini düzenleme ve destekleme güçlüğüyle karşı karşıya gelir.

İtalya'ya daha eski dönemde yerleşmiş ya da göç nedenleri tanımlı politik, toplumsal ve dinî koşullara bağlı olan bazı toplulukların (Filistinliler, Çinliler ve Müslümanlar) temsil biçimleri –kurumsal işbirliği kapasiteleri bakımından dayanıksız olsa da– yıllar içinde yerleşmiştir (yine de eğilimde değişimler görülür). Birçokları için güçlük, koalisyonlara, birliklere ya da bireysel liderliklere dayanmayı ve bunları harekete geçirmeyi gerektirecek kadar büyüktür.

Geneli kapsayan ya da çok etnik yapılı derneklerin sayısı çok değildir; bunlar, genellikle politik, ideolojik, dinî ya da türsel bir ana eksene ve tarihe, hatta özgül çıkarların temsiline bağlıdırlar. Genellikle, göçmenler tarafından ve göçmenler için oluşturulan üçüncü sektör gönüllülüğü ve dernekler, bir hizmet, yönlendirme ve bilgilendirme rolünü üstlenirler, kurumsal boşlukları doldururlar ya da ülkedeki korumacı devleti destekleyici olarak çalışırlar.

Ayrıca, yabancıların oluşturduğu işbirliği ağı son derece dayanıksız ve parçalıdır; örgütler arasında ilişkilerin, sinerjilerin ve koalisyonların oluşumunda belirgin zaafları vardır (Bocco, 2000). Etnik, ulusal, politik, ideolojik ve dinî yan anlamlar böyle bir çerçeveyi doğal olarak daha da bulanıklaştırır.

Kamu kurumlarıyla diyalogda bulunma, projeler geliştirme ve finansman sağlama kapasitesi pek az örgütte –önemli bir şahsiyetin yer aldığı, istikrarlı ve en eski örgütlerde– bulunmaktadır; diğerlerinin çoğu ise hayatta kalmakta güçlü engellerle –bu engeller amaç, hedef ya da araç konusunda olabilir– karşılaşırlar. Bu envanter, İtalya'da ve Piyemonte'de göçmenlerin "kültürel tüketim"inden söz etmenin ekmek yerine çörek vermek anlamına geleceğini belirtiyor gibidir.

Yine de, sosyo-ekonomik ve dilsel engel koşullarına rağmen, ortalama eğitimli bu genç nüfus –çocuklarla birlikte– vergilerini ve sosyal kesintilerini ödemekte, satın almakta, tüketmekte, kamu hizmetlerinden yararlanmakta, bilgilenmekte, televizyon seyretmekte, diskoteklere dans etmeye gitmekte, Torino şehrinin çağrı merkezlerine kısa süre önce yerleştirilmiş internet noktalarını kullanmakta, kamusal kütüphanelere gitmektedir.

Gündelik gazete okuduklarına –okuyorlarsa, hangisini?– sinemaya gidip gitmediklerine, hangi televizyon programlarını seyrettiklerine dair hiçbir veri yoktur. Uydu yayının giderek yaygınlaşması, en çok izlenenlerin ana dildeki kanallar olduğunu düşündürtmektedir; ama radyo ve televizyonların –ulusal ve yerel– yabancılar için en iyi bilgi edinme aracı oluşturduğu açıktır (Mauri, Laffi, Cologna, Salamon ve Brusati, 1999). Piyemonte'de göçmenlere yönelik programlar genel ve/ya yerel televizyonlarda neredeyse hiç yokken ve etnik ya da çok-etnili radyo programları yok denecek kadar azken, bu kanallar devreye girer. Ulusal toplamın % 6,6'sını temsil eden bir nüfus için, Piyemonte'de göçmenlere yönelik üç radyo yayını ve üç yazılı yayın vardır. Lombardiya'da 11 (1 TV, 6 radyo, 4 gazete), Toskana'da 13 (3 TV, 9 radyo; 1 gazete) rakamları mutlak değer olarak en yüksekleridir (CENSIS, COSPE, 2002).

Günümüzde hâlâ çok genç olan ikinci kuşak gelişmekte ve kendi yaş kuşağının tipik kültürel yaşam ve tüketim tarzlarını edinmekte, aynı zamanda da toplumsal marjinallik ve kültürel tecrit koşullarına karşı koymaktadır (Allievi, 2000). Aileler ve gelinen ülke kültürüyle kültürler-arası köprü oluşturan bu kuşağın birkaç yıl içinde ne olacağı ve ne yapacağı sorusu sorulabilir. Hangi müzikleri dinleyecektir, hangi filmleri seyredecektir, Tahar Ben Jelloun'un deyişiyle "iki deniz arasına asılı bir köprü" olmanın çatışma ve parçalanmasını nasıl çözümleyecektir? Kendi kimliğini nasıl belli edecektir, hangi dili, hangi ifade biçimlerini kullanacak, neyi dinleyecektir? (Melili, 2003).

Geleceğe bakış bizi kültürel ürünler kitlesinin dönüşümünü dikkate almaya yöneltecektir. Bu bölgede üretilen kültür ve sanat vizyonlarında, üslup ve dillerde melezleşme ve kreolleşme gelişecektir (Mauri vd., *a.g.e.*). Torino ve bölgesi, entegrasyonu, yaratıcılığı ve toplumsal dönüşümü teşvik ederken, kültürel bulaşıcılığın sınırları üzerinde çalışabilen bir bölge olarak görebilecek midir kendini? Ya da –günümüzün eğilimi olduğu üzere– her kültürün kendi kitlesinin bulunduğu ve bölgedeki kültür kurumlarının –eğer duyarlıysalar– yerli bir kitleyi –eğer duyarlıysa– ilgilendiren etnik dergileri kabul edeceği, hiyerarşik olarak düzenlenmiş, paralel ve iletişimsiz dünyalara mı tanık olacağız?

Şu an için bizim algımıza bağlı olan repertuvar; kültürler, diller, buluşmalar ve kitleler arasındaki geçişimin ender, tesadüfi ve gelişmemiş olduğu dünyalar arasında ayrımın ve ayrımcılığın var olduğu fikrini yansıtıyor gözükmektedir.

Bazı kültür işlemciler, –yeni yurttaşların anlatılarını, hikâyelerini ve yeteneklerini aktif kılmaya çalışan– kültürel deneyimleri ve komisyonları uygulamaya koysa da, bu inisiyatifler, toplumsal müdahale, bölgesel canlanma ya da kültürlerarası pedagoji alanına sıkışmış kalır.

Çokkültürlülük teması, sınırlı, güdülü ve dikkatli bir kitle dışında, kültürel saygınlık niteliği edinmiş gözükmemektedir; dolayısıyla, genel kültürel arz ve kurumların sağlam temellere dayalı dolaşımına yabancıdır.

Diğer yandan, bölgesel kültür yaşamının marjinal alanlarına genellikle kapanan göçmenlerin, kendilerini geldikleri ülkenin folklorunun, tipik el sanatlarının, geleneklerinin tanığı olarak sunarak, bir öneri kapasitesi geliştirdikleri de görülmez.

Simonetta Piccone Stella'nın (2003) "çokkültürcülük adaları" diye tanımladığı, etkileşimleri ve alışverişi ifade edebilen aracı toplumsal gövdelere ait bu yerler varsa –ve büyüyorsa– da, özellikle, çokkültürcülüğün barınma ve meşruiyet hakkı elde edebildiği bu kamusal alanları ya da mekanizmaları teşvik etme iradesi cılız gözükmektedir. Bunlar, tıpkı enzimler gibi, çeşitliliğe, yaratıcılığa ve yeniliğe açık bir kültür arzını ve talebini büyütebilecek proje kaynaklarının, fiziksel yerlerin ve toplumsal ilişkilerin kullanıma sokulacağı alanlardır.

PORTA PALAZZO ÖRNEĞİ

Bu bakış açısından, son yılların en zengin ve en önemli çokkültürcü ve kültürlerarası deneyimlerden biri, elbette, Avrupa Birliği'nin ortak finansmanındaki "The Gate" projesi tarafından geliştirilmiştir. Projenin hedefi, Torino'nun merkezinde tarihsel bir karma alan olan Porta Palazzo'nun şehirsel açıdan yenilenmesidir. Çok eskiden beri göç alan, 45 farklı milliyetin bir arada yaşadığı en büyük şehir pazarının merkezi olan ve organize yerli suçlulardan ithalata, İtalya'nın her bölgesinden ve milletinden tüccarların ve seyyar satıcıların bulunduğu Porta Palazzo, müdahaleleri her zaman önemli olmuş gönüllü Katolik örgütlerinin de bulunduğu yerdir. "The Gate" projesinin içinde, çeşitli toplumsal gruplar arasında tartışmayı, ilişkiyi, mahallenin canlanmasını, karşılıklı anlayışı belirgin biçimde teşvik etmek için birçok inisiyatif geliştirilmiştir. "The Gate", kültürlerarası bir teşvik süreci karşılığında, sanatçılara, güç koşullarda bir meydan okuma fırsatı, yeni yaratıcı kaynaklar tanımlama, sanatın ve kültürün gücünü ve güçsüzlüğünü sorgulama imkânı sunmak için "toplumsal" bütçesinin bir bölümünü kullanıma sundu.

Buna karşılık, Piyemonte'de, kültürle ilgili bütçe profilinden finanse edilen ve çokkültürlülük sorununa adanmış kültür politikaları örnekleri bulmak güçtür: Yerel kurumlar (müzeler, ortak kültür varlığı ya da canlı gösteri kurumları) mevcut kaynakların bütününü emmektedir. "Diğer kültürler"e, yerel kurumların yönettiği sergilerde, gösterilerde ya da festivallerde bir yer ayrılmıştır.

Örneğin Bernard Soroque'un Marsilya'da, büyük sokak tiyatrosu gösterileri olan Massalia ve Marceleste çerçevesinde gerçekleştirdiğine benzer çokkültürlü ortak kültür varlığı üzerinde bir yaratı ve üretim çalışması burada yoktur. Bu sokak gösterilerinde, kermes hazırlığının sürdüğü çalışma ayları boyunca çeşitli toplumsal gruplar ve okullar bir araya getirildi. Bu örnekte, halkın kök ve geleneklerinin, geleceğe taşınma hayaliyle, gelecek zamandaki bir şehre yansıması üzerinde çalışmak önerilmiştir. Kökleri geçmişe değil geleceğe yerleştirmek, potansiyel olarak kreol bir kültürün yakında kendi kültürlerine bulaşmasını öngörmek istenmiştir.

Bu durumda, ilginç olan şey, gelenekten, kırsaldan, etnik olandan, miras alınan kültürler içinde kök salmış olandan kaynaklanan öğelerin değişim ve gelişim süreçleri için bir engel oluşturdukları, oysaki şehirli, metropoliten, "küresel" varlığın geleceğe ve yeniliğe kendiliğinden eğilim gösterdiği yaygın inancını parçalama teşebbüsüdür. Böyle bir anlayışın tehlikesi açıktır: Herhangi bir özgül "kültüre" gelişimin engeli rolünü vermek; yerli olmayan gelenekleri ve ortak kültür varlığını toplumsal dışlama mekanizmaları olarak görmek.

Bu olguların toplumsal içerimleri elbette derin ve çoktur. Ama öncelikle kültürel terimlerle bir tartışma başlatırlar ve makullüğü çeşitli gruplar arasındaki ortak yaşam sorunlarıyla çakışmayan ve bunların yerine geçmeyen bir sanatsal işleme yol açarlar. Bunlar başka bir yere, bir başka değerlendirme ve eleştiri çerçevesine aktarılır. Ayrıca, Piyemonte Kültürel Gözlemevi'nin sınıflandırdığı durumda, kültür işlemcilerinin ve kurumlarının ilginin dönüşümleri üzerinde düşünmedikleri, tuhaf biçimde görülür.

SONUÇ

İtalyan ve bölgesel nüfus hızla yaşlanıyor. Bu durum, kültür kitlesinin yeni bir birleşimine ve özellikle mutlak terimlerle adım adım azalmasına yol açıyor; oysaki Avrupa dışı göçün yankıları artmaktadır. Bütün bunlar, gelecek için, şu ankinden derinden farklı ve müzelerden ortak kültür varlığına dek, canlı gösteriye dek, kültür yaşamının bütün veçhelerini kapsayacak bir durumu şekillendirecektir. Son derece sınırlı yuvalar olarak kabul edilen özgül etnik grupları tatmin etmek için başka ülkelerden gelen birkaç gösteriyi kabul etmek yeterli olmayacaktır artık; Avrupa dışı kültürleri öncelikle folklor olarak görmek de yetmeyecektir. "Bizi" ilgilendiren farklılıkları düşünmek; kültürel hudutların, bizi bölmeden önce ilişkiye sokan hudutların yeterliliğini oluşturmak gerekecektir: Ortak bir uzamın ötesinde, çeşitli anlam habituslarının melezliği karşısında bir bilgi-beceri oluşturmak gerekecektir. Kitlenin bileşimindeki dönüşümün, kültürel üretim üzerinde, iletişim içerikleri ve kiplikleri üzerinde derin bir etkisi ister istemez olacaktır: Hiçbir kültür kurumunun muaf kalamayacağı, en sağlamlarından, bir toplumun ve bir bölgenin tarihsel belleğini koruyan müzelerden başlamak üzere, bütün kültür kurumlarının karşı koyması gereken meydan okuma budur.

9

Katalonya'da Göç ve Kültür Politikası

Jordi Caïs Fontanella

Joan Manuel García Jorba

Kültür politikalarının hazırlanması ve uygulanması, çeşitli sosyo-politik çerçevelerde farklı hedeflere denk düşer. Dahası bunlarda, farklılıkların ötesinde bazı ortak özellikler de ayırt edilir. Küreselleşme süreçlerinin etkilerine uyum sağlama gerekliliği bu özelliklerdendir. Enformasyon teknolojilerinin ve yeni göç süreçlerinin etkisinin idaresi de gelişmiş ülkelerin çoğunun kültür politikalarının gündeminde yer alır. Bu sonuncu noktada Katalonya, kendisine özellik katan bir dizi karakteristik taşımaktadır.

Katalonya, İspanya devletine entegre olmuş bir ulus topluluğudur; özellikle kültür alanında aktarılmış olan yetkilerden güç alan "özerk" bir hükümetin yönetimindedir. Bir yüzyılı aşkın süre boyunca sistematik kıyım ve baskılara maruz kalmış ve günümüzde Katalan kimliğinin stratejik damgası olan kendine özgü bir dili vardır. Son yüzyıl boyunca Katalonya üç büyük göç dalgası aldı. Bunların sonuncusu –1990'lı yıllardan beri– büyük ölçüde yabancı kökenlidir (Chaïb, 2003; Aja ve Nadal, 2004). Katalonya İstatistik Enstitüsü'nün verilerine göre nüfusu 2004 yılında 6,8 milyon kişiydi (İspanya nüfusunun % 15'i). Bu nüfusun % 7'si de İspanya dışındandı (yani toplam yabancı nüfusun % 25'i).

Kültür politikaları ile Katalonya'ya göç arasındaki ilişkilerin analizi, koşullarının, tezahür ve bağlamlarının gerçekliğine yakından bakılmasını gerektirir (Caïs, 1999). Politik söylemler ve niyet bildirimleri, gerçekte uygulanan bütçe ve müdahalelerle ilişki içinde ele alınmalıdır. Bunlar, özerk hükümetin bütün olarak göç sorununu ele alma tarzının incelenmesini gerekli kılan daha küresel bir politik gündeme bağlıdır. Kültürel söylem ve eylemlerin kendine özgülüğü, gerçek anlamını bu küresel perspektifle edinir.

KATALAN ENTEGRASYON MODELİNİN GELİŞİMİ

Kültür, Katalanlığın ileri sürülmesinde ve entegrasyon modelinin tanımında merkezî bir konum işgal eder. Göçün yapısındaki bir gelişime dayanır. 1970'li yıllara kadar egemen olan iç göçtü (Murcia'dan, Ekstremadura'dan, Endülüs'ten vb.). 1970'li yılların ortasında, Katalonya'nın özerklik yetkilerini geri aldığı dönemde bu dalga tamamlanır. Dolayısıyla ilk vizyon, Kastilya dili konuşanlar karşısında bir "dilsel normalleşme" zorunluluğundan büyük ölçüde esinlenecek ve onlara Katalan dilini ve kültürünü öğretmek gerekecektir. Bu politikanın, göç akışlarının nispi istikrar ortamına yerleşebilmesi için, 1992'ye kadar 17 yıl gerekecektir. 1992'den itibaren bu kez bir başka göç, yabancı göçü ortaya çıkar. Böylelikle, "İspanya-içi" entegrasyon modelinin yeni bir nüfusa uyarlanma sorunu ortaya çıkacaktır.

Katalan hükümeti, İspanyol devleti içinde, göçmenlerin toplumsal ve kültürel entegrasyonunu teşvik eden politikalar modelini ilk yerleştiren hükümetti. Bu model, kendi ulusal kimliğine fazlasıyla kültürel bir bakışa bağlıdır. Somut mekanizmaların uygulanmasından ziyade, sembolik olarak tutarlı bir bütünün oluşumuna yönelinmiştir. Pratikte, işin içindeki farklı aktörler arasında çatışmaların doğuşundan kaçınmaya yönelik daha yansız ve hareketsizlik yanlısı bir tutum görülür. Göç karşısındaki bu pasif tutum, göç politikasına tek bir özgül satır ayırmayan *Katalonya Halk Çoğunluğu*'nun[1] bütçesinde görülür. Bu durum, Katalan entegrasyon modelinin toplum kesimlerinin çoğunluğunda göçe dair genel olarak olumlu bir söylem yaratan, ama işlevsel etkinlikten yoksun bir dizi paravan politikadan oluştuğunu ileri sürmeyi mümkün kılar. Kültür üzerinde temellenen bu modelin en şaşırtıcı yanlarından biri, hiçbir özgül kültür politikası yaratmamasıdır. Bununla birlikte, Katalonya Halk Çoğunluğu İspanya'daki tek özerk idaredir ve kültürel özgüllüğü ve iç göçler konusundaki deneyimi nedeniyle, 1990'lı yıllarda politik bir entegrasyon modeli önermişti. 1992 yılında, göçle ilgili faaliyetleri sürdürme ve koordine etme amacıyla departmanlar arası komisyon kuruldu. O dönemde sosyal işler departmanı[2] asil üyesinin başkanlığında olan komisyon, diğer dokuz departmanın temsilcilerinden oluşuyordu.[3] 1993 yılında Katalan hükümeti *1993-2000 Departmanlar Arası Göç Planı*'nı *(PII)* onayladı. Plan, sosyal örgütler ve sendikalarla birlikte bu komisyonun çalışmasını yeniden

1 Katalan hükümeti – e.n.

2 "Departman" (*Consejeria*) İspanya özerk toplulukları düzeyinde bir bakanlığın dengidir – e.n.

3 Yani şu departmanların temsilcileri: Başkanlık, idare, eğitim, kültür, sağlık ve sosyal güvenlik, bölgesel politika ve kamu işleri, çalışma, tarım, hayvancılık ve balıkçılık, sosyal işler.

ele almaktadır. Bu sayede, Departmanlar Arası Göç Komisyonu Meclisi kuruldu. Bu, Katalan yerel yapılarının, göçmen kolektiflerinin, mahalle ve üniversite derneklerinin temsilcisi 32 kişiden oluşan bir danışma örgütüdür.

1 Şubat 2000'de İspanya'da *Yabancıların Hak ve Özgürlükleri ve Sosyal Entegrasyonları Üzerine 4/2000 Örgütsel Yasası* yürürlüğe girerek, bu yıllar boyunca ilgili taraflarca (göçmen dernekleri, STK'lar, sendikalar vb.) çok eleştirilen 1985 tarihli eski ve etkisiz yasayı yürürlükten kaldırır. Hemen sonra, Katalan parlamentosu, 2000-2004 dönemi için ikinci bir departmanlar arası göç planı benimsemesini yürütmeye buyurur. Ardından, Katalan Parlamentosu yürütmenin 2000-2004 dönemi için ikinci bir departmanlar arası göç planını onaylamasını ister. Buna paralel olarak, yeni örgütlerin kurulması öngörülür: Depertmanlar arası yeni bir komisyon ve başkanlık departmanına yardımcı olacak bir göçmenlik sekreterliği. Katalan politik kurumlarının söylemsel ve programatik görünürlük stratejisi ve dinamizmi yeniden açıkça belli olurken, Halk Partisi, 4/2000 Örgüt Yasası'nı, aynı yıl 22 Aralık tarihinde değiştirmek için, (2000 genel seçimleri sonrasında) sahip olduğu mutlak çoğunluğu kullanır. Tepki olarak, Katalan Parlamentosu yabancı göçmenlerin sosyal entegrasyonu üzerine yeni bir kararı onaylar. Bu karar, yerel yapılarla koordinasyon sistemleri oluşturacak, göçmenlerle ilgili sosyal duyarlılık yasalarını uygulamaya koyacak bir Katalan yasası ileri sürer. Ayrıca, Katalan yetkililerin çalışma ve ikamet izinleri vermesini, yani kota politikasına katılımını sağlamak için merkezî hükümetle anlaşmalar yapılır.

Katalan hükümetinin kurumsal çabası, öncü inisiyatiflerle birlikte erken ve önemlidir –ikinci PII, 133 program ve faaliyetten oluşmuştur– hatta bütün İspanyol ulusal politikasından bile önce gelir. Bu çabanın zayıf noktası, öngörülen önlemlerin koordineli uygulanması ya da mali imkânlar alanındadır. Aslında söylem, Fransa'daki Göçmen Çalışanlar ve Aileleri İçin Sosyal Eylem Fonları'nın (FAS)[4] dengi olan özgül bir göç bütçesinin yokluğunu doğrulamaya çalışmaktadır. Özgül bütçe çizgisi olmadığından, finansman, klasik idari işleyişten ziyade politik ve toplumsal seferberliğe dayanır.

"Katalan entegrasyon modeli", kültürel çeşitliliğe saygı ile Katalan dil ve kültüründen yola çıkarak tanımlanan tek bir topluluğa mensup olma duygusu arasındaki nazik denge üzerinde temellenen politik-akademik bir söylemin ürünüdür. Başkanlık danışmanı Artur Mas'ın imzaladığı 2001-2004 departmanlar arası yeni planın sunumunda şu belirtilir:

4 Katalan yürütmesine göre, entegrasyon modeli örnek alınmaması gereken ülkelerden birini sayıyoruz.

> Planın belli başlı yeniliklerinden biri, çeşitliliğe saygı ile tek bir topluluğa mensup olma duygusu arasında azami dengede yatan bir Katalan entegrasyon çözümünü tanımlamasıdır. Bu model, yüzyıllar içerisinde oluşmuş ve dışsal katkılarla zenginleşmiş, ortak demokratik yaşama, Katalan dil ve kültürüne saygı göstermenin önemini göçmenlerin üstlenmelerini, aynı zamanda da kendi köken ve kimliklerine değer vermelerini başarma iradesine dayanır. Plan, entegrasyon sürecini oluşturan temel aygıtlar –sağlık, eğitim, sosyal hizmetler, çalışma hayatına dâhil olma vb.– sunma yönünde *Govern de Catalogne*'un katılımını gerektirmektedir (Generalitat de Catalunya, 2001 s. 7).

PII'nin sunumu, 15 konuya bağlı 133 programına rağmen özgül bir entegrasyon politikasından hiçbir zaman söz etmez. Alıntı, entegrasyonla ilgili temel aygıtların sektöryel ya da küresel politikada bulunduğunu ima etmektedir. Göçmenler, sonuçta, bütün yerli yurttaşlarla aynı muameleyi görmektedir ve yabancı göçmenler için öngörülen özgül politikalar ikinci plana geçmektedir. Bu, 2001-2004 Departmanlar Arası Göç Planı'nın içeriğinde de yeniden açık seçik doğrulanmaktadır. Plan, küresel bir entegrasyon politikası savunmakta ve şu hedefler etrafında koordinasyon ve hizmet aygıtları oluşturmaktadır: Sosyal katılımın iyileştirilmesi, sosyal, politik ve ekonomik dışlamaya karşı mücadele, eşit muamele ve ayrımcılıklara karşı mücadele, göçmenlik hakkında küresel ve konsensüse dayalı bir paktın kurulması. "Katalan entegrasyon yolu", göç olgusunun dar anlamda politik ve toplumsal tanımını aşmaya çalışmıştır. Katalan hükümeti 2003 yılının sonunda değişti. *Convergencia i Unió*'nun (CİU)[5] 23 yıllık üstünlüğünden sonra, üç parti arasında bir koalisyon hükümeti kuruldu: Katalonya Sosyalist Partisi (*Partit dels Socialistes de Catalogne,* PSC), Cumhuriyetçi Sol (*Ezquerra Republicana,* ERC)[6] ve Katalonya İnisiyatifi – Yeşiller (*Iniciative per Catalogne – Verds,* ICV). Bu partiler ideolojik olarak CİU'nun solunda yer alırlar. Göçmenlik sekreterliği, Sosyal Hizmetler ve Aile Bakanlığı'na dâhil edilmiştir. Fakat örgütün içinde önemli yapısal değişimler gözlenmemektedir. Önceki ve yeni hükümetin temel ideolojik direktifleri pek farklı değildir. 2003'te öngörülen 2005-2008 Yurttaşlık ve Göçmenlik Planı hâlâ gün ışığına çıkmamıştır.

TEK BİR KÜLTÜREL TOPLULUĞA MENSUP OLMA MODELİ

Avrupa'da göçmenlerin entegrasyon politikaları, ancak 1960'lı yılların ortasında tanımlanmaya başlamıştır. Bu politikaların ve bunları destekleyen ak-

---

5 Milliyetçi ve Muhafazakâr Parti – e.n.
6 Milliyetçi Sol Parti – e.n.

törlerin özellikleri, topluluğa mensup olmanın egemen modelini yansıtır. Göçmenlerin politik bir topluluğa mensup olmaları kolektif entegrasyon fikri üzerinde temellenebileceği gibi, birey olarak göçmeni de hedefleyebilir (Soysal, 1994, s. 45-46). İlk bakış açısı etrafında örgütlenmiş sistemler, topluluk içinde temsilcileri olan göçmen örgütlerine ve bu kolektifin özgül programlar geliştirebilmesi için gereken bir bütçe tanımına dayanırlar. İkinci bakış açısını benimseyen sistemler, birey hakları kavramına dayanırlar ve entegrasyonun temel taşıyıcısı emek pazarı olur. Göçmenlerin önceden var olan kurumlara bireysel olarak katılımları beklenir; uygulamaya konan politikaların hedefi, hak eşitliğini korumak ve ayrımcılığa karşı mücadele etmektir.

Katalan hükümeti özgül göç politikalarının oluşturulmasına ayak diremektedir. Göçmen sorunlarını ele almakla görevli programlar, türsel politikalar (sağlık, eğitim, sosyal hizmetler, vs.) arasında dağılmıştır. Aslında, PII (2001-2004), Katalan modelini tanımladığında, önceki herhangi bir Avrupa modeliyle her türden özdeşleşmeyi reddeder. Somut entegrasyon aygıtlarının ve bu aygıtlara ayrılmış bütçelerin dağılımı, özel olarak göçe ayrılmış olanları pratikte fark edilmez kılar. Aynı zamanda, Katalan modelinin daha eski diğer Avrupa modelleriyle karşılaştırılmasını da zorlaştırır.

Yasemin N. Soysal (1994) kullanılan söylemlere ve aygıtlara bağlı bir tipoloji hazırlamıştır. "Katalan entegrasyon modeli"ni daha iyi açıklamak için bu kullanılmıştır. Buna göre, somut ülkelerle bağdaştırdığı üç model vardır. İlki, *korporatist* modeldir. En belirgin örneği, göçmen nüfusun kolektif kimliğine göre tanımlandığı İsveç ya da Hollanda modelidir. Göçmenlerin devletle ilişkisi, toplumu oluşturan ve bu şekilde muamele gören herhangi bir grubun (örneğin bir sendikanın) ilişkisine benzemektedir. Bu ülkeler, göçmen grupların entegrasyon politikasının aygıtlarını hazırlamaktadır; söylemlerinde "etnik azınlık" kavramına açıkça gönderme yaparlar ve bu grupları kolektif etnik kimliklerine göre tanımlarlar ve toplumsal olarak yeniden tanımlamayı da normal kabul ederler. Hükümet politikasının müdahale alanları esasen yeni gelenlere yönelik hizmetlere denk düşmektedir (istihdam, mesleki öğrenim ve motivasyon, yetişkinlerin göç ettikleri ülkenin dilini öğrenmesi ve çocuklar için kendi aile dillerinde sınıflar, sosyal hizmetler ve enformasyon ile göçmen örgütlerine ve kültürel faaliyetlerinin finansmanına destek yönünde özgül projeler). 1990 yılında İsveç'te, yaklaşık 500 bin kişilik bir göçmen nüfus için harcamalar 300 milyon avronun üstüne çıkıyordu; Hollanda'da bu oran 700 bin kişilik bir nüfus için 400 milyon avroydu (SOMEPI, 1992; Soysal, 1994). İsveç'te ve Hollanda'da özel bütçelerin varlığı ve miktarı göçmenlerin, merkezî devlet programlarında ayrı ve resmî bir kategori oluşturduklarını ve örgütlü kolektif olarak entegre olduklarını kanıtlamaktadır.

İkincisi, *bireysel* programdır. Bunun tipik örneği Büyük Britanya'dır. Burada göçmenler bir gruba aidiyetlerine göre değil, toplumsal konumları esasen emek pazarına katılımlarıyla belirlenen bireyler olarak tanımlanmıştır. Merkezî aygıtlar sayesinde devletin yeni grupları aktif olarak içine aldığı korporatist modelden farklı olarak, bu liberal model kolektif örgütlere yönlendirilmiş her politikayı reddeder. Büyük Britanya'da anahtar kavram "ırksal eşitlik"tir. Bu, Britanya'nın sömürgeci geçmişiyle ve entegrasyonun çoğunluk olarak eski sömürgelerden ve Commonwealth'ten gelen (Favel, 1998; Layton Henry, 1992) ve tüm haklara sahip Britanya yurttaşı olarak kabul edilen göçmenleri kapsamasıyla açıklanır. Britanya göçmenlik politikasının temel ve resmî hedefi, etnik azınlıklara karşı ayrımcılığı yasaklayan bir dizi yasal eylem sayesinde, şans eşitliğini öne çıkararak ve ırklar arasında iyi ilişkileri teşvik ederek entegrasyonu kolaylaştırmaktır. 1976 tarihli *Race Relations Act,* ardından gelen bütün ayrımcılık karşıtı yasaların ve önemli miktardaki özel bütçeleri erken dönemde oluşmuş (daha 1976'da 60 milyon dolar) politikaların esinidir.

Üçüncüsü, *devletçi* modeldir. En açık seçik örnek Fransa'dır. Göçmenleri birey olarak tanımlar, ama onları, entegrasyonları açısından bireyci modelden çok daha merkezileşmiş bir bakış açısından ele alır. Büyük Britanya'nın tersine, Fransa devleti, birçok toplumsal etkinlik devlet tarafından merkezileştirildiğinden, daha ziyade göçmenlerin refahını iyileştirmek için seferber olur. Dolayısıyla, entegrasyon kavramı fazlasıyla devlet-merkezli bir anlam edinir: Hakları bakımından, devletin sağladığı haklar bakımından aynı biçimde eşit bireyleri dikkate alır. Bu kabulleniş, özel politikaların ya da göçmen gruplarına özel olarak bağlı aracı örgütlerin oluşumunu teşvik etmez. Fransız entegrasyon kavramı, göçmen bireylerin genel hizmetlere ve kurumlara erişimini teşvik eder. Gerçekten de, dinsel ya da etnik azınlıklar, kısa süre öncesine kadar yasal kategori olarak tanınmamışlardır. Bu model, devletin yasal mekanizmalardan ve özellikle de örgütlerden yola çıkarak –bunları entegre etmek amacıyla– "etnik azınlık" oluşturduğu korporatist modelle açıkça çelişir. Fransa'da göçmen politikasının kolektif kategorilerle alakası yoktur. Pazar ve eğitim süreçleri, devletin doğrudan müdahale ettiği bireysel bir entegrasyonun aygıtları olarak görülür. Bununla birlikte, yabancılarla eşitlik zemininde, Fransız kurumlarına erişimi teşvik edecek bazı özgül aygıtlar da vardır. 1958 yılında, bu amaçla, Göçmen Emekçiler ve Aileleri İçin Sosyal Eylem Fonları (FAS) kurulmuştur. Bu fon, özgül sosyal programların, keza eğitsel ve kültürel düzeneklerin uygulamaya konması sayesinde, aynı zamanda eğitsel ve kültürel düzenlemeler sayesinde yabancı emekçilerin ve ailelerinin sosyal katılımını teşvik edecek mekanizmalara yatırım yapar.

Yasemin N. Soysal'ın yarattığı tipoloji kullanılırsa, "Katalan entegrasyon modeli", göçmenlerin sosyal katımında devletçi modelin açık bir örneğidir. Kendine özgülüğü Katalan özgüllüğüne bağlı olan özel ve özerk bir entegrasyon tarzının savlanıyor olmasına rağmen, entegrasyon aygıtları da söylem de Fransız tarzına çok yakın bir modelin söz konusu olduğunu kanıtlamaktadır. 2001-2004 PII'si, "Katalan entegrasyon yolu"nun özelliklerinin tanımına ayrılmış bölümde, "Katalonya, bir yandan çeşitliliğe saygı ile diğer yandan tek bir topluluğa mensup olma bilinci arasında olası en iyi dengeye erişebilen bir entegrasyon modelini yaratarak yenilik yapmalı" diye belirtir (Generalitat de Catalunya, 2004, s. 118). Fransa'nın "asimilasyoncu modeli" ve Anglosakson tarzı "toplulukların içe alınması"nı kaçınılması gereken modeller olarak açıkça eleştirir. Bununla birlikte, söylem farklı olsa da, "Katalan entegrasyon modeli", açıkça, "devletçi" yanını ve Fransa modeliyle karşılaştırılabilirliğini korumaktadır.

Halk Çoğunluğu sosyal ve aile işleri danışmanı İrene Rigau'nun, eserin "İspanya'da Göç Üzerine Perspektifler" bölümünde kullandığı terimler, Katalan ve Fransız entegrasyon modelleri arasındaki benzerlikleri doğrulamaktadır:

> (Katalan) entegrasyon modeli, türsel politikalar, yani nüfusun bütünü için hazırlanmış olan ve sonuçta göçmen nüfuslar için de geçerli olan politikaların uygulanmasını gerektirir ve yalnızca belirli durumlarda özgül politikalar uygulanır. Birkaç yıl önceki ilk tartışmalardan biri, özgül ya da türsel politikalar düşünmek gerekip gerekmediğiyle ilgiliydi. Pozitif ayrımcılık politikalarının sonuçlarının yarardan çok zarara yol açtığını çok kısa sürede fark ettik. Katalonya Halk Çoğunluğu küresel politikalar geliştirmeyi tercih etti ve yalnızca bazı durumlarda bunları özgül eylemlerle (geçici destek atölyeleri, kültürler arası aracılıklar, sağlığa özen protokolleri vb.) tamamlamayı seçti. Bu tür eylem ve politika, göç için özgül bütçe tanımlamamayı gerektirir. [...] Bireysel perspektif, temel hakları sağlamayı ve özellikle en fazla güçlük içinde olanlara daha fazla özen göstermeyi gerektirir. Yabancılar ve yabancıların Katalonya'da sosyal entegrasyonları üzerine 26 Haziran tarihli 188/2001 kararıyla garanti altına alınmış haklar bu yönde uygulandı (Rigau, 2003, s. 20-21).

PII'nin hedeflerinde olduğu gibi, danışman Rigau'nun terimlerinde de göçmenler bireysel hak sahibi kişiler olarak tanımlanmıştır. Başlangıçtaki bakış açısı, göçmenlerin Özerk Topluluk tarafından merkezileştirilmiş ve örgütlenmiş toplumsal işlevlere entegrasyonu üzerine odaklanmıştır. Entegrasyon, devletin koyduğu hak eşitliği ilkesine göre benimsenir. Bu haklar bireylerin, özel olarak göçle ilgili bir örgüte değil, her kuruma ya da hizmete erişiminde somutlaşır. Bu bakış açısı, özgül politikaların ya da departmanların yaratılmasını teşvik etmez. Zaten, göçmen kolektifleri için özel olarak hazırlanmış politikalar çok enderdir ve özel bir bütçeleri yoktur. Bununla birlikte, bu göçmen kolektifleri, günümüzde hiç akla bile gelmeyecek olan Fransız FAS'ının dengi olmaktan uzaktırlar.

Buna karşılık, bu model, etnik azınlık kavramını devletin kamu politikasına destek olarak oluşturduğu korporatist modelin tamamen zıddıdır. Bu modelin tersine, iki zıt terimi uzlaştırmaya çalışır: Kültürel çeşitliliğe saygı ve tek bir kültürel topluluğa mensubiyet. Fakat, en fazla ağır basan ve politik bakımdan vazgeçilmez gözüken bu sonuncu noktadır. Göçmen azınlıkların katkısı, kuşkusuz ki, kültürün evrim halinde olduğu fikrine dayanır, ama ideal olan, göçmenlerin özgüllüklerinin, en azından ikinci kuşaktan itibaren silinmesidir. Fransa'da olduğu gibi, pazar ve özellikle eğitim süreçleri, göçmenlerin kendilerini kabul eden ülkenin kültürel topluluğuna bireysel entegrasyonunun temel aygıtlarıdır.

Sonuç olarak, göç sorununun ele alınışı, sağlık, eğitim ya da sosyal hizmetler gibi farklı politik sektörler arasında dağılmıştır. Aygıtların bu dağılmasına bütçelerin dağılması da eklenir, çünkü özgül bazı düzenekler anlıktır ve donanım bakımından zayıftır. Dahası, göçle ilgili harcamaları kesin olarak belirlemek, önemli miktarda demografik bilgiye sahip olunsa bile, neredeyse imkânsızdır. Bu soruna yaklaşan tek rapor, Katalonya'ya yabancı göçünün yararları üzerinedir ve 1999 yılında Harvard ve Pompeu Fabra üniversitelerinden araştırmacılar tarafından gerçekleştirilmiştir. Halk Çoğunluğu'nun sosyal işler departmanının siparişi üzerine, göçün maliyet/yarar analizi yapılmıştır. Veriler 1998 tarihlidir ve daha sonrasına dair benzer hiçbir belge yoktur. Eski tarihli olsa da, bu veriler bütçe ayrımlarının kullanımını ve departmanlar arasındaki maliyet bölüşümünü ölçebilmekte hâlâ yararlıdır (**Tablo 1**).

Halk Çoğunluğu'nun farklı departmanlarının yabancı göç alanında gerçekleştirdiği analiz çok eşitsiz bir dağıtımı ortaya koyar. Harcamaların büyük bölümü (% 83) eğitim ve adalet departmanları üzerinde yoğunlaşır. Geri kalan % 17, sağlık, çalışma ve sosyal refah departmanları arasında –her birine % 5'le– neredeyse eşit olarak dağılmıştır. Diğerleri ise geri kalan % 2'yi paylaşır. Kültür üzerinde temellenen bir entegrasyon modeli açısından paradoksal gelecek bir şekilde, kültür departmanının harcamalarının genel olarak hiç olmadığı saptanır. Bu paradoksu çözmek için şimdi modeli olguların sınamasından geçirmek gerekir.

TABLO 1
Göç Konusunda Katalonya Halk Çoğunluğu'nun Harcamaları, 1998
(milyon avro olarak)

Departmanlar	Harcamalar	%
Başkanlık	0,08	0,1
Yönetim	0,01	-
Eğitim	35	54,9
Kültür	0,12	0,2
Sağlık	3	4,7
Çalışma	3,11	4,9
Tarım, hayvancılık ve balıkçılık	0,77	1,2
Adalet	18	28,2
Sosyal refah	3,72	5,8

Kaynak: Balaguer M., Barreda M. ve Cuadros D. (1999).

KÜLTÜR POLİTİKASIZ BİR KÜLTÜR MODELİ

Kültür politikalarının neler olduğunu tam olarak belirlemek güç olsa da (García Martínez, 2003), bizi ilgilendiren konu açısından en genel ve en makul referans UNESCO'nunkidir. Kültürel Çeşitlilik Üzerine Evrensel Bildirgesi'nde (2001) –bu eserde Antoine Leonetti'nin belirttiği gibi– kültürün şu tanımı tercih edilmiştir: "Bir toplumu ya da toplumsal bir grubu niteleyen ve sanatlar ve edebiyatın ötesinde, yaşam biçimlerini, birlikte yaşama tarzlarını, değer sistemlerini, gelenek ve inançları da içeren manevi ve maddi, entelektüel ve duygusal ayırt edici özellikler bütünü." Fakat kültür politikalarının erekliliğini oluşturan şey, ne antropolojik açıdan bu kadar küresel bir şekilde tanımlanmış olan kültürdür ne de bunun potansiyel tezahür ve kullanımlarıdır. Basmakalıp bir fikrin tersine, kültür politikaları konularının ön tanımına bağlı olmadıkları gibi, söylemsel ve pratik eylemle bunun sınırlanmasına da bağlı değildir. Müdahale düzeyleri arasında çelişki yaratma riski pahasına, bu politikaların etkin bulunduğu gerçekliği oluşturan, idari yapıdır (Beltran, 1991).

Katalan göçmen kültür politikası iki önemli karakteristiğe sahiptir: Dilsel eğitim politikalarına yardımcılık ve geçici bütçe. *Convergència i Unió*'nun milliyetçi hükümetleri döneminde oluşturulan iki PII (1993-2000 ve 2001-2004) buna iyi birer örnek oluşturur. İktidardaki mevcut sol koalisyonun bu konuda üstlenebileceği muhtemel inisiyatifler ise hâlâ beklenmektedir.

Göç karşısında kültür politikalarının hazırlanması (otomatik yetki) iki fikir etrafında eklemlenir: Entegrasyon ve Katalan kimliğinin korunması. Birinci PII, kültürlerarası bir felsefe içindedir ve şunu hedeflemektedir: "Yabancı göçmenlerin kimlikle ilişkilerine ve kolektif kültür varlıklarına dayanarak Katalonya'nın ulusal inşasına katılımları"nı teşvik etmek (Generalitat de Catalunya, 2000, s. 2). İki planın hedefi, "ülkemize göç etmiş kişilerin *entegrasyonunu* başarmak ve haklardan ve görevlere saygıdan yararlanma temel ilkesiyle uyum içinde kişisel ve toplumsal gelişimlerine uygun koşulları tanımlamak"tır (Generalitat de Catalunya, 2001, s. 7). Bu bağlamda, kültürel çeşitlilik, "yeni göç" meydan okumasına karşı koyabilmek için önemli bir öğe olarak kabul edilir. Bununla birlikte, somut eylem alanlarının neler olduğunu belirtmek söz konusu olduğunda, kültürel boyuttan özellikle söz edilmez. Bu durum, eğitsel ve dilsel müdahalelere verilen stratejik boyutun kabulüyle çelişir.

Bu sonuncu –dilsel– boyut, UNESCO tarafından kültürel çeşitliliğin inşasında önemli bir yer işgal eder; dil *Katalanlığın* kimliksel ve kültürel söyleminin direklerinden biridir. Kırk yıl süren yasaktan sonra, Halk Çoğunluğu, dilin toplumsal kullanımının normalleşmesine yönelik bir dil politikası benimsedi. Dil, göç üzerine planların bütünü içinde önemli bir ilgi görmektedir. Fakat, dil politikası üzerine 17 öncelikli hedef arasından yalnızca sekizincisi "yeni göç"e –sadece ondan söz etmeyerek– gönderme yapmaktadır.

Katalancanın öğrenimini ve kullanımını vurgulamanın bu tarzı, göçmen çocuklarına yönelik eğitim politikalarının sürekliliği kapsamında yer alır. Halk Çoğunluğu, ülkeye ve eğitim sistemine henüz gelip katılmış öğrenciler için dilsel kabul programları hazırlamaktadır. Aynı şekilde, uzmanlaşmış bir eğitim formasyonundan ders kitapları için rehberler oluşturulmasına dek uzanan destek faaliyetleri de uygulamaya konmaktadır; böylece, uzmanlaşmış pedagojik malzeme sayesinde kültürel çeşitliliği ele almak amaçlanmaktadır. Bu inisiyatifler, okul çerçevesinde kültürlerarası temele dayalı bir uygulamanın parçasıdır. Bununla birlikte, etkinliklerinin sınırları vardır. Göçmen topluluklarının yerleşim özellikleri ve kamusal okullara dağılımlarında bölgesel kriter, eğitim sisteminin bölünmesine yol açmaktadır; merkezlerde çok sayıda yabancı öğrenci yoğunlaşırken, diğerlerindeki varlıkları cılızdır.

Duyarlılaştırma politikaları, gençlere yönelik eğitsel animasyon inisiyatifleriyle birleşme eğilimindedir. Bunlar, sıklıkla, bilişsel içerikleri de kapsayan oyun faaliyetlerinin teşvikiyle birlikte görülür. Aynı şekilde, Halk Çoğunluğu, göçmenlerin kültürel faaliyet ve derneklerini de –özelikle sübvansiyon yoluyla– destekler. Özünde amaç, kültürü, göçmenin gündelik görünürlüğünü tamamlayıcı bir faktör olarak sunmak ve ona diyalogda bulunabileceği meşru muhataplar ve aracılar sağlamaktır. Diğer ortak yön, dil politikasında görülür. Bu, Katalan hükümetinin 4 Şubat 2003'te uygulamaya koyduğu anlaşmadan kaynaklanan dil politikasıyla ilgilidir. Şu saptamada bulunulur: "Göçmen nüfus üzerinde etkin olan farklı dinî inançtaki sorumlulara Katalanca öğretimi alanında önceki deneyimin sağlamlaştırılması ve genişletilmesi ile göçmenlerin, geldikleri ülkeden başlamak üzere Katalanca öğrenimine başlayabilmeleri için pilot bir planın teşviki."

İslâmi derneklere özel bir dikkat gösterilir. Bu durum, Mağripli göçünün hacmiyle olduğu kadar, genellikle bunlara eşlik eden toplumsal çatışmalarla da açıklanır.

Kültür departmanı, bütün hükümetin en önemsiz bütçesine sahiptir. Bu bütçe 2002 yılında 180 milyon avronun biraz üstüne yükseliyordu. Bütçeyi niteleyen on alan üzerinde, dilsel normalleşme % 1,2'sini içermektedir. Burada (dil dışında) göçle ilgili inisiyatif ancak edebiyat, kitap ve basın alanında (% 7,5) ya da popüler ve geleneksel kültür alanında (% 3,1) saptanabilir. Diğer departmanların (eğitim, sosyal hizmetler) bütçelerinde de göç konuları görülür.

2003 yılında, Sant Jordi[7] gününde, farklı politik görüşlerden bir grup entelektüel, Katalan kültür politikasına karşı çok eleştirel bir bildirge kaleme aldılar. İmzacılar, yaratıcılığı ve kültürel yaratıcılığın daha geniş yayılımını teşvik etmek amacıyla bu politikanın yeniden yönlendirilmesini talep ediyorlardı. Katalan idaresinin, özellikle kendisine bağlı içeriklerde kültürel altyapılara (tiyatrolar, oditoryumlar) yatırım yapma yönündeki egemen eğilimi, sanık sandalyesine oturtulmuştur. İronik bir şekilde, bu suç belgesi, kültürel mal ve hizmetlerin yaratılmasını ve dağıtımını iyileştirme zorunluluğunu ileri süren *Livre Blanc des Industries Culturelles*'in (*Kültür Endüstrilerinin Beyaz Kitabı*) (Bonet, 2003a) yayımlanmasından hemen sonra çıkmıştı. Aynı zamanda, bütçesinin büyümesini ve 600 milyon avroya erişmesini de talep ediyorlardı; ama bu önemli artış, Avrupa yetkililerinin önerdi-

7 23 Nisan'daki Katalanların Kutsal Hamisi Günü'nde ailelere ve dostlara kitap hediye etmek gelenektir ve bu tarih Katalan kültürel kimliği açısından çok özel bir gündür – e.n.

ği GSMH'nin % 1'ine bile erişmekten uzaktı. Onların açıklamaları çeşitlilik bağlamında kültürün rolüne belli belirsiz bir referansta bulunuyordu; ama göç karşısındaki özgül kültür politikalarına hiç referansta bulunmuyordu. Tek istisna, Barselona belediyesinin, Katalonya Halk Çoğunluğu'nun ve İspanyol devletinin, bir dizi özel işletmeyle işbirliği içinde finanse ettiği Evrensel Kültür Forumu karşısındaki eleştirilerle ilgiliydi. Bildirge, olayı ve "cafcaflı ve retorik çokkültürcülüğü"nü eleştiriyor ve şöyle belirtiyordu: "Kültür ve kültürün yurttaşlar tarafından algısı üzerinde olumlu hiçbir etkisi yoktur. Tersine, büyük bir kaynak israfına denk düşmektedir ve bu israf, Halk Çoğunluğu'nun ve belediyenin bütçeleriyle karşılaştırıldığında gerçek bir hakarettir, Forum bunu iki misli artırmaktadır" (*La Vanguardia*, 23 Nisan 2003, s. 45).

Bu proje için belediye yönetiminin oluşturduğu umutlar özellikle şehircilik müdahaleleri ve altyapı yaratılmasında maddileşmiştir. Buna karşılık, mevcut cevap beklentiler düzeyinde değildi ve Forum da akademik ve entelektüel dünyanın sert eleştirileriyle karşılaşmak zorunda kalmıştı.[8] En sert eleştiri, Antropoloji Dernekleri İspanya Federasyonu'nun 9. kongresinin bildirgesinden geldi. Burada şu belirtilmektedir: "Adaletsizliği, sertliği ve göçmenlerin sömürüsünü sistematikleştiren ve genelleştiren yasaların ve kurumsal uygulamaların damgasını taşıyan bir ortamda, bizim Kongremizi kabul eden şehir olan Barselona'nın kültürlerin politik tema ve medyatik gösteri olarak en üst düzeyde yüceltilmesini savunduğu bir olayın hazırlanmakta olmasından kaygılıyız [...]. Proje bize, yurttaşlardan çok turistlere, yatırımcılara ve kendi kendini onaylama politikası stratejilerine yönelik bir şekilde şehri öne çıkarma planlarına tabi kurumsal uzlaşmalarla ve gayrimenkul ve şehircilik içerimleriyle fazlasıyla dolu gelmektedir." Kısacası bildirgede, "Forum 2004'ün, teşvikçilerinin politik ve ekonomik çıkarlarının hizmetinde, anlamdan yoksun olduğu kadar cafcaflı da olan bir gösteriye dönüşmesi kaygısı" ifade edilmektedir.

Bu eleştiri, göç konusunda farklı idari birimlerin söylemleri ile somut eylemleri arasındaki zıtlığı vurgulamaya çalışmaktadır.

Somut edimler bakımından boş bir retorik karşısındaki eleştirilerin ciddiyeti, göç üzerine belediyelerin kültür politikaları çerçevesine yerleştirilmelidir. 2002 yılında, Barselona Konseyi, Göç Üzerine Belediye Planı (PMI)

8 *La Vanguardia* gündelik gazetesinin araştırması Forum'un öne çıkarma iddiasında olduğu değerleri aktarmayı başarıp başaramadığını anlamaya çalışıyordu. Soruşturmanın sonucu öğreticidir: Soru sorulan bin kişinin % 84'ü "hayır" cevabı vermiştir.

geliştirmek için bütünsel bir anlaşmaya varır. Özellikle, yalnızca 1999-2004 döneminde Barselona nüfusunun % 2,7'sinden % 12,8'ine çıkmış olan şehirdeki yabancı nüfus bu planı teşvik etmiştir (PAM 2004-2007). Daha geniş olarak, Belediye Eylem Planı (PAM 2004-2007), göçmen topluluklarının gelişimini ve somutlaşmasını garanti etme zorunluluğunu ileri sürmekte ve hatta "bu meydan okumaya karşı koymak için, kültür politikaları –öncelikle de şehirlerin kültür politikaları– kamu politikalarının merkezine yerleştirilmelidir" demektedir (PAM 2004-2007, s. 158).

Bu konuda belirgin bütçe bilgisinin yokluğuna rağmen, kültür, dil ve eğitim arasındaki bağa dair Katalan özerklik seçenekleriyle bazı paralellikler görülebilir. Barselona politikaları örneğinde ikidillilik daha çok kabul görse de, dilsel normalleşmenin teşviki bunun bir örneğidir (Ajuntament de Barcelona, 2003). Aynı şekilde, eğitsel ve duyarlılaştırıcı nitelikteki inisiyatiflerin dayandığı kültürlerarasılık da teorik referans olarak görülür. Belediyenin kültürlerarası dolayım hizmetini iyileştirme iradesi dikkate alındığında, kültürlerarası dolayımları kolaylaştırmak için ortaklaşa yaşamın teşviki de bir diğer ortak noktadır (Ajuntament de Barcelona, 2004). Buna karşılık, farklılıklar, entegrasyonun tanımlı olduğu alanlara yöneliktir; Barselona örneğinde, özgül belgelerin hazırlanmasıyla, iyi yurttaşlık ve gündelik yaşam ya da belediyelerin tüm kamusal faaliyetlerinin en azından % 1'inin kültüre ayrılması projesine vurgu yapılır.

SONUÇ

Katalan politik sınıfının bütünü, göçmen nüfusun özgül bir entegrasyon modelinin varlığını ileri sürer. Bu modeli anlayabilmek için, Katalan kültürel tekilliği bağlamına yerleştirilmesi gerekir. Model, iki farklı hedefi uyumlu kılmayı amaçlamaktadır: Kültürel çeşitliliğin korunması ile kendini özellikle bir dil ve bir kültür etrafında tanımlayan tek bir topluluğa mensup olma duygusu. Bununla birlikte, somut eylemlerin analizi, bu modelin tekilliğinin, Fransız idare ve göç modeliyle şaşırtıcı yakınlıklar taşıdığını ortaya koyar.

Sonuç olarak, göçle ilgili özgül bir politikanın var olduğu ileri sürülebilir. Bu nüfusu ilgilendiren faaliyetler çok ender kalmaktadır ve bütçe kaynakları *ad hoc* eksiktir. Bu bağlamda, göçmenleri Katalan toplumuna ve kültürüne bireysel olarak dâhil etmeye yönelik inisiyatiflerin geliştiği eksenler pazar ve eğitim süreçleridir. İşin en paradoksal yanı, kültür fikrinin etrafında eklemlenmiş bir model içinde –özellikle eğitime bağlı olanlar ya da daha genel olarak dilsel hedefler hariç– özgül kültür politikalarının olmamasıdır. Bu noktada, özel bir kimliğin öne çıkarılması ile kültürlerarası retorik arasındaki çifteanlamlılık, söylem ile pratikler arasındaki mesafeyi azaltmak için bu alanda bazı düzenekler ortaya çıksa da, "sorunu önceleyen" gerçek politikalar üstlenme olasılığını sınırlandırıyor gözükmektedir.

10

Sorun Önceleyen (Proaktif) Çokkültürcülük

MARTÍN HOPENHAYN

Modernite ve gelişme üzerine geleneksel söylemler, ulus-devlet, kimlik ya da ulusal toprak gibi kavramlar etrafında odaklanan kolektif bir düşünce ve imgelem sisteminin kökeninde yer almaktadır. Günümüzde bu kavramlar dışarıdan ve içeriden tehdit altındadır: Bir yandan, ekonomik ve kültürel küreselleşme ulusal hudutları ve bunlara eşlik eden kimlikleri silme eğilimindedir. Diğer yandan, sosyo-kültürel çeşitlilik artmakta ve ulusal topluluklar içinde bile sesini daha güçlü duyurmaktadır. Ulus-devlet politik-kültürel birliğini yitirdiği ölçüde, kültür ile politika arasında önceden kurulmuş ilişki kökten tartışma konusu edilmektedir; ve bu ilişkinin rolü, politik-kültürel birliği korumaya ve ekonomiyi ve toplumsal aktörler arasındaki çatışmaları düzenleme işlevlerine indirgenmektedir.

Anlam, imge, sembol, ikon, bilgi, enformatif birim, moda ve duyarlılık üretimi, bu öğelerin yayılma araçlarına egemen olan aktörlerin eğilimlerine göre kendini dayattığı ölçüde kültür giderek politikleşmektedir. Sembol alışverişleri içinde yayıcılar ile alıcılar arasındaki asimetri, yayma/alımlama alanlarının işgali ve görsel-işitsel muhatap olarak kendini ortaya koyma yönündeki politik bir mücadelenin sorunu olmaktadır.

Kapitalizmin iktisadi rasyonalitesi ve biçimsel demokrasilerin politik istikrarı alanlarındaki statüko küresel ölçekte yavaş yavaş kendini dayatırken, kültür ve kimlik alanı giderek daha çatışmalı bir hal alıyor. İşaretleri ve duyarlılıkları dolaşıma sokan kim? Olgulara dair kendi yorumunu dayatan ve medyatikleşme artıklarını kolektif kimlik belirticisine dönüştürmek için yeniden dönüşüme sokan kim?

Bir yandan, mülti-medya alanındaki mega-kaynaşmalar, görsel-işitsel araçların yeni ve çok derin temerküzü karşısında bireyi ve toplumsal grupları güçsüzlük duygusuna sokmaktadır. Bu araçların mülkiyeti tek bir elde ne kadar toplanırsa, işaretlerin o kadar standartlaştığını saptamak, çokkültürcülüğün herhangi bir savunucusunu kolaylıkla demoralize eder. Ama diğer yandan, bu aynı iletişim araçlarının çok farklı grupların zevklerine uyum sağlaması ve giderek daha da parçalanmış izleyici kitlelerine cevap vermesi gerekmektedir. Ayrıca, interaktif iletişim araçları, ağ halini almış bilgisayarların genelleşmesiyle ve kullanımlarının giderek daha yeterli hale gelmesiyle iletişimsel demokrasiyi geliştirir. Velhasıl, alımlayıcı kitleler, kültür endüstrilerinin sunumundan yola çıkarak kimlikleri yavaş yavaş yeniden inşa ederler; bu durum medyalaşma tarzlarında patlamaya yol açar. Böylece, çokkültürcülük kavramı, küreselleşme mekanizmaları sayesinde ve moderniteden postmoderniteye, sanayi çağından enformasyon çağına geçiş sayesinde, her yerde, Latin Amerika'da da en sanayileşmiş toplumlarda da kendini dayatır. Birinci bölümde bunu göreceğiz. Ardından, Latin Amerika'daki çokkültürlülük sorununun özel durumuna geri döneceğiz. Bu sorun, birçok meseleyi çözme iddiasındadır: Ötekinin inkârı üzerinde, melezliğin meseleleri üzerinde ve de yabancı düşmanı sapmalar üzerinde tarihsel olarak temellenmiş bir başkalık ilişkisi. Son olarak, kamusal tartışmada günümüzde egemen olan ideolojik ve muğlak tanımdan daha kesin ve daha belirgin bir tanıma dayanan, sorunu önceleyen bir çokkültürcülük önerisinde bulunacağız.

KÜRESELLEŞME VE POSTMODERNİTE: POLİTİKA ALANINDA KÜLTÜRELİN DOĞUŞU VE FARKLILIK HAKKI TALEBİ

Günümüzde ortaya çıkan bu duruma birçok yapısal olgu katkıda bulunmaktadır.

a) *Politik-kültürel merkezin yer değiştirmesi:* Yurttaşlık pratikleri artık devlet gibi, politik sistem ya da ulus gibi toprağa dayalı ifadeler şeklindeki belli bir odağı esas alan bir seferberlik merkezine yönelmemektedir. Bu pratikler, eylem alanlarının, çatışmaların, toprakların ve muhatapların pazarlık uzamlarının çoğulluğuna bağlı olarak bölüşülmektedir. Ve bu alanların çoğu, büyüyen bir şekilde, kültürel ya da "kimliksel" çatışma bölgeleri olarak ele alınma eğilimindedirler. Yurttaş, hukuk devletinin ya da sosyal devletin uyguladığı hakların basitçe mutemedi değildir. Hakların ona sağladıklarından yola çıkarak, taleplerine en uygun çerçeveyi yönetme ve araçsallaştırma kapasitesine göre "iktidar edinme" (*empoverment*) hareketlerine katılmaya çalışan bir özne olur. Sonuç olarak, hem maddi hem sembolik bireysel tüketim faaliyeti bütün topluma yayıldıkça, aidiyet duygusu, ulus-devletten, özneler arasında anlam ve etkileşim üretiminin çoğalmış uzamına doğru yer değiştirir. Cumhuriyetçi yurttaşlık fikri, yalnızca politik katılım dolayımıyla değil, çağrışımsal ya da iletişimsel kültürel pratiklerin büyük çeşitliliği dolayısıyla da gerçekleşir; ama bu yine de kamusal-devletsel alan karşısında bir rekabet oluşturmaz. Burada monadik, melez ve mimetik kimliklerle karşılaşırız. Çeşitlenme ve parçalanma birbirinden ayrılmaz bir öğe olarak belirir.

b) *Farklılığın ve çeşitliliğin teşvikinde "boom":* Daha önce bireyler için özel pazarlıkları ve "iç" referansları temsil eden kültürel ya da kimliksel kendini-olumlama alanlarının çoğu günümüzde sivil topluma, "dışa doğru" bir tartışmaya ve bağlantılı yeni taleplerin politik ve kamusal geleceğine denk düşer. Örneğin, çalışma ya da bölgesel alanda değil, kültür alanındaki kolektif özneleri tanımlayan pratikler böyledir. Bu pratikler günümüzde politikleşmiştir; haklar ve sözleşmeler tarafından aktif biçimde savunulmaktadır: Cinsiyet farklılıkları, etnik yapı, evrensel bakış, arkaik ve postmodern kabile kültürleri vb. Maddi ve sembolik tüketimler yalnızca statülere göre değil, kabilelere göre de değişir. İçlerinden bazıları, genel kanaati saptırmayı, kimi gruplar üzerinde ağırlık oluşturan izleri ortadan kaldırmayı, hoşgörüyü yaygınlaştırmayı ya da bazı ikonlar dayatmayı umdukları kamusal sahnede kendilerini korumak için çekirdeksel aidiyetlerini aşmaya karar verirler. Küreselleşme, aşağıdaki nedenlerle, kültürel kimlikler arasındaki farklılıkların daha iyi bilincine varılmasını teşvik etmiştir. Bunun nedenleri:

- Bu farklılıklar kitle iletişim araçlarının yayılmasından yararlanırlar;
- Ulus-aşırı STK'ların yaydığı yeni politik imgelemin parçasıdırlar;
- Göç dalgaları yoğunlaşmıştır;
- Bazı kültürler "dünya kültürü" şok dalgasına karşı şiddetle tepki gösterirler ve medyayı istila eden yeni bölgesel çatışma türleri doğururlar.

Kültürel savın ve farklılık haklarının giderek artan politik görünürlüğüne tanık olmaktayız. Üçüncü kuşağın hakları olarak düşünülen bu haklar, özellikle kendilerini "halk" (örneğin yerli halklar) olarak tanımlayan ve bireysel hakların liberal vizyonuna karşı, kolektif ve özyönetimsel haklarla ilgili alternatif bir bakışı öne çıkarmaya çalışan grupların kendi kaderini belirlemesini özellikle içermektedir.

c) *Temsil mantıklarından ağ mantıklarına geçiş:* Burada talepler, bunları yöneten politik sistemden çok, sayısız enformasyon ağı dolayısıyla yayılabilen iletişim edimlerine bağlıdır. Bu yurttaşlık biçimi, mesafeyle, enformasyonun kişisel ya da kolektif amaçlı stratejik kullanımıyla nitelenen gündelik pratiklere, politik ve kültürel iletişime uzanır. (Malların ve sembollerin) tüketicisini, haklarını ve tercihlerini ifade eden, kendini de diğer aktörler arasında bir aktöre dönüşmek için medyatik uzamı kullanan fail olarak yeniden tanımlar. Ağlar çoğaldıkça, burada dolaşımda bulunan mikro-dünyalar da güçlenir ve dinamik bir hal alır.

Bu bağlamda, günümüz demokrasilerini niteleyen iç gerilimlerden birini vurgulamak uygun düşer. Bu demokrasiler, bir yandan eşitsizlikleri ve dışlamayı haklı göstermekten kaçınarak, kültürel çeşitliliği ve değerlerin çoğulluğunu olduğu kadar yurttaş özerkliğini de teşvik etmek amacıyla, farklılığı desteklemeyi ve geliştirmeyi iddia etmektedirler. Diğer yandan, özellikle dışlanmışların entegrasyonu bakış açısından düşünülen eşitlik kavramını benimsemeye ya da dinamikleştirmeye çalışırlar; bunu yaparken kültürel homojenleşmeye, politik iktidarın temerküzüne ya da zevklerin ve yaşam tarzlarının tektipleştirilmesine yönelmezler. "Tabi kılmadan entegrasyon", belirgin bir şekilde, toplumsal haklar ile kültürel haklar şeklindeki ikili temelden geçer. Burada, maddi aktiflerin en iyi dağılımı, sembolik aktiflere (enformasyon, bilgi iletişimi) daha eşitlikçi bir erişime bağlıdır. Bu ise, kamusal tartışmayı besleyen çok sayıda sosyo-kültürel aktör arasındaki daha büyük bir eşitlikten ve normların ve kurumların garanti ettiği bir kültürel çoğulculuktan geçer.

Bununla birlikte, böyle bir süreç postmodern düşünümün sakin ve estetikleştirici ritmlerini izlemez. Tersine, bir hegemonya mücadelesine denk düşer ve kültürel demokrasi mekanizmalarına eşlik eder. Küreselleşme nedeniyle, çokkültürcülük bizim gerçeklerimiz içinde çatışma biçiminde olduğu kadar, daha büyük bir kültürel zenginlik vaadi biçiminde de kendini gösterir. Bir yanda, hem köktenciliğin siperlerine doğru, hem de zıddına doğru –dünyanın "Macdonald'laşması"– bir geri çekilme tehdidi harekete geçer. Diğer yanda, her bir kişinin öznelliğinin yaygınlaşma olasılıkları, *ötekiyle,* yani başka bakışlarla, başka giyim, yemek yeme, paylaşım, kullanım biçimleriyle, kısacası aşk ve tinsellik tarzlarıyla bize nüfuz eden şeyle yoğun etkileşimler kendini gösterir. Küreselleşme, politik ve ideolojik alanda, bize çokkültürcülüğü gerçek bir değer olarak ve hatta bir ideal olarak gösterir. Ayrımcılığı suçlayan ve farklılık hakkını savunan uluslararası sözleşmeler devletler tarafından onaylanmıştır ve anayasalar giderek daha geniş kültürel haklar şart koşmaktadır. Kimi işaretler anlamlıdır: Devletler artık kendilerini "çok etnik yapılı" (Ekvator, Bolivya) olarak görmektedir; çift dilli eğitim, İspanyolcanın genellikle ikinci dil olduğu bölgelerde kurumlaşmaktadır; yerli kültürlerin topraklar üzerindeki mülkiyet talepleri politikleşmektedir; uluslararası topluluk, başkalarının yanı sıra, mülteci göçmenleri de desteklemektedir. Tüm dünyadaki STK'lar, her türlü ayrımcılık ve dışlama biçimini teşhir etmek amacıyla ağlar halinde örgütlenmektedir ve bazı iletişim araçları televizyon ekranları aracılığıyla çokkültürcü duyarlılıklarını evlere kadar yaymaktadırlar.

Hoşgörü ve kültürel çeşitliliğin savunulması "siyaseten doğruluğun" dört başı mamur öğeleri olmuştur. Günümüzde demokratik versiyonu içindeki çokkültürcülüğe önceki on yıllarda olduğundan kuşkusuz daha yatkın küresel bir imgeleme bu öğeler yavaş yavaş nüfuz etmektedir. Ama STK'ların kullandığı bu elektronik imkânlar, fikirlerini yaymak ve yandaş kazanmak için Neo-Nazi gruplar tarafından da kullanılmaktadır; Avrupa'daki milliyetçi ve yabancı düşmanı adaylar, son on yıllarda Fransa ve Avusturya'da olduğu gibi, giderek daha çok oy almaktadır. Vaktiyle kurtuluşun epik başrol oyuncuları olmuş Avrupa gençliği günümüzde aşırı sağa eğilim göstermekte ve Arap, Türk, Pakistanlı, Latin Amerikalı ya da Afrikalı göçmenler karşısında geleneksel ırkçılıkları yeniden körüklemektedirler. Son olarak, maddi ve sembolik tüketim alanında paradoksal eğilimlere de rastlanmaktadır; Amerikan tarzı kutulama (domates suları gibi televizyon dizilerinin de kutulanması) ile arz ve talebi ilgilendiren çok büyük çeşitlilikteki duyarlılıklar bir arada barınır. "Kültürel melezleşmeler" günümüzde bize insanların yaşamı üzerinde güçlü ve etkili bir kültür endüstrisinden söz etmektedir. Bu endüstrinin yerel biçimlerinden de söz edilmektedir. Bu endüstrinin kodunun kendi kullanıcıları tarafından çözülmesi yoluyla, çok daha büyük kültürel yoğunluktaki ve daha kesin bir kimliksel farklılıktaki ihtiyaçlara denk düşmesi amaçlanmıştır.

Daha büyük bir gerçek çokkültürcülük ile daha fazla değerlerle yüklü bir çokkültürcülüğün kesiştiği noktada, Latin Amerika'nın durumu nedir ve nasıl konumlanmaktadır? Göreceğimiz gibi, tarihe karşı gerçek bir borcu bulunan bu bölge (bu borcun niteliğini belirtmek gerekir), günümüzde, kültürel farklılığın kamusal ve politik sahnenin önemli temalarından biri olmasından yararlanıyor.

ÇOKKÜLTÜRCÜLÜK VE ÖTEKİNİN İNKÂRI

Latin Amerika ve Karaipler'de çokkültürlü çatışmalar tarihsel olarak "ötekinin inkârı diyalektiği"ne bağlıdır; bu öteki bir yerli olabilir, siyah, melez, kırma olabilir, köylü, kadın ya da marjinal şehirli olabilir (Calderón, Hopenhayn ve Ottone, 1996). Etnik ve kültürel terimlerle düşünülen ötekinin inkârı, keşif, fetih, sömürgeleştirme ve Hıristiyanlaştırma dönemine uzanır ve metropol (İspanya ve Portekiz) ile periferi (Latin Amerika ve Karaipler) arasındaki ilişkiye denk düşer. Ama burada durmaz: Bizim cumhuriyetimizin tarihi boyunca ve toplumsal ve kültürel entegrasyon süreçleri boyunca dönüşüm geçirir. Bu anlamda, farklılık iktidardan, disipline dayalı denetimden ve sömürüden kaynaklandığı ölçüde, Latin Amerika'nın başlangıcından itibaren çokkültürcülük sorununun damgasını taşıdığını söyleyebiliriz.

19. yüzyılda ulusal devletlerin oluşum sürecinde, tek bir kültüre ve tek bir ulusa referansı öne çıkararak, sömürgelerin hiyerarşik yapılarının ortadan kaldırılması biçimsel olarak sorun olsa da, bu formül, kültürel özümseme ya da soyunu kazıma yoluyla yerli kültürleri yok eden ulusal homojenleşme inisiyatiflerine de hizmet etmiştir. Dışlayıcı ikiliklerin –örneğin "ya uygarlık ya barbarlık"– kullanımıyla, yerli kültürler Beyaz ve Avrupalı kültürün egemen kültürel biçimlerine boyun eğmek zorunda kaldılar. Siyasal ve iktisadi seçkinlerin (genel olarak kreol kimliklerini üstlenen, ama melez kimliklerini neredeyse hiç kabullenmeyen seçkinler) ötekini inkârı, sonuç olarak çelişik ve değişen başka yüzler sunar. Bir yandan, öteki yabancıdır ve Latin Amerika siyasal kültürü, en gelenekçi ve otoriter versiyonları içinde, genellikle ötekine/yabancıya karşı yabancı düşmanı direnişi gösterir: Ulusal kimliği dışarıdan tehdit eden ve ulusu kemiren kişi. Dış etkiyi ahlâki çöküşün ya da ulusal *ethos*'un muhtemel yozlaşmasının nedeni olarak gören ve bölgedeki çoğu ülkeye egemen olmuş otoriter hükümetlerde *öz* üzerine söylemlere sıklıkla rastlanır. Diğer uçta, Latin Amerika "kreol"u genellikle ötekini "içeriden" inkâr etmiştir (yerli, melez), kendini faal olarak Avrupalıyla ve Kuzey Amerikalıyla özdeşleştirmiştir ya da ulusal ethosu bir Avrupa idealinden yola çıkarak veya Aydınlanmacıların felsefesinden kaynaklandırarak tanımlamıştır. Bu idealde yerel etnik kültürler karanlıkçılığın ve barbarlığın damgasını taşımaktadır.

Ötekini inkâr etmenin, çokkültürcülüğü inkâr etmek anlamına geldiği; bir kültürü tek yanlı olarak geçerli tek kültür olarak kabul edip diğerlerini gayrimeşru görmek demek olduğu söylenebilir. Ama bu, aynı zamanda başka kimliklerin varlığını, yalnızca onları ontolojik olarak küçümsemek için ve buradan yola çıkarak, bu hiyerarşiyi toprakların ve diğer kaynakların sahiplerinin mülksüzleştirilmesini haklı göstermeyi amaçlayan söylemsel bir strateji haline getirmek için kabul ederek, çokkültürcülüğün varlığını üstlenmenin baskıcı bir biçimidir. Dahası: Etnik-ırksal ötekine ayrılmaz biçimde bağlı olan kültürel-ötekinin tanınması, fetihin, sömürgeleştirmenin ve homojen bir ethos ideali üzerinde temellenen ulus-devletlerin inşasının zorunlu bir dispositifi olur.

Ötekini inkâr etmenin diğer biçimi, yerli ve Afrikalı-Latin-Amerikalı yerli halklara kültürün benimsetilmesidir; yani onların sembolik evrenlerinin reddedilerek, üretici çalışma disiplininin, ulus-devlet ideolojisinin, rasyonalist zihnin ve bir Avrupa dilinin onlara dayatılmasıdır. Onlar, Hıristiyan-öncesi diye yerildikten sonra, rasyonellik ve modernlik öncesi diye de yerilmişlerdir. Durumu kuş bakışı gözlemleyen bir yargıca yakışır bazı sıfatlar bu gruplara toplumsal ve kültürel hiyerarşinin en alt basamaklarını vermiştir: Vahşi, tembel, duyarsız, itkisel, ihmalkâr, kaba, batıl inançlı, sefih, vb.

Ötekinin inkârı, daha sonra, toplumsal dışlama biçimini almıştır; günümüzdeki durum da budur. Yüzyıllarca dışlama ve tahakkümün ardından, yerli halklar, Afrikalı-Latinler ve Afrikalı-Karaipliler, keza komşu ülkelerden göçmenler, yeni binyılın başında feci ekonomik ve toplumsal özellikler göstermektedir. Çoğunluk olarak, yerli halklar ve Afrikalı-Latin topluluklar aşırı yoksul koşullarda yaşamaktadır. Eğitim başarısı, emek ücretlendirilmesi, iş istikrarı, yaşam ortamı kalitesi ve servet bölüşümü gibi klasik belirteçler dikkate alınırsa, bu grupların günümüzde toplumsal yapının en alt konumunu işgal ettikleri görülür. Refah, maddi olmaktan çok sembolik terimlerle ölçülse de sonuç aynıdır, çünkü bu gruplar en az politik iktidara sahip olanlardır, kültürleri en az tanınanlardır ve toplumsal aktörlerle ilgili toplumsal imgelerin oluştuğu medyatik diyalogda en az yer sahibi olanlardır. Onlara göre çokkültürcülük, olsa olsa, muğlak bir kabul görme umududur ya da somut taleplerini sis perdesiyle örten bir retoriktir.

Gerçekten de, farklılığın "görünmezleştirilmesi" dışlama süreçlerinin yaygın bir özelliğidir. Bu mekanizma farklı biçimlerde kendini gösterir: Yerli-ötekinin ve Afrikalı-Latin-ötekinin resmî eğitim programlarında tanınmaması; istatistik incelemelerde etnik-ırksal bileşenin yokluğu (örneğin birçok ulusal sayım etnik-ırksal aidiyeti ortaya çıkarmaz) ki bu durum, bu grupların toplumsal politikaların hazırlık ve uygulanma sürecinde etnik ya da kültürel kimliklerine göre ortaya çıkmasını engeller; yerli ve Afrikalı-Latin-Amerikalı grupların kültür mirası üzerinde modernleşmenin yıkıcı etkilerinin hem devlet hem de medya tarafından –yakın döneme kadar– önemsizleştirilmesi; ve siyasal tartışmada, parti programlarında ve modernleştirici ütopyalarca "öteki"nin yokluğu.

MELEZLEŞME VE KÜLTÜRLERARASI DOKU OLARAK ÇOKKÜLTÜRCÜLÜK

İnkâr edenin kimliğinin olumlanması olan ötekinin inkârı karşısında, hem zıt hem de tamamlayıcı olarak, hem gerçeklik hem de söylem olarak melezlik yer alır. Melezlik yalnızca Beyazlarla yerliler arasındaki karışımlarla değil, Beyazlarla Afrikalı-Latinler, Afrikalı-Latinlerle yerliler arasındaki karışımlarla da tanımlanır. Latin Amerika'da ırksal melezlik, fetih ve sömürgecilik süreçlerine içkindir; ve melez nüfus bölgede çoğunluktadır. Irksal melezlik, bir anlamda, Latin Amerika'da çokkültürlülük sorununun nasıl "çözüldüğü"nü anlamamızı sağlayan tarihsel temeli oluşturur. Bu geniş süreç, aynı zamanda, birçok bakış açısından düşünülebilir.

Melezlik, bir yandan, kültürlerin buluşmasının bir tarzıydı ve öyle de kalmıştır. Diğer yandan, fatihlerin ve kolonların kültürü içinde, keza cumhuriyetçilerin ve modernleştiricilerin kültürü içinde yerli ve Afrikalı-Latin grupların asimile edilmesine ve egemen kültürün onlara benimsetilmesine hizmet etti. Melezlik, yalnızca bir dolayım olarak değil, aynı zamanda bir tabi kılma ve bir feragat olarak da kabul edilebilir; tarihsel bir buluşma yöntemi ve tabi kılınmış halkları emme yönünde egemen bir strateji olarak görülebilir.

Melezlik, ulus-devlet ideolojisinin kalbinde bir ulusal "ethos" oluşmasının sembolik kaldıracı olarak hizmet gördü. "Irklar potası" sembolü, yerli nüfusun güçlü olduğu ülkelerde olduğu gibi, önemli Avrupa göçü almış ülkelerde de, bu anlamda fazlasıyla sembol yüklüdür. "Melez vatan" çokkültürcülüğün şekillenmesini temsil etmektedir; burada, çokkültürlülük kültürlerarasılığa dönüşür. Fakat bu fikir adım adım sorgulanmıştır. Kimileri, örneğin, melezliğin kültürler arasındaki çatışmaları önlemek ve özellikle bir grubun diğer grup tarafından soyulması ve kökünün kazınmasıyla dolu bir tarihe makyaj yapmak için ideolojik peçe olarak hizmet eden bir tür mistifikasyon olduğunu söylemektedir. Başkaları ise, melez vatan idealinin, kültürel çeşitliliğin egemen olduğu yerde, bu çeşitliliği inkâr etmek amacıyla, kültürel ve toprağa bağlı birimler oluşturma yönünde homojenleşme aygıtı olarak ulus-devletlere hizmet ettiğini belirtmişlerdir. Sonuçta, söylem ile gerçekliğin kopukluğunu; ve melezliğin olumlu olarak belirtilmesinin "melezlerin" iktidara ve ilerlemenin yararlarına erişmesine yardım etmediğini, tersine tamamen sembolik ödünleyici olarak hizmet ettiğini ve "melezleri" gelişmenin ya da politikanın gerçek aktörleri haline getirmediğini belirtirler.

Bir başka bakış açısı ise, Latin Amerika'yı, Karaipler'le birlikte, kendi tarihsel-kültürel ortak mirasından yola çıkarak, başlangıçtan itibaren kendi kültürlerarasılık ya da (Katoliklikten moderniteye dek) hegemonik kültürün "aktif asimilasyonu" koşullarını üreten ya da yeniden yaratan bir bölge olarak kabul eder (Calderón, Hopenhayn ve Ottone, *a.g.e.*). Bu koşul günümüzde de hâlâ varlığını sürdürmektedir ve iki fikri desteklemektedir: Kültürlerle farklı kültür özneleri arasındaki geçişkenlik ve şimdiki zaman içinde farklı tarihsel zamansallıkların birlikte varlığı. "Latin Amerika ve Karaipler" bütünü kültürlerarasıdır: Çünkü modern olanla olmayan yan yana yaşamaktadır ve bunlar kültürde olduğu kadar ekonomide de birbirine karışmaktadır; ve çünkü Latin Amerikalıların çoğunluğunun kendi bilinci dilsel ya da kültürel kesişmelerle doludur. Bu kültürlerarasılık çok sayıda kişiyle sembolleştirilmiştir ve birçok ad almıştır: Ladinizasyon, çimarroluk, kreolluk, chenko vb. Büyük şehirlerde hayatta kalmak için çabalayan göçmen köylü, bir tür uzamsal bağdaştırmacılığın sembolüdür; modernitenin doğurduğu kültürler arası karışımlar, aynı zamanda, yinelenen şemalardır; dünya pazarlarına açılım ve yapısal heterojenlik, kültürlerarası dokunun yananlamlarına da sahiptir; hatta popülist gelenek bile bağdaştırmacı bir doku oluşturur ve burada, modernitenin özellikleri modern-öncesi siyasal kültürlerle karışır.

Bu bakış açısında, Latin Amerika kimliği, Amerikan yerlisi, Avrupalı, Afrikalı ve diğer toplumlardan gelen kültürel öğelerin bileşiminden yola çıkarak düşünülmelidir. Meksikalı yazar Carlos Fuentes, Sergio Marras'la bir söyleşide, Latin Amerika'yla ilgili olarak şu ifadeyi kullandığını belirtmektedir: "Çok karmaşık, telaffuzu zor, ama hemen kolaylıkla anlaşılabilen bir terim olan Yerli-Afro-İber-Amerika. Bence bu deyim bütün gelenekleri, kültürümüzü gerçekten oluşturan bütün öğeleri, ırkımızı, kişiliğimizi içermektedir." Kültürlerin buluşması, göründüğü kadarıyla, estetik üretimlerde kendini gösteren kültürel bir sentez üretmiştir; 18. yüzyıldaki Latin Amerika'nın ünlü baroğu, 20. yüzyılın duvar sanatı buna örnektir. Kültürlerarası bu doku müzikal alanda, ayinlerde, halk bayramlarında, danslarda, sanatta, edebiyatta da ifade bulmaktadır ve üretim stratejilerine ve hayatta kalma mekanizmalarına dek uzanmaktadır.

Kültürlerarası bir doku biçimindeki bu kimlik, kendi sınırları ve potansiyelleri açısından ele alınmıştır. Sınırlar konusunda, bazıları böyle bir kimliğin asla bütünüyle sürekli ve üstlenilmiş olmadığını ileri sürerler. Octavio Paz (1959) ve Roger Bartra buna örnektir. Bartra'nın kullandığı axolotl metaforuna göre, Meksika kimliği çekirdek halinde ve budanmış niteliktedir, asla tamamen olgunlaşamayacaktır. Potansiyeller bakımından, melez kimlik kültürel bir çekirdek oluşturur gözükmektedir ve buradan yola çıkarak, moderniteye kolaylıkla girmemiz ve çıkmamız mümkün olur (García Canclini, 1989) ve bu kimlikle birlikte –kültürel olgu durumunu tamamen üstlenebilirsek– modernleştirici ideoloji dalgalarının aşırı ölçüde araçsal ya da "mikropsuzlaştırıcı" sakıncalarını önleyecek bir kültür mirasına sahip olmak mümkün olur.

ÇOKKÜLTÜRCÜLÜK VE YABANCI DÜŞMANLIĞI

Doğu-Batı çatışmasının ya da kapitalizm/komünizm ideolojik çatışmasının sonu, küresel bir saflaşma ekseni olarak, başka nitelikteki çatışma ve bölünmelere "yeniden değer kazandırır". Yabancı düşmanı milliyetçilikler, dinsel köktencilikler ve etnik çatışmalar, enformasyonun, ulusal ve uluslararası politikaların ve kamuoyunun kaygılarının ön planına geçer. Bunlar yalnızca görünür olmakla kalmazlar, dahası, çoğalırlar da. Reel sosyalizmlerin sonunun ardından, hem eski Sovyetler'de hem de Doğu Avrupa'da ortaya çıkan güçlü milliyetçilikler, bir ölçüde, eski kültürel ve politik "borçlara" denk düşmektedir. Bu dinamiklere, yeni doğmakta olan uluslar arasında kanlı ve berbat savaşlar eşlik edince, sahnenin önüne kimlik iddiasının "korkunç boyutu" geçmiştir: Irksal ayrımcılık, "etnik temizlik."

Ayrıca, uluslararası ve sınır bölgelerden büyük göç akını, göç kabul eden Batı Avrupa ülkelerinde –bu ülkelerde işsizlik artarken ve devletin sağladığı temel toplumsal hizmetler azalırken– yabancı düşmanlığını ve ırksal önyargıları doğurmakta ya da körüklemektedir. Bu nedenle, yeterince kalifiye olmayan geniş işçi nüfuslar, yardım alan işsiz gençler, kendi durumlarının sorumlusu olarak gördükleri günah keçisini bulmuşlardır: Himayeci devletin toplumsal yararlarını ve istihdam olanaklarını kendileriyle paylaşan yabancılar. Sanayileşmiş ülkelerde, başka ülkelerden gelen, gelecek bulamadıklarından kendilerini anavatanlarından sürgün etmiş ya da savaş mültecisi olmuş etnik gruplar karşısında gerici bir milliyetçilik ortaya çıkmaya başlamaktadır. Almanya'da Neo-Nazilerin zulümleri bunun üzücü bir örneğidir. Yeni ve eski fanatizmler kaygı verici boyutlar edinmektedir ve bütün bölgelerde denetlenemeyen durumlar yaratmaktadır. Bu durumlardan bazıları bizzat devletten kaynaklanmaktadır: Bosna'daki, Doğu Timor'daki, Ruanda'daki ve Kosova'daki soykırımlar, bu son yıllarda bunun en dramatik sonuçlarıdır.

Latin Amerika ve Karaipler'de yabancı düşmanlığı tarihsel olarak etnik-ırksal ayrımcılıkta kök salmıştır ve öncelikle de yukarıda belirtilen "ötekinin inkârı" modeline göre gelişmiştir. Ötekini bu kültürel inkâr imgelemi er geç yabancı-ötekine aktarılır; özellikle de Beyaz değilse ve Afro-Latin ya da

Afro-Karaip gibi yerli nüfus yoğunluğunun güçlü olduğu ülkeden geliyorsa. Örneğin Paraguaylı ve Bolivyalı göçmenler, keza başkente doğru taşınan ülkenin kuzeyindeki Aymaralılar, on yıllardan bu yana Arjantin'de "küçük kara kafalılar" diye adlandırılmaktadır. Şili'de Perulu ve Ekvatorlu göçmenler "maymun" lakabıyla anılırlar. Aynı lakabı Quito Ekvatorluları Guayaquillileri belirtmekte kullanır. Bütün bu deyimlerde yabancı düşmanı duygular, yüzlerce yıllık etnik ve ırksal ayrımcılıkla karışmıştır. Venezuella'daki Kolombiya göçmenleri, Dominik Cumhuriyeti'ndeki Haitililer, Meksika'daki Guatemalalılar, Costa Rica'daki Nikaragualılar ve Amerika Birleşik Devletleri ve Avrupa'da bulunan bütün bu topluluklar bu türden önyargılara maruz kalmaktadır. Göçmenlerin, genellikle, gittikleri ülkedeki emek pazarlarında kendi içlerinde rekabetçi, uzmanlaşmamış bir emekçi kitlesine dahil olması da bu önyargıları şiddetlendirmiştir. Uzmanlaşmamış yerli nüfusta işsizlik de artma eğilimindeyse, göçmenlere yönelik inkâr ve aşağılama da atmaktadır.

SORUN ÖNCELEYEN ÇOKKÜLTÜRCÜLÜK: POSTMODERN BAĞLAMLARDA TARİHSEL BORÇLARI ÜSTLENMEK

Gördüğümüz gibi, Avrupa'da, Latin Amerika'da ve Karaipler'de küreselleşmenin ve postmodernitenin güncel durumu, (gerçeklik ve değer olarak) çokkültürcülüğün şiddetlenmesinde ve bunu benimsemekte karşılaşılan güçlüklerin artmasında bir faktör olarak görülmektedir. Biz, sorunu önceleyen çokkültürcülüğü, çoğulcu-demokratik imgelemi zenginleştirebilen, daha büyük bir şans eşitliğine doğru ve aynı zamanda, farklılıkların olumlanmasında daha büyük bir uzama doğru ilerlemeyi sağlayan olumlu bir tarihsel güç olarak görüyoruz. Sorunu önceleyen bir çokkültürcülük, kültür alanında ayrımcılık olmamasını, hakkaniyetli bir toplumsal bölüşümle uzlaştırmaya ihtiyaç duyar. Aynı zamanda, etnik azınlıklarla ve sosyo-ekonomik, kültürel-kimliksel katmanlara göre, yaş, cinsiyet ya da bölgesel kökene göre tanımlanmış diğer gruplarla ilgili pozitif ayrımcılık politikaları içerir. (Sivil, politik ve kültürel haklardan yola çıkarak hazırlanmış) ayrımcılığa karşı mücadele politikaları, nesnel olarak en fazla ayrım gören, yani kimliklerini ortaya koymakta, yaşamsal ihtiyaçlarını karşılamakta ve özgürlüklerini olumlu anlamda uygulama yeteneklerini geliştirmekte en dezavantajlı koşullarda yaşayan gruplara yönelik toplumsal politikalarla tamamlanmalıdır.

Pozitif ayrımcılık, hakları, özellikle en az sahip olanlara yaymalıdır. Bu yayılma, eğitim, iş, sosyal yardım ya da konut gibi toplumsal hakları içermekle kalmamalı; kamusal yaşama katılım hakkını, azınlıkların kültürel pratiklerine saygıyı ve kamusal tartışmaya katılımı da içermelidir. Bu perspektifin sunduğu meydan okumalar, ötekini inkârın ve onun üzerindeki tahakkümün uzun tarihine dayanmaktadır. Farklılığın kabulü ve değerlendirilmesi, her türlü kültürel homojenleşme fikrinin ve bir kültürün diğeri üzerindeki tahakküm ya da üstünlüğünün reddini de benimsemelidir. Dolayısıyla, ister ırk, etnik köken ve inanca, isterse de bölge ya da uyruğa dayansın, bu eşitsizliklerin ve dışlamaların tarihsel kaynaklarını onaylaması ya da meşrulaştırması muhtemel olan her şeyin ortadan kaldırılması şarttır. Çokkültürlü ve çok-etnili çeşitliliğin kabulü, devletlerin ve hükümetlerin bu gruplaşmaların haklarını tanımasını, bunları yasamaya katmasını, hatta onların kendi özerk adalet ve mülkiyet sistemlerine saygı göstermeye karar vermesini ve bunları gerçekten uygulayabilmeleri için gereken imkânları onlara sağlamasını gerektirir.

Meydan okuma, "ikinci kuşağın" haklarını fiilileştiren toplumsal politikalar yardımıyla, kaynak, ortak miras, kişisel güvenlik ve bilgi eksiğini azaltarak, kişilerin kendi kaderlerini serbestçe tayinini ve kültür ve değer farklılaşmalarını bağdaştırma yönündedir. Farklılığı ve özerkliği ileri sürme fırsatlarının adil dağıtımı ile temel ihtiyaçları karşılamak için malların ve hizmetlerin adil dağıtımı kavşağında, eşitliği savunmak ve toplumsal hakları somutlaştırmak gerekir.

Sorun önceleyen çokkültürcülük, çok çeşitlenmiş programları hazırlamayı gerektirir. Bu programlar, dar anlamda kültür politikaları alanını kapsar. Ama aynı zamanda da bu alanı geride bırakırlar. Bu zorunlulukları açıklamak ve düşünmeye davet etmek için aşağıda bazı önermeleri ayrıntılandıracağız (Bello ve Rangel, 2000).

Eğitim konusunda, yalnızca İspanyolcanın ikinci dil olduğu bölgelerde çiftdili programları genelleştirmek değil, aynı zamanda, çokkültürlülüğün içeriklerde, değerlerde ve pedagojik uygulamalarda kendini gösterdiği, çokkültürlülük eğilimli bir eğitim sistemini de benimsemek gerekir. Etnik ve kültürel çeşitliliğe saygı, eksiksiz ve genelleşmiş bir yurttaşlık üzerinde temellenen yurttaşlık eğitimi, okula geldiklerinde çocukların toplumsal ve kültürel bakımdan çeşitli gerçeklikler karşısında ders programının makullüğü ve ötekine saygı ile karşılıklılık üzerinde temellenen iletişimsel pratiklerin teşviki bu bakış açısındaki temel öğelerdir.

Uzaktan iletişim, politik yankıları, büyük görünürlüğü ve mevcut aktörler için geçerli iletişim aygıtı olarak kabulü açısından giderek daha fazla önem kazanmaktadır. Sonuç olarak, yerli halkların, Afrikalı-Karaiplilerin ve göçmenlerin yeni teknolojilere erişimini teşvik etmelerini sağlamak gerekmektedir; çünkü böylelikle bilgi toplumuna daha üretken bir şekilde katılabilecekler ve idari, örgütsel ve politik muhataplık konularında daha iyi bir kolektif kapasiteye sahip olabileceklerdir. Latin Amerika'da birçok örgütlenme, taleplerini yayımlayabilmek ve ulus-aşırı hareketlerde yer alabilmek için internet gibi interaktif araçları zaten kullanmaktadır. Hükümetler ve meslek odaları (örneğin gazetecilerinki) hoşgörü, başkasına açıklık, çokkültürcülük ve kültürlerarası ve "hudutlar-arası" diyaloğa hazır olma gibi olumlu değerlere destek olucu medya stratejileri oluşturmak için medyayla işbirliği içinde çalışmalıdır. Hükümetler de yabancı düşmanlığı uyandırabilecek ya da yalnızca farklı olunduğu için "başkalarını" (renkleri, ırkları ya da bölgeleri nedeniyle) damgalayan her türlü iletişim biçimini kovuşturmalıdır.

Yerlilerin, göçmenlerin ve Afrikalı-Latinlerin açıkça dezavantajlı durumda olduğu ve genellikle ayrımcılığa uğradıkları alan olan *istihdam* ve *çalışma* konusunda devletler daha az ayrımcı ve aynı zamanda eğitime daha adil erişimi kolaylaştıran bir uygulamayı sağlayacak önlemler almalıdırlar. Eşit işe eşit ücret ve sağlık, meslek kazaları ve hastalıkları alanında hakların ve sosyal yardımların genelleştirilmesi, yalnızca azınlıkların istihdam imkânını iyileştirmek için değil, aynı zamanda çalışma içinde gelecekte ortaya çıkabilecek ayrımcılıkları ve ırkçılıkları önlemeyi sağlayan mekanizmaları da kurumsallaştırmak için kimi zaman "olumlayıcı eylem"den ya da pozitif ayrımcılıktan geçen bu uygulamanın temelidir.

Sağlık alanında, bu nüfus topluluklarının sağlık hizmetlerinden ve diğer sosyal hizmetlerden daha iyi yararlanması için ve onların ihtiyaçlarına daha iyi karşılık vermesi için özel önlemler benimsemek gerekir. Ayrıca, geleneksel tıbbın ve eczanın yararlarını kabul ve teşvik etmek, etkinlikleriyle bilinen ilaçların kullanımını benimsemek gerekir.

Devletler, yerli halkların yüzyıllardır yaşadığı ve kullandığı topraklardaki mülkiyetlerini ve toprak haklarını, genel ve özgül yasal normlar sayesinde ya da geleneksel hukuk haklarının, tarihsel kullanım ve işgallerin tanınması yoluyla sağlamalıdırlar. OIT'nin 169 sayılı sözleşmesinin öngördüğü gibi, özerklik ve kendi kaderini tayin hakkı kapsamında, yerli nüfusların kendi topraklarını ve doğal kaynaklarını yönetebilmeleri ve idare edebilmeleri için araçların ve eylem programlarının oluşmasını teşvik etmek gerekir.

Ayrımcılık gören grupların görünmezliği konusunda, yerli ve Afrikalı-Latin-Amerikalı örgütler taleplerini enerjik biçimde artırdılar. Bizim medyatik toplumumuzda bu grupların iletişim teşebbüslerini teknik olarak destekleme zorunluluğu tek başına yeterli değildir; başka düzeylerde de çalışmak gerekir. İstatistiki incelemelerde, yerli topluluklar, Afrikalı-Latin-Amerikalılar ve göçmen nüfus hakkında güncellenmiş veriler elde etmek ve onların sosyo-ekonomik koşulları ve ayrımcılık algıları hakkında bilgileri bir araya toplamayı sağlayacak ev anketleri yürütmek gerekmektedir. Böylece, devletlere, STK'lara ve politik anlaşmalar üzerinde temellenen farklı mercilere gerekli belirteçler elde edilerek, toplumsal ve kültürel bakımdan ayrımcılığa uğrayan grupların durumuna uyarlanmış somut politikalar tasarlanabilir. İmkânlara ve politikaya gelince, bu ayrımcılığı görünür kılmak gerekir. Çok sayıda devlet, kendi ülkesinde hiçbir ırksal ya da kültürel ayrımcılık olmadığını, çünkü anayasasının bunu yasakladığını belirtmektedir; ama bunu yaparken, belirgin ayrımcı uygulamaları göz ardı etmektedir. Sonuç olarak, yabancı düşmanlığıyla, ırkçılıkla ve her türlü ayrımcılıkla mücadele etmeye çalışan, medya aracılığıyla seslerini duyurmaları ve kamusal tartışmaya katılmaları için kamusal alanlara daha iyi erişim imkânı sağlamaya çalışan sivil toplum örgüt ve gruplarını desteklemek önemlidir.

İnternet kullanımı ve etkisi kamuoyunda genelleştiği ölçüde internete giderek daha makul şekilde başvurulmaktadır. Günümüzde internette dolaşan yabancı düşmanı ve Neo-Nazi mesaj sayısındaki artışı vurgulamak da önemlidir. Bu ağların akışlarını düzenlemek kuşkusuz güçtür, ama buna karşılık, internet ya da geleneksel iletişim araçları sayesinde, yurttaşları bu grupların temsil ettiği riskler konusunda, keza iktidar yoluyla kesiştiklerinde ve geniş kitlenin desteğini aldıklarında bu ideolojilerin tekinsiz karakteri konusunda uyarmak mümkündür.

SONUÇ

Kısacası, sorun önceleyen kültürel çokkültürcülük bizi farklılığın olumlanmasını, toplumsal dokuyu oluşturan farklı kültürel kimlik ve grupların şans eşitliğiyle bağdaştırmaya davet etmektedir. Bu davet, aynı zamanda bir meydan okumadır: Politik eylemin çeşitli alanlarını bu politikaların tasarlanma ve uygulanmasıyla bağdaştırmak. Uluslararası forumlar, sözleşme ve anlaşmalar, keza her ülkenin anayasası, hukuksal ve politik bir temel oluşturur ve bu temelden yola çıkarak bu yönde ilerlemek mümkündür. Ama eğer sivil toplum ve politik sistemler hayal gücüyle seferber olmazsa, bu temel hükümsüz kalabilir.

Bu noktadaki katkılarından dolayı antropolog Alvaro Belo'ya teşekkür ederiz.

11

Kültür ve Çeşitlilik: Fransız-İspanyol ve Politik Ölçekler Arası Bir Karşılaştırma

EMMANUEL NÉGRIER

Bu eserde İngiliz ve Hollanda örneklerini verdiğimiz Anglosakson kültürlü ülkeler, çeşitliliği kamusal kültür eylemi problemi olarak oldukça erkenden kendilerine entegre etmişlerken, Fransa ve İspanya, bu meselenin, kalıcı bastırmaya dayalı çok tezat iki örneğini temsil etmektedir. Her ikisi de "Latin ve Napoléoncu gelenekli" denen ulus olduğundan, yani doğrudan yönetimli olduklarından, bunların ortak özelliği, tartışmayı kamusal, bölgesel ya da merkezî kolektiviteler üzerindeki müdahale kriterleri üzerinde yoğunlaştırmalarıdır. Daha sonra ise, uzun vadeli ulusal inşaları içinde, kendi birliklerini, özellikle Hollanda ve İngiltere'de öne çıkandan başka mantıklar (asimilasyon, fetih) üzerinde temellendirmişlerdir. Devletler ölçeğinde kültürel çeşitliliğin dikkate alınması, mantıksal bakımdan, her bir ülkede ulusal sorununun oluştuğu çerçeveye bağlıdır (Kymlicka, 2001; Bennett, 2001). Bunun sonucunda, bu ülkelerde çeşitlilikle kurulan ilişki, François Matarasso'nun belirttiği gibi, bir tür ulusal antropolojiye dahildir; İspanya ve Fransa'da ise çok daha çağdaş bir yapıdan kaynaklanır. Bununla birlikte Latin kültürlü bu iki ülkenin felsefi çakışması çok nispi kalır. Bunun kanıtı, bu iki ülke tarafından izlenen kültür politikası yörüngeleri ile her birinin çeşitliliğin bastırılmasına tanıklık ediş tarzıdır. Bunlar kaba hatlarıyla böyle nitelenebilirler. Fransız tarihsel bastırması evrenselci bir ideolojiye dayanmaktadır; bu ideoloji, kültür politikaları açısından, her kimlik sorusunu açıkça inkâr eden bir projede kendini gösterir. André Malraux'nun ve birçok mirasçısının savunduğu kültürel demokratikleşme, hudutların kaldırılması ve uygulamada Fransızca içeriğinde evrensel bir "imge müzesi"nin değerlendirilmesi üzerinde temellenmiştir. İspanyol tarihsel bastırması ise, tersine, uzun Franco'cu evresinde, belirteçlere ve yasaklara sahip bir ulusal kimliğin savunulmasına bağlıdır. Diktatör tarafından belli bir folklorun (boğa güreşi, flamenko etrafında) değerlendirilmesi, tüm diğer folklorların – örneğin Katalan ya da Bask– bastırılmasıyla birlikte işler. Bir kültür politikası ya da uzun süre boyunca onun yerini tutacak şeyi inşa etmek için, İspanya, kendi bölgesel çeşitliliğinin taban tabana zıddı bir şekilde, homojen kaynakları inatla aradı. 1970'li yılların sonundaki demokratik geçişle birlikte, "iç" çeşitlilik kültür politikalarının gündemine girdi. Bu durumun özelliği gereği, bunun hudutlarını birinci kısımda, bu aynı meseleyi Fransızların ele alış tarzıyla karşılaştırarak yapacağız.

İkinci olarak, göçten kaynaklı "yerli olmayan kültürler"in ortaya çıkışıyla oluşan diğer çeşitlilik meselesini ve bunların esasen metropolün çerçevesi içine toplumsal entegrasyon perspektifiyle değerlenmelerini ele alacağız. Burada da, Pirenelerin her iki yakasındaki tarihsel koşullar farklı olsa da, çeşitlilik ile kültür politikası arasındaki ilişkide bazı çakışmaların bulunduğunu ve bunlardan bazılarının Batı ülkelerinin bütününe uzandığını göreceğiz.[1]

İÇ KÜLTÜREL ÇEŞİTLİLİK: İKİ ZIT YÖRÜNGE

Fransa Örneği: Sanatsal Çeşitlilik Kültürel Çeşitliliğe Karşı

Kültür konusunda kamusal çabanın önemli ölçüde gelişimi, tedrici toplumsal bağlamda cereyan etmektedir. 1959 yılında, kültür politikası André Malraux tarafından, giderek daha çok maddi meseleler üzerinde odaklanan bir dünyaya ilave ruh olarak tasarlanmıştır. Böylelikle kültür politikasının korumacı devletin yeni bir evresine girebileceği ve bazı alt sektörlerin (kitle önünde kitap okuma, canlı gösteri, sanat eğitimi) kamu hizmetine dair Fransız bir ideolojinin saflarını genişletebileceği düşünülmüştür. Kamusal kültür yatırımının artış döneminde, bu denklemin zaafları giderek büyümüştür. Bir yandan, türsel ütopya ile kültürel demokratikleşmenin, istatistikler (Donnat, 1994, 1999) ya da sosyolojik gözlemler (Bourdieu, 1979; Lahire, 2003) içinde somutlaşması çok eksik kalmıştır. Diğer yandan, büyüyen maddileşme karşısında himayeci devletin "ruh ilave etme" fikri, bu aynı himayeci devletin krize girmesine kolaylıkla direnememiştir.

1 Takip eden açıklamalardan bazıları, kamusal idarede karşılaştırmalı analiz dergisi olan *Téléscope*'ta "Les chiens de faïance. Politique culturelle, métropoles et diversité en Europe" adı altında yayımlanan bir yazının konusu olmuştur (Québec, c. 13, no 3, 2007, s. 70-83).

Kültürel gelişim karşısında duyulan başlangıçtaki coşku, demokratikleşme hedefinin tamamlayıcısı olarak, kültür politikasının kendi kendini meşrulaştırma ilkesine dayanıyordu. Bu dönem, *içkin* ereklilikler çağı olarak nitelenebilir (Bonet ve Négrier, 2003): Kültür harcamaları, kültür sektörünü güçlendirdiği için meşru görülür. Kimilerinin yanlış yere "Kültürel Bütün"[2] olarak adlandırdıkları şey de etki alanına girdikçe, meşruluk buyruğu nitelik değiştirmiştir. Kültür politikasının işe yararlılığını, "sanat sanat için" ya da "kültür kültür için" kısıtlı çerçevesinin ötesinde kanıtlaması istenmiştir. Kamusal söylemlerde, başta da Jack Lang'ınkilerde, ekonomik gelişme ya da ... toplumsal entegrasyon gibi belirgin ya da (politik imajın değerlenmesi gibi) zımni, dışsal ereklilikler ortaya çıkmaya başlamıştır. Kültürel çeşitlilikle ilgili tartışmalar bu toplumsal entegrasyon etrafında somutlaşmıştır. Bunların pratiğe geçirilmesi, ikinci bir evrede analiz etmek gereken bazı dispositiflere varmıştır. Bununla birlikte, çeşitliliğin kültürel eylem sloganı olarak yakın dönemdeki açılımı, kültür politikaları açısından, iki tarihe sadık evrenselci bir paradigmanın sürdürülmesine engel oluşturmaz. Bu tarihlerden ilki, dünya çapındaki geçmişin ve bugünün sanatsal zenginliklerinin toplamı olan bir "hayalî müze"nin kurulmasında ve paylaşımında Fransa'nın oynaması gereken role ilişkin André Malraux'nun vizyonudur. Fransız politikalarının kültürel demokratikleşmesi, yabancı sanatçıları ve onların geçici siparişlerini kabul eden, ama kamusal eylem kriteri olarak kültürel çeşitliliği belirgin biçimde göz ardı eden sanatsal çeşitlilik kavramına dayanmıştır. İkinci tarih, doğal olarak, çoğul kimliklerin tek bir ulusal çerçeveye entegrasyon tarzlarının tarihidir. Farklı kültürlerin aynı ulusal yazgıya entegrasyonuna damgasını vuran ve yaşam deneyimlerinin (topluluk, bölge, etnik) tekilliğini gerektiğinde eksilterek ve anlatılar arasındaki çelişkileri "yukarıdan" yok eden ortak kuralların öğrenilmesinden geçen ilişkiyle kamusal faaliyet içinde kültürle ilişkinin evrenselliği at başı gider. Sömürgecilikten gelen kültürlerin entegrasyonu açıkça bu türdendir. Günümüzde bu hâlâ tartışılmaktadır; 2006 yılında *Indigène* filminin gösterime girmesi bu tartışmanın canlanmasına katkıda bulunmuştur. Bu ikili tarihsel evrenselcilik, klasik politik-idari kalıba göre şekillenmiş bir kültür politikasını temellendirdi; bölge, kültür işlerinin bölgesel yönetimine bağlandı ve uzam içinde ulusal mantıkları çoğalttı. Bu durum,

---

2 "Kültürel bütün" kavramı, "sınıflamak" için kaynakları ve gerekli bilgileri olmayan mesleklerle ve kurumsal yapılarla donanmış alanların dışında kamusal kültürel müdahalenin genişlemesini nitelemekte kullanıldı. Polemik oluşturan bu deyim, hedefi daima kültürel nesne, pratik ve aktörler olan çeşitli içerme/dışlama etkileri üzerinde açmaz oluşturur.

sözleşmeli politikalar aracılığıyla, bakanlık normlarını, değerlerini ve kriterlerini kendi içine katmış ve sonra da bunları kendi politikalarında belli etmiş olan yerel iktidarlara (bölgesel meclisler, bölge ve şehirler) kadar uzandı (Négrier, 2003). Fransa'ya özgü evrenselci paradigmanın bölgesel düzeyde vardığı ve –sonradan görüleceği gibi– tersine döndüğü nokta budur.

İspanya Örneği: Özgün Bir İkilik

Kültürel çeşitlilik nosyonu İspanya'da kendini özgün biçimde gösterir. İspanyol modeli, felsefesi son derece asimilasyoncu olan (İspanya'da *españolista* denir) çağdaş dünyanın en uzun diktatörlük deneyimlerinden birine karşı demokratik geçişten bu yana, kendi toprak çeşitliliğinin tanınması üzerinde temellenmiştir (Rubio, 2003). Kültürel çeşitliliğin bu şekilde tanınmasını politik ve hukuksal bakımdan yaşatmakla görevli olan, kurumsal sistemin bütünüdür. Bu sıfatla, Katalonya'nın yeni statüsü üzerine 2005 ve 2006 tarihli tartışmalar, "çokuluslu devlet"in tamamlanmamış bir modelinin söz konusu olduğunu göstermektedir (Linz, 1993; *Pôle Sud,* 2002).

İspanya, günümüz Avrupa uzamına yansıtılabilecek haliyle, kültürel çeşitliliğin idaresinin ilginç bir laboratuvarını oluşturur. Geçekten de burada çok sayıda "ulus topluluğu" bulunur; bunların her birinin kendi kültürel yetkileri, gelenekleri ve ifade tarzları vardır (Bonet ve Négrier, 2007). Bu ulus toplulukları son derece çeşitli boyutlardadır, aynı tarihsel güzergâhları temel almamaktadırlar, çok önemli ekonomik, toplumsal ve kültürel gelişim farklılıkları vardır (Rausell, 1999). Aynı zamanda, altı özerk toplulukta –Katalonya, Bask Ülkesi, Galiçya, Balear Adaları, Valenia ve Navarre toplulukları– özerk diller ile Kastilya dilinin birlikte varlığı anayasa tarafından resmen tanındığından dil sorunu da özgül biçimde kendini gösterir (Arguelaguet, 2001; Deschouwer, Loughlin ve Keating, 2003). Bu ortak resmiyet rejiminin yanında, özerk toplulukların birçok statüsü, bölgesel bir dili, kullanımının korunması ve geliştirilmesi misyonuyla birlikte kabul etmektedir: Belli başlılarını sayarsak, Asturya dili (Asturyalıların özerklik statüsü), Aragon dili (Aragon'un özerk statüsü), Aranca (Katalonya'nın özerklik statüsü). Bu ikili kabul kendine özgü kamusal politikaların temelidir. Topluluklardan her birinde dil kullanımını geliştirecek kendine özgü aygıtlar düzenlenmiştir. Bunlar, idarede, okullarda ve daha genel olarak özerk toprakların bütünü üzerinde iki resmî dilin birlikte kullanımını teşvik etmeye yöneliktir. Topluluklar, bir televizyon kanalının kullanımını, kendilerine özgü görsel-işitsel üretimi, radyo yayınlarında, yazılı basında ve kültür endüstrilerinin bütününde (özellikle tiyatro, sinema, yayın) ve kültürel gösterilerde kendi dillerinin kullanımını teşvik edecek yasama araçlarına sahiptirler. Kendi dillerinde kültürel üretime ayrılmış özgül sübvansiyon politikaları genel olarak gelişmiştir. Çifte resmiyet rejimi, 1980'li yıllarda hukuksal ve politik çatışmalara yol açtı. Bu çatışmalar özellikle ikidilliliğin tanınmasının niteliğine, dillerin kullanımının hak ve yükümlülük sınırlarına ve bunların eğitim alanına uygulanmasına yöneliktir.

Aynı zamanda, özerk kimlikler, aynı jeopolitik ve kurumsal bütünün parçasıdır ve bir yazgı ortaklığını paylaşırlar. İspanya'da ortaya atılan sorun, onu oluşturan çeşitli kültürler arasındaki iletişimdir. Burada devlete düşen kurumsal bir buyruk söz konusudur (Prieto de Pedro, 1993) ve günümüzde bu buyruk çok eksik bir şekilde yerine getirilmektedir. İspanyol devleti, gerçekten de, kültürel yetkilerini özerk topluluklara doğru geniş biçimde aktarmıştır. Ancak bazı sıfatları hâlâ korumaktadır: Büyük ulusal sanat kurumlarının idaresi, telif hakları üzerine yasalar, özellikle uluslararası kültür işleri. Fakat, bölgesel iktidarlara geniş yetki verme çerçevesinde, bu "kültürler" arasında iletişimi (yoksa koordinasyonu değil) geliştirmek de ona düşer. Özerk topluluklarda sektöryel yetki ve yasama çerçevelerinin ilk kez yerleştiği dönemde ve özerk kültür politikalarının ilk yirmi yılı boyunca bu fikrin (bununla birlikte, politikaların ve kültürlerin homojenleşme ya da tektipleşme kaygısının), devlet ile özerk topluluklar arasındaki etkileşimlerin somut durumu içinde kuşkuyla karşılanması anlaşılır. Günümüzde, küresel sistemin etkinliğini ve hakkaniyetini teşvik ederek, kamusal politikaların bilançosunu çıkartmak, (edinilmiş ve meşru) çeşitliliğe saygıyı dert edinen bir eklemlenmenin çakışma ve gerekliliklerinin unsurlarını saptamak gerekmektedir. Kültür politikaları modellerini özerkleştirme yönündeki fiili sistemin sapkın etkisi, gerçekte, (ortak kültür varlığı politikalarının dışında ve daha da marjinal olarak) sanatın ve kültürün bu farklı bölgeleri arasındaki alışverişte büyük bir güçlüktür.

METROPOL ÇERÇEVESİNDE ÇEŞİTLİLİK PERSPEKTİFLERİ VE AÇMAZLARI

İç çeşitlilik örneği dikkate alınırsa, kültür politikaları ile çeşitlilik arasındaki bağ, incelenen ülkelerde çok farklıdır. "Dış" çeşitlilik açısından bu iki ülke, bu eserde François Matarasso'nun tanımladığı haliyle, kamu müdahalesine farklı kültürel toplulukların eşitsiz erişim etkilerinin erken bilincine varma üzerinde temellenen İngiliz sorunsalından eşit ölçüde farklıdır. Bu tür toplulukların meşruluğunu uzun süre göz ardı etmiş olan Fransız kültür politikası modeli,[3] daha ziyade sanatsal çeşitlilik nosyonuna yaslanarak, soyut evrenselliği öne çıkarmaya devam etmektedir. İçsel bir çeşitlilik dinamiğinin istikrarına odaklanan İspanya modeli, dış göçten kaynaklı nüfusların –özellikle Afrikalılar ve Güney Amerikalılar– kendi toprağındaki varlığına bağlı çeşitlilikle kısa süre önce karşılaştı. Bununla birlikte, bu ulusal vizyon sınırlı kalmaktadır ve bizim vardığımız farklılıklar, kuşkusuz ki, metropol çerçevesinde cereyan eden bu farklı ilkelerin uygulanmasında temel bulan gerçek çakışmaları gizlemektedir.

Fransız Tarzı Araçsal Bölünme

Fransa örneğinde, elimizde istatistik bulunmadığından, bazı açılardan, kültürel oyunun çoğul aidiyetlere açılması ilkesinden esinlenen dispositiflerin evrimini analiz etmek gerekir. 1995 yılında, Alain Juppé'nin yönettiği hükümetin kültür bakanlığı bir program başlatmıştır: Mahallelerde kültürel projeler (PCQ). Mütevazı finansmanlı bu program ilk kez tartışmayı "gerçek" kültürel çeşitlilik alanına taşımıştır. Yirmi dokuz proje ortaya çıkacaktır ve bunların bir bölümü –örneğin Cezayir sürgünü anısının "telafisi" gibi– göçten kaynaklı kültürlerin desteklenmesine yöneliktir (Négrier, 1997). Sınırlı imkânlarla sürdürülen bu operasyon, daha ileride, şehir politikasının kültürel kanatlarını oluşturacak bütün sorunları içerir. 19. yüzyıl sonu akademizminden çıkışı yeniden üreten estetik bir kopuş ile kamusal müdahalenin kurucu ekseni olan sosyo-kültürelin geri dönüşü arasında sürekli olarak gidilip gelinir.

Şehir politikası, hiç kuşkusuz, kültürel çeşitliliğin birincil önemde bir mesele oluşturduğu alandır. Bunun özlü bir bilançosunu çıkarmak burada imkânsızdır (Chaudoir ve de Maillard, 2004). Fakat, Fransız şehirlerinde geçerli olan kültürel çeşitlilik politikasının politik idare "tarzını" belirtmek için yararlı bazı dersler çıkartılabilir. Burada iki önemli türde dispositif egemendir: Yazıya duyarlı öğrenimlere dayalı olanlar (yazı atölyeleri, tiyatro uygulama atölyeleri) ve görsel sanatlara dayananlar (fotoğraf, plastik sanatlar). Birinciler, bir anı, bir topluluk içinde yaşanmış referanslar bloku üzerinde çalışarak (Çingeneler, beur'ler, harki'ler vb.) öğrenimlerin klasik içeriğinin çerçevesini çizseler bile, okul aracılığıyla entegrasyon şeklindeki Fransız geleneği soyundan gelirler (tüm diğer kültürel pratiklerin dayanağı olan yazı ve oku-

3 Dolayısıyla, kişilerin etnik kökeni üzerine bilgileri dahil eden veri tabanları –resmî bile olsa– oluşturmak yasak kalır. Kökenler karşısında ayrımcılık yapmama ve eşitlik ilkesini taşıyan bu ilke, günümüzde, eşitsizlikleri sürdürmeye hizmet etmekle eleştirilmektedir, çünkü gerçek ayrımcılığın değerlendirilmesine istatistiki olarak tanıklık edilemez.

ma). İkinciler, daha ziyade, kimliğe, yerlere ve pratiklere duyarlı olarak, kendini ifade etmeye yöneliktir. Bu programlar, kültürel ve toplumsal dolayımın yeni profesyonellerini seferber etme vesilesidir. Bunlardan bazıları, belediye meclislerinde çok düşük oranda temsil edilen nüfuslar için "topluluk temsilcileri"ni, hatta "yeni erkân"ı kurumlaştırırlar (De La Torre, 1994; Geisser, 2001; Garbaye, 2006). Tüm sorun, kültür yoluyla bu bağın nereye kadar kurulduğunu bilmektir. Şehir politikasında, bu mahalle nüfuslarının, sosyolojik kopuşu (orta sınıflar için "gelişkin" kültür, toplumsal sürgün mahalleleri için "sosyo-kültürel" kültürler) sonlandırmak amacıyla "merkezî" kültürel donanımlara erişmesiyle ilgili pek az program vardır. Bu yöndeki teşebbüsler, belediye konutlarından müzeye, büyük medyatek'e ya da operaya uzanan zihinsel mesafeden başlamak üzere, çok sayıda güçlükle karşılaşır. Bu sorunu çözmek için, genellikle, şehir politikasının kültürel kanatları, nüfusların kültürel pratikleri içindeki kopuşu güçlendirme riskini göze alarak, özgül faaliyet ya da donanımlara yönelirler. Bu kopuş, bu özgül dispositifler ile daha genel olarak şehirlerin kültürel politikası arasındaki ilişkide de gözlemlenir. Her koşulda, kültürel kanatların gelişimi, çatışmalı değilse de sıklıkla gerilimli bir çerçevede oluşur. Kültürel aktörler açısından, bu mantıkların ortaya çıkışı, "sosyo-kültür yoluyla kültürün bulaşıcılığı" riskinin varlığını sürdürmesini sağlar; oysa ki, aktif bir kültürel çeşitlilik politikasının savunusuna katılan toplumsal emekçiler için, kültür sektörünün korporatist ve seçkinci bakışından kopuş söz konusudur.

İspanyol Kültürel Meselelerinde Etnik Çoğulluğun Doğuşu

Kültürel azınlıklar sorunu İspanya'da, bu son yirmi yılın en kitlesel olgusu sayesinde yakın dönemde ortaya çıktı: Göçün gelişimi. Bu gelişim İspanya'nın statüsünü şiddetli bir şekilde altüst etmiştir; dışarıya göç veren bir ülke dışarıdan göç alan ülke olmuştur. Göç nüfusu çok çeşitlidir. Bunlar arasında Fas kökenliler önemli bir oran oluşturmaktadır (200 bin), ardından İngilizler (874 bin), Almanlar (60 bin), Fransız ve Portekizliler (her biri yaklaşık 40 bin) gelmektedir. Bu göç dalgasının en yeni eğilimi, Avrupa dışından gelenlerdir. Bunlar Güney'in ve Latin Amerika'nın yoksul ülkelerinden gelmektedir.

İspanya'da bu sonuncularla birlikte ortaya çıkan sorun, öncelikle toplumsal, sonra da eğitimle ilgilidir. Yetkiler, (göç dalgalarıyla ilgilenen) devlet ile (toplumsal ve eğitsel düzenlemeyle ilgilenen) özerk topluluklar arasında paylaşılmış olsa da, İspanya'nın çeşitli kültürleri ile kökensel kültürler arasındaki alışverişlerin ve karşılıklı kabulün gündelik meydan okumasına karşı koyması gereken esasen şehirlerdir (Madrit, Barselona ve daha az ölçüde de Valencia). Oysa, kültürlerarası alışverişlerin gelişimi üzerine resmî söyleme rağmen, şehirler bu alanda gerçek politikaları uygulamaya koymak için yeterli imkâna sahip değildir (Subirats, 2001).

Göç olgusu İspanya'nın aşağı yukarı bütün şehirlerinde ve kırsal bölgelerinde genelleşmiştir, ama kamu müdahalesinin meselesi olarak bilincine varılması hâlâ çok yenidir ve bölgelere göre çok eşitsizdir. Özgül önlemlerin uygulamaya konması öncelikle eğitim sektörünü ilgilendirmektedir. Bu sektörde, İspanyol üniversitelerinde çokkültürlü formasyonlar, kültürlerarası dolayım gelişmektedir.

Buna paralel olarak, STK'ların, kültürel aktörlerin bazı inisiyatifleri, örneğin festival örgütlenmeleri kapsamında, toplumsal entegrasyon kaygısıyla kökensel kültürleri şehirlerin kültürel gelişimiyle birleştirme hedefi taşımaktadır. Örneğin, Barselona'da Mercé şenliklerindeki kültür gösterilerinin açılışında, göçmen kültürler (Pakistan, Mağrip, Latin-Amerika) ile Katalan geleneksel kültürünün öğeleri bir arada görülür. Fakat bu inisiyatifler, mütevazı, çok eşitsiz ve pek az kurumsallaşmış kalmaktadır. Eğitim profesyonelleri ile kültür profesyonelleri arasındaki işbirliği çok sınırlıdır. Kültür sektörünün ulusal, özerk ve şehir düzeyleri arasındaki işbirliği bu noktada mevcut değildir. En önemli sorunlar iki düzlemde görülür.

İlki, diğer kültürel aygıt olan eğitim sisteminin yanında, toplumsal entegrasyonun kaldıracı olarak kültürün yerini ortaya koyar. Kültürel aktörlerin çoğu, sınırlı imkânlarla, ikili bir çeşitliliği dikkate alan kültürler arasında bir diyalog hedefini destekler: Göçün geldiği ülkedeki çeşitlilik ile kültürlerin ve sahada yaşanan ve uygulanan dillerin çeşitliliği (yerel, özerk ve yalnızca İspanyol değil). Bu eserde Jordi Caïs ile Joan Manuel García'nın gösterdiği gibi, bu alanda okulun rolü başatlığını korur. Gösteriye başvuru (şehir şenlikleri, büyük gösteriler; örneğin 2004 yılındaki Barselona Kültürler Forumu), "sıradan" kültür finansmanında kotaların saptanmasının ötesinde, çeşitliliğin dikkate alınmasının temel kültürel işaretidir. Barselona, çeşitlilik nosyonuna büyük ölçüde dayanan "Kültür Gündemi 21"in geliştirilmesini açıkça destekledi. Fakat, bu şehirdeki önemli bir geleneğe uyan bu olayın yerel değerlendirilmesi, "görkemli ve retorik çokkültürcülüğe" ve kültürel çeşitliliğin medyatik-turistik argüman olarak kullanımına dair bir tartışma başlattı (Bonet, 2006). Yine de, İspanya şehirlerinin bütünü içinde Barselona bu alanda belirgin bir strateji hazırlamaya başlayan ender metropollerdendir.

Kültür politikalarında çeşitliliğin araçsallaştırılması somut modellerin bambaşka bir yüzünü göstermektedir. Giderek daha sık rastlanan retorik bir sava rağmen, çeşitlilik, birçok nedenden dolayı genellikle kültürel sistemin kıyısında kalmaktadır. Bu nedenlerin ilki, sanatsal kurumların kamusal yardımı, kimi zaman haksız yere, kültür politikalarını temellendiren sanatsal, mesleki yönelimlerden çok, sosyo-kültürel alana bağlı kabul ettikleri yeni hedefler yararına paylaşmaktaki direncidir. İkinci neden, çeşitlilik yönetiminde eğitsel ya da kültürel yönelimlerin varsayımsal etkinliği karşısındaki kuşkudur. Bu belirsizlik, yoksul nüfusların kültüre erişimi sorununu on yıllardan beri ilgilendiren belirsizlikle aynı niteliktedir. Bu marjinalliğin tercümesi, kültür politikasının öncü kurumlarının yeniden yapılanmasından ziyade, dolaylı aygıtların tercihidir (şehir gelişimi, şehir politikası, festival ya da medyatik olaylar).

Durumlar arasındaki farklılıklar, varlıklarını korudukları yerde, nitelikten (ereklilikler, felsefe) çok dereceden (seferberlik, yoğunluk) kaynaklanır. Şunu da ekleyelim ki, kültür politikalarında çeşitliliğin kabulünün yanal karakteri, burada incelediğimiz iki ülkenin çok ötesinde paylaşılmaktadır. Bu eserde tanıtılan Hollanda, İngiltere ve İtalya'dan başka, Danimarka'da da (Skot-Hansen, 2002) çeşitlilik politikalarının yararı, biçimi ve tutarlılığı üzerine aynı tartışma görülür. Dolayısıyla, "çeşitlilikçi" söylem ile araçsal pratikler arasında az çok önemli bir fark her yerde saptanabilir. Geriye kalan ise, karşılaştırma alanını İngiltere'ye de genişleterek, böyle bir boşluğu açıklama çabasıdır.

SONUÇ

Çeşitlilik teorisi ile pratiği arasındaki fark, ikili bir çakışma süreci olarak yorumlanabilir. Anglosakson çokkültürcülüğünün –erken olduğunu gördüğümüz– bir olumlamasından yola çıkarak, yer verdiği pratiklerin gözlemlenmesi, yerelleşmiş etkileşim durumundaki faillerin, soyut ve evrensel bir yurttaşlık anlayışıyla ilişkide olan uygulamada eşitlik normlarını sürekli yeniden enjekte ettiklerini gösterir (Moreno, 2006). Buna paralel olarak, Fransız tarzı soyut evrenselcilik, kolektif hakların her türlü geliştirilmesini ilke gereği yasaklarken, bu kolektiflerin tekil kültürel kimliklerinden yola çıkarak tanınmasının bir dizi gayriresmî uygulamasına somutta yer verir. Politika ile çeşitlilik arasındaki bu ilişkilerden çıkarılabilecek ders, demek ki, global bir analiz ölçeğiyle yetinilemeyeceği; ama ampirik ve araçsal bütün karmaşıklığı içinde gerçeğe yaklaşmak gerektiğidir. Devlet memurları bürokratlar (*street level bureaucrats*) eylem normlarını melezleştirme eğilimindedirler; bu da, bu memurları, zıt referans sistemlerini bir araya getiren sıradan kişiler olarak görmeyi sağlamaktadır.

Şehirdeki sosyal politikalar bütününe yönelik çalışmalardan esinlenen (yoksa yalnızca kültürel politikalardan değil) bu birinci ders, çakışmaların – özellikle değilse de– aynı zamanda yerel ölçekte de işlem gördüğünü göstermeyi sağlar. Örneğin Fransa'da, yerel failler, cumhuriyetçi evrensellikle az çok uyumlu, çokkültürlü bir sistem oluşturmayı öğrendikleri için, soyut eşitlikçiliğin açmazları üzerine ulusal ölçekte bir tartışmanın adım adım kendini dayattığı ileri sürülebilir. Teorik evrenselcilik ile pratik farklılıkçılık arasındaki böyle bir bileşimin, eleştirel olsun ya da olmasın, çokkültürcülük üzerine tartışmada ulusal farklılıkların statüsüne dair önemli sonuçları elbette olmuştur. Dar anlamda ulusal karşılaştırma, kültürel çeşitliliği yönetmenin potansiyel çerçevelerini saptamaya yöneltir; bu çerçeveler içinde, metropollerin gündelik payına düşen, modeller arası melezleşmedir.

Metropoller arası karşılaştırma ise aynı sorunun algısında yeni ölçekler saptamayı sağlar; bunun en azından iki nedeni vardır. İlki, metropollerin kendi ulusal kültürleri ile yönettikleri nüfusların kültürleri arasında ille de aynı ilişkiyi uygulamamalarına bağlıdır. Aynı devletin içindeki politikalar arasında önemli ayrımlar bu durumdan kaynaklanır; bu da İspanya'daki (Zapata-Barrero, 2004), Fransa'nın büyük şehirleri arasındaki (Faure, 2007) ya da Büyük Britanya'daki (Bennett ve Buttler, 2000) özerk topluluklar ya da toplaşmalar arasındaki pratiklerin heterojenliğini kapsayabilir.

İkinci neden metropol politikalarının yapım tarzlarıyla ve bunların toplumsal ve kültürel çeşitlilik sorununu nasıl entegre ettikleriyle doğrudan ilgilidir. Bu açıdan, bilindiği gibi, Fransa'da şehir politikası, özellikle şehrin toplumsal karma hali açısından, reformcuların büyük özlemlerinden biridir; ama aynı zamanda, periferi belediyelerinde ifade bulduğu gibi, vergi, politika ve sosyo-kültürel bakımlardan yeni-ayrımcılığın belli başlı argümanlarından da biridir (Maurin, 2004). Bu olgu Fransa'ya özgü değildir ve örneğin Kuzey Amerika'da gözlemlenen ayrılıkçı uygulamalarda yankı bulur (Jouve ve Négrier, 2007). Kültürel çeşitlilik alanında metropollerin stratejilerinin niteliğini kavramak için, bunu şehirlerle ilgili en geniş toplumsal politikalar bağlamına yerleştirmek ve alanda gözlemek gerekir.

Bir yandan devletin ve diğer yandan şehirlerin, kültürel çeşitliliğe bir açılım amacı katma tarzları kuşkusuz ki değişime tanıklık etmektedir. Özellikle, eklemlenmenin, sanatçıların ve kültür mekânları sorumlularının seferberliğiyle gerçekleştiği bölgeler ile –tersine– yaklaşımların ayrı ayrı sürdürüldüğü bölgeler arasında büyüyen strateji farklılıkları bu değişime örnektir. Bir yandan, toplumsal ve şehirsel entegrasyon amacı içinde, ama sanatsal bakımdan talepkâr, şehirde bulunan kültürler arasında paylaşım hedefinden kısmen "esinlenen" politikalar; diğer yandan, evrensel referansı, sanatsal yetkinliği dert edinen kültür politikası ile "popüler kültür"de en berbat şemaları yeniden üreten, kibirli ve yandaşçı, mahallelere kültürel yardım arasındaki bölünme. Politik irade, sanatsal dolayım ve yönlendirme yönündeki profesyonel seferberliğin unsuru olan çeşitlilik, kamusal müdahale ölçütü olarak kendini dayatmakta güçlük çeker. Bunun neden böyle olduğunu sormak ise işe yarayabilir.

Genel Sonuç: Ulusal Kültürlerin Sonu mu?

Lluís Bonet - Emmanuel Négrier

Başlangıçta hafif bir provokasyon olarak düşündüğümüz ulusal kültürlerin sonu temasının, farklı bölümler okunduğunda, umulandan daha mantıklı olduğu ortaya çıkıyor. Ama aynı zamanda hayal edilebileceğinden daha karmaşık bir durumdur. Dahası, mantıklı; çünkü ulusal özgüllüklerin sorgulanması, hem olumlu hem olumsuz anlamda, sanıldığından daha önemlidir. Örneğin, ontolojik bir özgüllükten ziyade nispi bir tikelliği üstlenen İspanya laboratuvarı, kendi iç çoğulluğuyla, dünyada yalnız değildir. İspanya, kuşkusuz ki, kültür politikalarının çok düzeyli yönetiminin kozlarını ve etkilerini, (iç ve dış) kültürel çeşitliliğin farklı yanlarını, keza çokkültürcülük ve yeni gelişme perspektifleri karşısında yerel iktidarların önüne somut olarak konan meydan okumaları ölçmekte en iyi örneklerden biridir. Ama günümüzde çoğu ülke bu sorunlarla uğraşmaktadır. Çoğu zaman aktif bir çokkültürcülüğün tanındığı ileri uç olarak görülen Britanya potası, çeşitlilik retoriğiyle karşı karşıya gelen kamu müdahalesinin ikilemlerinden korunmuş değildir. François Matarasso, ne aşırı bir iyimserliğe ne de somut etkiler bakımından başarısız basit bir söylemin kolay ve hatalı teşhirine düşmemek için bu kabulün birçok değişkene göre ölçülmesi gerektiğini göstermektedir.

Latin Amerika deneylerine gelince, Martín Hopenhayn ve Mónica Lacarrieu kültürel çeşitlilik kaydının (sahte) bir ulusal homojenliğe geri dönmeyi sağladığını ve topyekûn ya da her bir devletiyle ele alınan bu alt-kıtanın kişiliğini tarihte oluşturmuş olan ve gelecek için de çizen kültürel melezlikler ortaya koyduğunu göstermektedirler. Batı kültürünün, hegemonya ile toplulukların tanınması arasındaki bir diyalektiği üstlenmeyi tarihsel olarak sağladığı Amerika Birleşik Devletleri'nin tersine, Latin Amerika örneği çok daha karmaşıktır. Bu ülkelerin Batılılaşması, çok daha zayıftır. Kimilerinde İspanyolluk-öncesi değerler çok önemlidir. Diğerlerinde, ırksal farklılıklar, söylemlerde yüceltilmiş olsa da, iktidar ilişkilerini korumak için kullanılmıştır ve tekrarlanan çatışmaları beslemektedir. Bu nedenle, ulusal kültür politikaları mevcuttur. Bu politikalar, (Küba, Kolombiya ya da Şili gibi) gerçek kültür bakanlıkları tarafından, kurumsal düzende daha az prestijli, ama kamu müdahalesini destekleme eğiliminde olan (Peru, Panama) kurumlar tarafından ifade edilmektedir; Bolivya gibi kültürün sorumluluğunu ... ekonomi bakanlığına emanet etme tercihinde bulunan ülkeler de vardır. Bunlar, birçok açıdan yapay olan bir modernite inşaatının hizmetindedirler (García Canclini, 1999b). Modernitenin içeride kışkırtabileceği gelişmenin zayıflığı, iç kültürel çeşitlilikle bölgesel farklılıkları entegre etmeyi başaramamakla at başı gitmektedir. Genellikle çok iddialı olan kültür yasalarının somut uygulanışındaki eksiklik (örneğin 1990'lı yıllardaki Kolombiya Anayasası), gelişmiş ülkelerde dengini bulmakta güçlük çekebileceğimiz bir sivil toplum dinamizmi de doğurmuştur.

Avrupa'daki kültürel çeşitlilik, örneğin Belçika, İspanya ve İtalya örnekleri iyi bilinen, kültürel köklerin ve geleneklerin ulusal inşalarının sözde homojenliğine geri dönmeyi sağlamakla kalmaz; aynı zamanda, bu politikaların en çağdaş hedefini de başka türlü düşünmeyi sağlar. Luca Dal Pozzolo'nun Torino örneğine, Emmanuel Négrier'nin Fransa ve İspanya örneğine, Joan Manuel García ile Jordi Caïs'in katalonya örneğine referansları, kültürel çeşitliliğin, etnolog ya da tarihçinin bürosunu terk ederek, şehircinin, sosyal hizmetlinin ya da sanat programcısının bürosuna geçebileceğini göstermektedir. Bu, aynı zamanda, Tony Bennett'in kültürler ve farklılıklar arasındaki ilişkiler üzerine düşünme temasıdır. Az çok hızlı, az çok özdeş bir şekilde art arda gelen göç dalgaları, şehirleri, politikalarını, ama aynı zamanda ve basitçe kültürel yaşamlarını yeniden düşünmeye daha bugünden yöneltmektedir. Burada görülen şey, yalnızca yoksun durumdaki nüfuslar karşısında merhamet, cömertlik ya da gönül indirme değildir – ya da esasen bu değildir. Avrupa'daki şehir olgusunu tarihsel olarak yaratmış büyük gelenek içinde kültürel ve sanatsal yenilik söz konusudur. Ulus-devletlerin anayasal modeli ne olursa olsun, değişmeyen bir şey varsa, bu da, kültürel arzın birinci kamusal sorumlusunun şehir olduğudur. Ve bu toplumsal ve kültürel değişimler, çarpıcı bir biçimde, yalnızca en önemli metropollerde değil, bu şehirlerde kendini gösterir.

Ülkeler, görünüşte, bu kültürel çeşitlilik sorunlarını, başkalıkla ilişkilerinin uzun süresi içinde tarihsel olarak oluşmuş ilkelerle birlikte yönetirler. Fransa ve entegrasyoncu geleneği, Birleşik Krallık ve başlangıçta sömürgeci bir düşünce içinde kök salmış çokkültürcülüğü, İspanya'nın göç veren ülke olma uzun geleneği ve klasik İspanyolluk kavramı... bütün bu yörüngeler, görünüşte farklı algılar, çelişik kamusal eylem refleksleri ve reçeteleri yaratmıştır. Gerçekte, belirtilen ilkeler ile devletlerin gündelik yaşama müdahalelerinin somut durumu arasında önemli farklılıklar olduğu bilinmektedir. Bu sıfatla, İngiliz çokkültürcü modeli, ilke gereği çokkültürlü bir modelin içine biraz entegrasyon katan ortak kurallar temelinde işlemektedir (Moreno Fuentes, 2004). Aynı şekilde, asimilasyon yoluyla entegrasyon uygulayan Fransa'da grupların idaresinden, kimi "yerel kültürler"e pratikte gösterilen saygıdan özel nüfusların etnik özelliklerinin dikkate alınmasına dek bütün nüanslar bulunmaktadır (ADRI, 2002). Başka deyişle, kültürel çeşitlilikle yüz yüze gelme tarzı konusunda uluslar arasında görülen farklılıklar nispidir, mutlak değil. Geçirimsiz ya da ortak paydası olmayan "ulusal kültürler"in varlığını sürdürmesine imkân tanımazlar. Bu nedenle, kültürel çeşitlilik sorunu, bireysel (herkesin kendi özgül sorunu) ve kolektif (ortak bir sorundan kaynaklı) sıfatla, bütün ülkeleri ilgilendiren bir sorundur.

Ulusal kültürlerin sonuna dair iki anlayışı karşı karşıya getirdik. İlki, tarihsel bir döngünün sonlanması hipotezini belirtiyordu: Yarışın sonuna gelmiş ulus-devletler (Jessop, 2000). Bunların kültür politikaları, günümüzde, yeni müdahale kutuplarının ortaya çıkışıyla, yukarıdan (Avrupalılaşma, küreselleşme) ve aşağıdan (federalleşme, ademimerkeziyetçilik, yerelleşme) sıkıştırılmaktadır. Düzeylerin birbirinin yerini aldığı şeklindeki bu hipotez, basitleştiricidir. Ölçekler arasındaki ilişkilerin gerçekliğini bu hipotez açıklayamaz; bu ölçekler, birinden diğerine transfer yerine, gerçek sorunun bunlar arasındaki yeni eklemlenmeler olduğunu göstermektedir. Küreselleşme ve ademimerkeziyetçilik, devletin eğilimini cepheden tartışmaya açmaz. Buna karşılık, kimi zaman bir ülkeden diğerine zıt gibi gelebilen eğilimlere göre, müdahale tarzlarını derinlemesine dönüştürürler. Örneğin, İspanya'nın ve kimi açılardan Fransa'nın kültür politikalarında ademimerkeziyetçiliği derinleştirmeye giriştikleri bir dönemde, İngiltere'de, Hollanda'da ya da Almanya'da merkeziyetçi yönde yeni istekler görülmektedir (Lacombe, 2004). Devletin kültür politikaları gündemi üzerindeki ısrarı, uluslararası kültürel ilişkiler gibi, yeni nüfuz araçları arayışı (düzenleme, sözleşme yapma, denetim, değerlendirme) ya da çeşitlilik gibi yeni temel meselelere hâkim olma üzerindeki klasik sıfatlarına dayanmaktadır.

İkinci boyut, özellikle geniş anlamda kamusal müdahalenin erekliliklerini hedeflemektedir. Tartışma da en çok bu noktada verimlidir. Kamu politikalarında, kültürel çeşitliliğin bir meydan okuma olarak görüldüğü yeni paradigmaların doğuşunu kapsamaktadır. Joan Subirats'ın belirttiği gibi, bu çeşitlilik kültür politikalarıyla sınırlanmaktan uzaktır. Tersine, tarihsel olarak ilk yüzleşilmesi gerekenin eğitim, toplum ve iktisat politikaları olduğu söylenebilir. Çalışmanın düzenlenmesi, pazarların küreselleşmesi, sanayi politikaları, bu temada, ulusal politikaları ve uluslararası örgütleri belirleyen kozlar olarak ortaya çıkmıştır. Fakat, kültür politikalarının, istisnailikleri nedeniyle, bu tartışmada marjinal kalacakları fikri savunulamaz. Tersine, Xavier Cubeles bunların konunun merkezinde bulunduğunu ve çağdaş çeşitliliğin –bilimsel ve politik– bütün tartışmalarını ele almayı sağladığını göstermektedir. Biz, öncelikle, kültür politikalarının tarihinde kültürel çeşitliliğin yerini göstereceğiz (1). Ardından, görünüşte uzlaşılmış olan bu nosyonun akademik tartışmada kışkırttığı farklı eleştirel temaları ele alacağız (2). Son olarak, çağdaş dünyada kültür politikalarının tanımlanmasında ve uygulanmasındaki değişim üzerine yeni bir paradigmanın doğuşunun pratik sonuçlarını inceleyebiliriz (3).

KÜLTÜREL ÇEŞİTLİLİK VE KÜLTÜR POLİTİKALARININ TARİHİ

Kültür politikaları tarihinin yaygın bir sunumu, sanata ve kültüre devlet müdahalesinin, önce hamilik, ardından monarşik ve nihayet cumhuriyetçi biçimlerine uzanan doğrusal bir evrimi gösterme eğilimindedir (Cummings ve Katz, 1987). Gelişmiş ülkelerde az çok daha hızlı ve tutarlı olan bu gelişimin doğal sonucu, hükümdarın sanatçıya bireysel desteğinden, bu ilişkinin daha kolektif biçimde kurumlaşmasına geçiştir (Wallon, 1991). Bu hikâyeyi bağlayan ipucu, kültüre özel bir statünün tanınmasında, bu statünün kültür için ve ardından kültür tarafından savunulmasında yatar. Ancak 20. yüzyılın ikinci yarısında kültür politikalarının dışrak ereklilikleri, toplumsal, iktisadi ya da diplomatik buyruklar etrafında ortaya çıkacaktır (Gray, 1996).

Tarihin böyle bir okumasından yola çıkarak, kültürel çeşitlilik nosyonu, son dönem gelişmelerine sadık görülürken, kimilerinin kamusal müdahalenin temeli kabul ettikleri şeyle –kültürün, kendi varlığından başka bir amaç olmadan savunulması– çelişki halindedir. Tüm diğer önermeler, kültürün, kuşkusuz saygın ama daha az meşru ya da hiç meşru olmayan hedefler peşinde araçsallaştırılmasında yatıyordu. Gerçekten de, bu teze göre, kültür politikalarının evreni iki önemli ereklilik kategorisiyle karşı karşıyadır: İç ve dış (Bonet ve Négrier, 2003). Birinciler, kültüre kamu desteğini kültürün kendisi için hedefler: Kurumsallaşma, profesyonelleşme, demokratikleşme. İkinciler ise, tersine, kültür aracılığıyla küresel ereklilikleri peşinden koşmayı hedefler: İktisadi gelişim, diplomatik varlık, toplumsal entegrasyon. Kültürel çeşitlilik bu evrimci meşrulaştırmanın son kaydı olur.

Bu yaklaşım, bu sonuncu erekliliklerin doğuşunu genel olarak eleştirel şekilde ele alır: Tarihsel olarak daha yakın dönemin dışsal ereklilikleri, kültür politikalarının en soylu hedeflerinin peşinden koşmasını tehdit eder. Bizim okumamız bu yönde değildir. Bu aynı tarihin bir başka analizi ise, tersine, kültür politikalarının, her zaman için, daha geniş erekliliklere referansla doğrulandıklarını ileri sürer; bu erekliliklerin peşinden gitmek için, kamusal eylemin diğer sektörlerinin zaten tamamlayıcısı olmuşlardır. Bu olgu, kültür politikalarının politik niteliğiyle açıklanır. Bunların (özel alan ya da özel olarak pazarın faaliyetleri karşısındaki) meşruluk ihtiyacı, kültür eylemi ile politik proje arasında bir denkliğin söylemlerde ve eylemlerde inşasını varsayar. Paradigmaların (Hall, 1993) ya da kamu politikasının referansiyellerinin (Jobert ve Muller, 1987) açıklanmasından kamu politikaları analizinin çıkardığı şey budur. Kamusal eylemin doğrulanması, sorunların iç (özellikle profesyonel) inşasına ve daha geniş hükümet buyrukları ile sektörün bütün olarak toplumla denkleme girmesi üzerinde temellenen küresel bir referansiyele diyalektik bir şekilde daima eşlik eder. Bu denklem her zaman için en hararetli tartışmalara yol açmıştır. Dönemler boyunca da evrim geçirmiştir.

Bu bütünleyici tabloda (**Tablo 2**), ilk hükümet yapılarının kurumlaşmasının, kültür politikası ile ulusal kimliklerin oluşumunu ilişkiye soktuğu saptanabilir. Bu, Latin Amerika ülkelerinde, İspanya'da ya da ortak kültür varlığı ya da güzel sanatlar üzerine ilk yasalara sahip olmuş Avrupa ülkelerinin çoğunda doğrudur (Dubois ve Négrier). Her durumda, terimin soyut anlamında ulusal kimlikten çok, ister sömürge sonrası süreçten kaynaklansın ister anayasal bir değişimden, genellikle yeni olan bir rejimin felsefesine bağlı kimlik söz konusudur. Bu perspektif içinde, genellikle bir istisna olarak kabul edilen Fransa, kuralı ihlal etmez. 20. yüzyıl başında, bir kültür politikasının tematikleştirilmesi, doğmakta olan cumhuriyetin kimlik eğilimine denk düşer (Poirrier, 2006). Sektör ile global politik gerçeklik arasındaki bu ilişki, sosyoekonomik bir evrimle desteklenir. Bu evrim, İkinci Dünya Savaşı öncesi on

TABLO 2
Kültür Politikasının Erekliliklerinin Evrimi

Dönem	Egemen mantık	Müdahale edilen sektörler	Ereklilikler*
19. yüzyıldan 1945'e	Seçkinci ve milliyetçi kültür varlığı	Arkeolojik kültür varlığı, kütüphaneler ve arşivler, güzel sanatlar	Koruma, *ulusal kimlik oluşumu, kamusal eğitim,* seçkin sanat formasyonu
1945'ten 1960'a	sanatsal	Güzel sanatlar ve çağdaş sanat, popüler kültür	Yüksek kültürün yayılması, *demokratik yurttaşlık,* yaratıcılık, nitelik ve ifade özgürlüğü
1960'tan 1980'e	sosyo-kültür	Geleneksel kültür, çok değerli donanımlar, popüler kitle kültürü, iletişim araçları	Kültürel demokratikleşme, entegrasyon ve toplumsal bağdaşma, katılım ve kültürel demokrasi
1980-2000	İktisadi ve kültürel gelişim	Görsel-işitsel doğal ve dokunulmamış kültür varlığı, yeni iletişim teknolojileri - mültimedya	Ev içi kültürel üretim ve dağıtım, *tam istihdam, rekabet edebilirlik ve büyüme,* kültürel çeşitlilik, çokkültürcülük, kültürel işbirliği

Kaynak: L. Bonet ve E. Négrier (2003)'ten uyarlanmıştır.

yıllarda egemen kültürel arzın ilkesini oluşturan yeni burjuva tabakaların rolüyle birlikte, şehirlerin evriminde özellikle belirgindir (Monnier, 1995). Bir sonraki evrede, kültür politikası, bu küresel erekliliklerin evrimini dahil eder. 1950'li ve 1960'lı yıllarda, (totaliter deneyimlerin travmasından çıkan bir dünyada) demokratik yurttaşlık sorunu sektörün içinde (yayılmanın önemiyle ya da kültürün toplumsal pratiklerine destekle) popüler kültür kaygılarının atılımıyla özellikle birleştirilebilir (Ory, 1989). Bu evrede, sonraki yirmi yılda olduğu gibi, kültür, (Fransa'da kamusal kültür hizmeti nosyonunun nispi özgünlüğüyle birlikte) ülkelere göre farklı bir yol çizen himayeci devletin yeni bir kaydı olarak kendini gösterir. Himayeci devletin krizi, 1980'li yıllarda, toplumsal entegrasyon ya da iktisadi gelişme gibi, kültür için yeni erekliliklerin öne çıkarılmasıyla at başı gidecektir. Bu kısa tarihsel hatırlatma, yapısal bir olguya tanıklık etmektedir: Kültür politikası yalnızca toplumsal ve politik evrimleri her zaman hesaba katmakla kalmamış, dahası kendi eğilimini de bu evrimlerin tanıklık ettiği buyruk değişimlerine bağlı ele almıştır.

Kültür politikası hedefleri ile küresel politik ereklilikler arasındaki ilişkilerin temel bir boyutu üzerinde de durmak gerekir: Diyalektik karakterleri. Kültür ile politika arasındaki ilişkilerin iki kalıcı yanını açıklayan da budur. Bir yandan, kurumsal iki göndergeden (hükümet mercileri, kültürle görevli departmanlar) her biri diğerinin buyruklarını kendi içine alır. Bu anlamda, her hükümet politikası, kültürel erekliliklerin kendi versiyonunu ürettiği ölçüde, kültüreldir. Buna karşılık, her kültürel eylem, politik ve toplumsal hedeflerin, kendi sektöründekinden daha yaygın bir bakışı yaratır. Diğer yandan –ve sonuç olarak–, bu diyalektik, içsel ve dışsal erekliliklerı (karşı karşıya getirmek yerine) birleştirerek, kültür politikalarının hedeflerini gerilim içine sokar. Bu yapısal bileşen, çoklu üçgenlerden oluşan bir yıldız biçiminde sunulabilir.

GRAFİK 1
Kültür Politikası Yıldızı

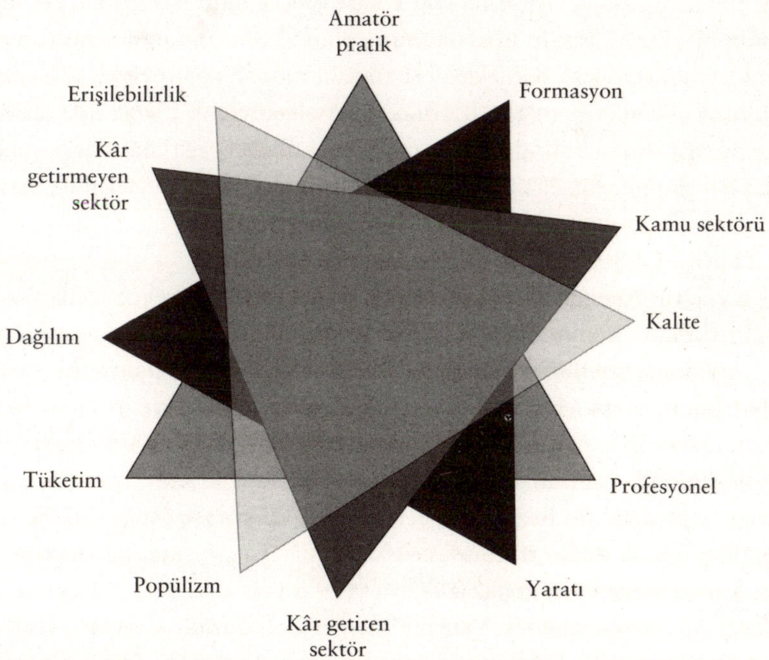

Her bir üçgenin açıkladığı gerilim, kültür politikasını yerli yerine yerleştirmeyi sağlar: Politik, iktisadi ve toplumsal meselelere eklemlenmiş hedeflerin özerk takibi (ulusal kimlik inşası, eğitim, himayeci devletin gelişimi, iktisadi büyüme, toplumsal entegrasyon), üçgenler arasındaki ve bunların her birinin içindeki bu gerilimlerin egemen motorudur. Sonuç olarak, kültürel çeşitlilik, tehditkâr bir değişiklik olarak görülmenin ötesinde, bizim toplumlarımızın genel kavranılırlığının yeni biçimlerinden biridir (bir "global gönderge") ve kültür politikası ister istemez bununla karşı karşıya gelir. Diğer global ereklilikler gibi, yıldızın içinde gerekli gerilimleri üretir.

Bununla birlikte, kültürel çeşitliliğin kuşkusuz ki bu tarih içinde ayrı bir statüsü vardır. (İç ve dış) kimlikler sorunu üzerinde çalıştığı ölçüde, kültür politikalarının ilk temellerinden birine geri döner: Ulusal kimlikle ilişkileri. Şematik bir yorum (tamamlanarak sona erme), bu durumun, kamusal kültürel müdahalenin gerçekten yeniden temellendirilmesinin ve ulus-devlet kavramının acımasızca çöküşünün ilkesi olmasını destekler (Peters, 1993). Bizim diyalektik analizimiz daha ziyade ters bir yönde işler: Kültürel çeşitlilik, çokluk anlamında bu ulusal kimlik nosyonunun yeniden oluşumunun motorudur. Bu nedenle, (yalnızca devletlerin değil) kamusal müdahalenin farklı düzeylerinin de kültürel eylemlerin anlamı üzerine temel oluşturacak bir şekilde düşünmesini gerektirir. Buna katkıda bulunmak için, kültürel çeşitliliğin doğuşunda ve çağdaş gelişiminde köşe taşı olmuş tartışmaların niteliğini incelemek şarttır.

KÜLTÜREL ÇEŞİTLİLİĞE YÖNELİK ELEŞTİRİLER

1990'lı yılların başında ortaya çıktığından bu yana kültürel çeşitlilik nosyonu tartışılmaktadır. Bunun nosyon olarak keşfi, dünya ölçeğinde, akraba terimi olan "biyolojik çeşitliliğe" dayanır. Burada belirgin bir paradoks vardır ki bazıları bunu, doğa için icat edilmiş bir nosyon ile kültüre uyarlanabilir bir kavram arasında kesin bir leke olarak yargılar (Regourd, 2004). Fakat kültürel çeşitliliğin kavramsal güzergâhı yalnızca UNESCO'nun semantik paralelliklerine bağlı değildir; bazı bölgesel bağlamlarda komşu bir gerçekliği tanımlamış olan birçok başka bağıntılı nosyonun ortaya çıkışına da bağlıdır.

Uluslararası iktisadi pazarlıklar (1990'lı yıllarda Hizmet Ticareti Üzerine Genel Anlaşma, ardından Yatırım Üzerine Çok Taraflı Anlaşma) bağlamında kendini göstermiş olan kültürel istisna nosyonu Fransa'ya devindirici bir rol vermiştir (Regourd, 2003). Kültürel istisna ile çeşitlilik arasındaki akrabalık ancak nispidir. Kültürel istisna açısından, pazarın baskısı karşısında "sektöryel" bir savunma söz konusudur ve kültür, "serbest mübadele mübadeleyi öldürür" paradoksal ifadesine göre, ortak kurallardan dışlanmalıdır. Kültürel istisna, kamusal müdahalelere ticari standartlaşmaya karşı mücadele etme ve böylece, küreselleşmiş bu iktisat içinde kendi yerlerini bulamayan kültürel ürünlerin varlığını sürdürmesini sağlama kapasitesi sağlayarak çeşitliliğe katılır. Buna karşılık, kökeni kültürün antropolojik soyunda bulunan bölgesel ya da etnik çok sayıda ifadeye saygıyı asla gerekli görmediğinden, çeşitlilikten ayrılır. Benimsendiği haliyle kültürel istisna, genellikle, düzenleme kapasitelerinin özünün yer aldığı ulus-devletlerin kendine özgü itici gücü olarak düşünülür.

Çokkültürcülük, çeşitliliğe yakın ikinci kavramdır. Kökeni, kültürel ve etnik azınlıklar karşısında izlenecek politikalarla ilgili olarak, 1970'li yıllar Kuzey Amerikasına uzanır (Taylor, 1992). Doğrudan asimilasyon yanlıları ile çok etnik yapılı uluslar içinde kültürlerin kökten farklı bir şekilde ele alınmasını arzulayanlar (toplulukçuluk) arasındaki tartışmada çokkültürcülük, modern toplumların kültür sayısı kadar norma bölünmesini reddederek, bu kültürlere saygıyı öne çıkaran bir ara yol arayışıdır. Burada da, çeşitlilikle farklılıklar ve akrabalıklar vardır. Saygı ve çokluk nosyonları ortaktır. Buna karşılık, çokkültürcülük (ya da Tony Bennett gibi *çokkültürcülükler* denebilir) mantıksal olarak dönüştürücü bir kavram şeklinde ortaya çıkar; oysa ki çeşitlilik kavramı korunması ya da sürdürülmesi gereken bir durumu ima etmektedir.

Dolayısıyla, ilk iki kavram konusundaki tartışmalar bilimsel ve politik çevreleri önemli ölçüde sarstıktan sonra, kültürel çeşitliliğin ortaya çıkışı, bir uzlaşma nosyonu olarak belirir. Ama aynı zamanda, en azından üç kategori halinde sınıflandırabileceğimiz çok sayıda eleştirinin de konusu olmuştur. Birinci kategoridekiler, sosyolojik boyutuna yöneliktir; ikinciler araçsal içeriğine, üçüncüler ise politik kapsamına yöneliktir.

Pierre Bourdieu gibi yazarlarda görülen *sosyolojik* aklın eleştirisi, toplumsal meselelerin ve özgün ve yeni tahakküm biçimlerinin gerçekliği karşısında bir sis perdesi oluşturan bir kavrama yöneliktir. "Kültürel" kavramı, ekonomik iktidar, toplumsal tahakküm gibi daha temel hedeflerden talepleri saptırmanın bir aracı olur. Bu eleştiri, kültürel meselelerin derinden ve sistematik nispiliğini kendi içinde taşır. Çokkültürcülük ve kültürel çeşitlilik gibi "elastiki" nosyonlar da aynı şekilde ele alınır (Mattelart ve Neveu, 2003). Popüler, bölgesel ya da etnik kültürlerin gerçekliğine inanmayan bu radikal tez, kültürel istisna nosyonunu da zorunlu seferberlikler –"gerçek" iktisadi iktidarın seferberlikleri– okyanusu içinde bir su damlası olarak kabul eder.

Çeşitliliğin politik meselesinin bu inkârının karşısına iki temel argüman çıkartılabilir. İlki, esasen, kültürü, doğru ve haklı savaşlar yürütenlerin ancak tevazu göstererek ilgilenebileceği uçarı bir sektör olmaktan çıkarmak isteyen kültürün ekonomik boyutunun atılımıdır. Bunun en iyi kanıtı, kültürel istisna nosyonu etrafındaki tartışmadır; buradaki meseleler, dünya ölçeğinde binlerce istihdamı ve ekonomik vasallaştırma perspektiflerini hedef alır. Kavramlaştırılmasındaki bulanıklığa rağmen (bu konuya tekrar döneceğiz), kültürel çeşitlilik, özellikle, çağdaş dünyada kendini gösterdiği haliyle, problemlerle boy ölçüşebilir düzeydedir.

Kültürel talep ile sosyo-ekonomik mücadelenin gerçekliği arasındaki bu eleştirel ikiliğin, sol partilerde, bir kültür politikası yandaşları ile diğerlerini... 19. yüzyıl sonunda karşı karşıya getiren ikiliğin aynısı olduğu sonradan fark edilecektir (Dubois, 1999). Kültür politikalarının ortaya çıkışı, bu karşıtlığın aşılması sayesinde ve küresel anlamda ilerici kültürel ve politik ereklilikler arasında daimi bir uzlaşma arayışı sayesinde meydana gelmiştir. Kimlikçi ve cumhuriyetçi meselelerin esasen toplumsal sorun ya da eğitim politikaları üzerinde odaklandığını ileri sürenler (20. yüzyılın şafağında çoğunluk oluştururlar), kültürel buyruğun temsil edebileceği kendine özgü yeri adım adım kabul etmişlerdir. Bunlar özellikle "solcu" kültür politikalarının yerel ve şehir deneyimlerine katılmışlardır.

Araçsal aklın eleştirisi, kültür ile politika arasındaki ilişkilere başka türlü bağlanır. Bu eleştiri, dışsal erekliliklerin sağlam temelleri üzerine geniş bir tartışmaya dayanır. Bunun ilk nedeni, toplumsal entegrasyon ya da iktisadi gelişme gibi cömert ve genel buyrukların sergilenmesinin mütevazı araçlı kültür politikalarında ancak hayal kırıklığına yol açabileceğidir. Ancak, gerçeklikle arasına iyimser bir mesafeyi iradi olarak koyan bir söylemle kendi meşruiyet gerekliliğini karşılamaya çalışan her kamu politikasının aynı durumda olduğu itirazı yöneltilebilir.

Fakat ikinci argüman, bu tür erekliliklerle temas halindeki kültür politikalarına özgü emellerin erozyonu hipotezine dayanır. Bu bakış açısından, kültürel çeşitliliğin başa konması, karşılıklı olarak verimli bir eklemlenme vaadinden ziyade, yandaşçılığın (etnik, bölgesel, toplulukçu) yeni biçimlerinin hayaletini harekete geçirir.

Kültürel çeşitlilik üzerinde temellenen politikaların deneyiminin bu eleştiriye her zaman direnemediği doğrudur. Toplumsal uzlaştırma hedeflerinden esinlenen ve bu nedenle sanatsal ya da kültürel emelleri çok sınırlı olan kültürel eylem dispositiflerinin kullanımı, bütün gelişmiş büyük metropollerde yayıldığını görebileceğimiz bir pratiktir. Martín Hopenhayn bunu Latin Amerika'da çokkültürcülüğün belli bir kullanımının sapkın yanlarından biri olarak görür

(Hopenhayn, 2001). Bu noktada, Amerikan çokkültürcülüğünün tepeden bakan ve yeni-seçkinci bu kullanımını eleştiren bir akıma yakındır (Lash, 2001). Kültür politikalarında çeşitliliğin gündeme girmesi, kamusal kültür bütçelerinin başka amaçlara vasat düzeyde araçsallaştırılmasına mı mahkûm edilecektir?

Eğer bu fikir ciddiye alınırsa, tarihte kültürün, kültür politikaları çerçevesinde araçsallaştırılmaktan asla kurtulamadığını saptamak gerekir. Tersine, araçsallaştırma nosyonu, sanatçı, eseri ve hamisi arasındaki bireyleşmiş ilişkiler deneyimi ile kültür politikalarının tipik ilişkilerini, toplumsal, profesyonel hedefler karşısındaki olumsallıklarını ayıran şeydir. Kurumsal alanda, çeşitlilik yoluyla kültürün sözde "değerden düşme"sine en şiddetle karşı çıkanlar, kendi korporatist çıkarlarını ya da estetik yönelimleri koruyabildiği için sanatta ve kültürde tutucu bir politikayı savunanlarla aynı kişilerdir.

Ayrıca, kültürün araçsallaştırılmamış olması da tehlikeli olmaz mı? Bu nasıl ifade bulur? Pazardan farklılığı finansmanların kaynağının niteliğine bağlı olan, uzmanlaşmış otomatik politikalarla mı? Toplumsal yararları sorunu yanıtsız kalan, yurttaşların bağımsız karar mantıklarıyla mı? Kültürün araçsallaştırılmasının kamusal politikalara doğru sorular sorması, ereklilikle-rin evriminin kesin sürecini yaşamakla değil, pratikler üzerine tartışmayı beslemek koşuluyla mümkün olur.

Son olarak, *politik aklın* eleştirisi de kültürel çeşitlilik içeriklerinin odağına girerek bunun kapsamını tartışır. Bu çeşitliliğin makullüğünü sınırlandırmak ya da inkâr etmek için, hem terimin içeriğine hem de sunduğu değerlere dayanır. Bu nosyonun birçok seçeneğe gönderme yaptığı doğrudur.

Çok sayıda Fransızın da tutumu olan "çeşitlilik içinde birlik" temasında, nispi bir asimilasyonculuk yandaşlarının yücelttiği kültürel çeşitlilik de bulunabilir. Keza çokkültürcülüğün tüm değişik biçimleri içinde de buna rastlanabilir; Tony Bennett'in hatırlattığı gibi, temel eleştirilerden kaçınmak için, resmî habercilerin çoğu artık kendilerini "eleştirel çokkültürcü" olarak sunmaktadır. Aslında, kültürel çeşitlilik nosyonu, her eksenin aşırı ve son derece azınlık tutumlarına yabancıdır.

İktisadi ve toplumsal eksen üzerinde, davanın militanlarının saflarında dünya çapındaki endüstrinin en büyük patronları bulunur. Bunlar kendi küresel şirketlerinin, küresel oldukları için, gerçek kültürel çeşitliliği temsil ettiğini ileri sürerler. Ama aynı zamanda, bunların temel düşmanı olan belli başlı küreselleşme-karşıtı hareketlerin de aynı ideale bağlı oldukları görülebilir.

Zıt renklerdeki katılımların bu çokluğu, kültürel çeşitliliğin dürüst olamayacak kadar paylaşılmış olduğu kuşkusunu besler. Politik ve iktisadi radikalliğiyle güçlü muhalefetleri besleyen kültürel istisna nosyonunun tersine, güçlü zıtlıkları beslediği için bu nosyona itiraz etmekte tereddüt etmeyenlerin varlığı bundandır. Böyle bir durum iki ters tutuma yol açar.

Bir yanda, politik bir eylemin, sınırları belirsiz, üzerinde gevşek bir şekilde uzlaşılmış bir nosyon üzerinde temellenemeyeceğini düşünenler vardır. Savunulan eylemin uygulamaya konması ancak insanların manipülasyonuna ve çokkültürcülük karşıtlarının vurguladıklarına benzer sapkın ya da üretkenlik-karşıtı etkilere yol açabilir. Bu durumda, kültürel çeşitliliğin uzlaşımsal karakteri kamusal eylemi felç eder; çünkü her muğlaklığı fiillerin içinde yeniden üretmeye yöneltir.

Bu tutumun tersine, eylemin somutluğu içinde böyle bir nosyondan beklenebilecek politik yararlar vurgulanabilir. Kültürel çeşitlilik kadar uzlaşımsal bir nosyonun meziyeti, öncelikle, çatışmalara ortak bir çerçeve sunmasıdır. Bütün nüfuz stratejileri bu çerçeveye dahil edilebilir; böylelikle az çok liberal, daha doğrusu sosyal-demokrat olan diğer yoruma karşı, politik-iktisadi bir yorumun ağır basması sağlanabilir. Çeşitliliği ifade ölçeklerinin durumu da aynıdır. Bilindiği gibi, bazı devletler, saygının beklendiği asgari kültür eşiğini kendi düzeylerine yerleştirmeyi tercih edebilirler. Keza, bölgelerin, toplulukların ve büyük şehirlerin bu düzeyi bu denli kısıtlayıcı tarzda anlamadıkları da bilinmektedir.

Dünya çapında diplomatik nitelikteki alışverişlerde deneyim kanıtlamıştır ki, eylem içindeki gelişme tartışmalarını ve arayışını besleyen şey belirgin biçimde uzlaşımsal nosyonlardır, yoksa çatışmalı nosyonlar değil; ve bu da baş oyuncuların her birinin izlediği somut hedeflerden bağımsızdır. Dolayısıyla, kültürel çeşitlilik üzerinde yapılan tercih ya da açmaz, güç ilişkileri türüne dair bir tercihe gönderme yapar.

Sonuç olarak, bilimsel faaliyet ile kamusal eylem arasındaki ilişkileri ilgilendiren son bir avantajı daha düşünebiliriz. Burada da, kültürel çeşitliliğin geniş bir kesim tarafından görünüşte paylaşılmış olması, düşünme çalışması ile karar alanları arasında, zorunlu olsa da genellikle güç olan bir diyaloğu mümkün kılar. Eserimizin giriştiği, bu nosyon karşısındaki olası her eleştiri faaliyetinden yana olmaktan ve böyle bir nosyonun hâlâ içerdiği epistemolojik belirsizliklere bağlı yüzeysel itiraza karşı çıkmaktan yana bir gerekçedir bu.

KAMUSAL POLİTİKALAR VE KÜLTÜREL ÇEŞİTLİLİK

Dolayısıyla, akademik ve politik yoğun tartışma ortamında, kültürel çeşitlilik kamusal eylemin erekliliği olarak doğar. Bu doğum, kamu politikaları için bazı meseleleri daha bugünden ortaya koymaktadır. Burada bunlara değinerek bitirmek istiyoruz. İlki, çeşitlilik sorununun bölgesel bağlamlarda farklı biçimlerde ortaya çıkışıdır. Bu zıtlıklardan birçok pratik sonuç kaynaklanır. İkinci mesele, düzeyler arasındaki ilişkileri ve bunların eklemlenme sorunsallarını hedefler. Aynı zamanda, kamusal eylemin farklı ereklilikleri arasındaki entegrasyona da vurgu yapar. Üçüncüsü, endüstriyel politikaları, bu politikaların doğrulanmasını ve pazarlar karşısında konumlanışı ele alır. Bütün bu meseleler, çağdaş gelişme ve devletlerin rolünün yeniden oluşumu perspektifleri içinde kültürel çeşitliliğin yerini sorgulamaktadır.

Çeşitli Çokkültürcü Konfigürasyonlar

Çeşitlilik politikalarının uygulanması, *bölgesel konfigürasyonlara* bağlı olarak farklı şekillerde değerlendirilir. Cömert ve uzaşımsal bir çeşitlilik anlayışından, alana uygulanmasına geçişte birçok boyutun mecburen dikkate alınması gerekir. İç ve dış kültürel çeşitlilik konularında bu görülebilir.

Çeşitlilikle ilgili *iç* politikalar için bölgesel konfigürasyonların anayasal niteliğine gönderme yapılır. Bu nosyonun, ulusal entegrasyonun güçlü olduğu bir bağlamda ya da ulus-altı kimliklerin kurumsal kabul gördüğü koşullarda aynı şekilde gelişmediği açıktır. İspanya'daki topluluklar ile Fransız ve İtalyan bölgelerinin karşılaştırılması, çeşitliliğin gelişimini düşünürken akılda tutulması gereken bütün ölçek farklılıklarını değerlendirmeyi sağlar. 1978 tarihli İspanyol Anayasası'nın terimlerinde bile çeşitlilik elde edilmiştir. Bu anayasada, tıpkı İtalya'da olduğu gibi, ulus-altı yapılara yasama gücü verilmiştir (Prieto de Pedro, 1993). Fransa'da ademimerkeziyetçiliğin gelişimine rağmen, bölgeler kamusal müdahalede, özellikle de kültürel eylemde, nispeten ikincil basamaklar olmaya devam etmektedir.

Bu farklılıklar, sorunun öneminde ve eylem kapasitelerinde zıtlıkları teşvik eder. Aynı zamanda, kültürel çeşitliliği düzenlemekte dispositifler içinde bir farklılığa yol açar. İspanya örneğinde, kültürel yetkilerin özerk topluluklara devri adım adım gerçekleşmiştir. Fakat 1980'li yılların ortasından itibaren, kültür politikalarının yavaş yavaş yapılanmasına tanık olunur. Bu politikalar, hem niyetleri bakımından homojen hem de kendilerine özgü bir tarihi miras alış ve eylem aygıtlarını uygulamaya koyuş tarzlarıyla farklıdırlar. Her yerde, ilk yıllar, hukuksal aygıtların (özerklik yasaları), kurumların (bakanlıklar, kültürel örgüt ve hizmetler) ve kendine özgü finansmanların yerleşmesine adanmıştır. Bu perspektif içerisinde, tarihsel bir statüye sahip topluluklar (Katalonya, Bask Ülkesi ve Galiçya) özgül aygıtlar geliştirmiştir. Bunların en belirginleri dillerin desteklenmesiyle ilgili olanlardır. Fakat zıtlıklar da, tam anlamıyla "bölgesel" kültürel sektörlerin tarihine bağlıdır. Katalan, Madrid ya da Endülüs tiyatro ve koreografi gelenekleri, özerkliklerin kendi kültür politikalarını geliştirme kapasiteleri üzerinde ağır basmıştır. Keza, içlerinden her birinin doğudan doğruya özerklik düzeyi ile vekilliklerin ve şehirlerin düzeyi arasındaki ilişkileri ele alma tarzında da etkili olmuştur. Tarihsel kimliklerden bağımsız olarak, bölgelere, uygulama konulması sektöryel dinamiklere bağlı olarak farklı kalan misyonlar da atfedilmiştir. İspanya'daki durum, Fransa, İtalya ve çoğu Avrupa ülkesindeki durumla bu son noktada karşılaştırılabilir. Gerçekten de, her koşulda, kamusal kültürel arz, sağlık ya da eğitim sektöründe olduğu gibi, eşitlikçi bir ilkeyle yapılmamaktadır. Canlı gösterinin Madrid ve Barselona'da yoğunlaşması, Fransa'da kültürel arzın gelişiminde Paris'in nispi önemine yakındır. Bu nedenle, kültürün bölgesel taşınma meselesi, rejimler arasındaki farklılıkların ötesinde, ortak olarak paylaşılmıştır.

İç kültürel çeşitliliğin tanınması, bu kültürler arasında değiştokuş aygıtlarının –bunlar ister özel estetiklerin damgasını taşısın isterse de yerelleşmiş tarihsel gelişimlerin ürünü olsun– uygulamaya konulmasını da gerektirir. Oysa, bu buyruk, özgül, ulusal değiştokuş konfigürasyonlarına indirgenemezse soyut kalır. Eserlerin dağıtımı, yaratılmasına yapılan yardımdan sonra, canlı gösteri politikalarının kalıcı bir problemi olsa da, güçlü bir kültürel ademimerkeziyetçiliği benimsemiş ülkelerde özel bir önem konusudur. Bu perspektif içerisinde, İspanya örneği, devlete verilmiş anayasal bir yükümlülük olsa da, özerk kültürler arasındaki iletişimin işlemediğini bize göstermektedir. Bunu daha ileride inceleyeceğiz.

Dış kültürel çeşitlilik, gelişmiş ülkelerde gelişimi önemli bir olgu olan, özellikle ulusal olmayan azınlıklara ayrılmış politikalara gönderme yapar. Burada da konfigürasyon farklılıkları önemlidir. Bunlar iki düzeyde saptanabilir. İlki, dışarıdan göç alma hareketinin az çok eskiliğine bağlıdır; ikincisi, bu azınlıkların entegrasyon sürecinin niteliğiyle ilgilidir.

Fransız metropollerine göç etmiş toplulukların varlığının eskiliği, eylem araçlarında belli bir olgunluk gerektirir. Bu, Fransız tarzı entegrasyon modelinin başarısını ima etmemektedir; çünkü okul, istihdam ve gelir istatistiklerinde derin eşitsizliklerin varlığını koruduğunu saptarız. Fakat bu, amacı kuşkusuz ki entegrasyon olan, ama kiplikleri kültürel çeşitliliğe de açılan kamusal bir faaliyetin adım adım kurumsallaşmasını sağlar. Çokkültürcülük Fransa'daki söylemlerde bir tabu olarak kalsa da, Mağrip kökenliler gibi Fransızca konuşan ve eski sömürgelerden gelen toplulukları özellikle ilgilendiren, giderek büyüyen bir uygulamadır. Geçen zaman ve dil bağları, bir dispositif potasını adım adım beslemiştir. Bu dispositiflerin etkisi ne kadar mütevazı kalsa da, bu topluluklara yönelik kültürel politikalarda bir açılımı mümkün kılmaktadır.

Nispeten yavaş işleyen bu hareketin tersine, İtalya ve İspanya deneyimleri çok farklıdır. Bu ülkeler, göç alan ülkeler çerçevesine yakın dönemde ve daha sert bir şekilde girmişlerdir. Dolayısıyla bu ülkelerde çokkültürlü yönetim modeli ya da düşüncesinde nispi bir boşluğa tanık olunmaktadır. Katalonya (ve özel olarak Barselona) örneği, iç göç geleneği (Endülüs, Murcia) ile yeni göç sorunu (aşağı-Sahra, Asya) arasındaki bağlam farkının belirgin olmadığını göstermektedir. Torino örneği, kamu kurumlarının refleksinin de, kültür konusunda, göç ve sonuçları hakkında nispi bir cehaleti koruduğunu göstermektedir. Kamu sistemlerinin her yerde sergiledikleri tercih, eğitim, sağlık ya da toplumsal aygıtlardan oluşan sözde daha makul araçlardan yola çıkarak yeni çokkültürcü sorunu yönetme teşebbüsüdür.

Böylece, bir kültürel çeşitlilik politikasının koşullarını farklılaştırmak için zamanın ve mekânın önemli olduğu görülmektedir. (Şehirsel, dilsel, eğitsel ve kültürel) düzenleme araçlarının yerleştirilmesi, toplumsal olgulara dair zaman içinde edinilen bir ölçütü gerektirir. Sömürgecilikten çıkmış bir nüfus örneğinde, dilsel, tarihsel ölçütler vardır. Bunlar kamusal idarelerin içinde oldukça büyük bir dolayım kapasitesiyle at başı giderler. Yeni toplulukların varlığında, dolayımın, başlı başına profesyonel bir faaliyet olarak bütünüyle oluşturulması gerekir. STK'lar, kendi örgütsel tercihlerini öne çıkartırken devletin eksiklerini de en azından bir süre doldurmaktadırlar. Kültür genellikle bu öncelikler arasında çoğunluk değildir. Kötü bir kültürel çeşitliliğe (uzak ve bağlantısız "gerçek" yabancı) karşı iyi bir kültürel çeşitlilik (tarihsel olarak zaten bilinen, yakın) şeklindeki popülist fantasmayı beslemek istemiyorsak, bu engelleri analiz etmek ve aşmak gerekmektedir.

Bu konuda Latin Amerika özel bir durum sunmaktadır, çünkü kimliklerin kreolleşmesi, iç ve dış çeşitlilikler arasında bir kaynaşma gerektirir. Fakat, Martín Hopenhayn'ın gösterdiği gibi, bu kreolleşmenin öne çıkarılması ("doğru" karışım), İspanya-öncesi, yerli topluluklar karşısında sergilenen küçümsemeyle ve onların aşağı görülmesiyle at başı gidebilir. Bu durum, kültürün özümsenmesine atfedilen yüksek değer nedeniyle ya da yalnızca fiili toplumsal dışlama nedeniyle, aşağılayıcı farklılıkların vurgulanmasından geçebilir. Hakların tanınması ile kimliklerin müzeleştirilmesi arasındaki incelikli dengede, aslında çeşitliliğe düşman olan kültürel çeşitlilik politikalarının paradoksunun ortaya çıktığı görülür.

Her koşulda, şuna ikna olunması gerekir: Farklılık politikaları deneyimi, her yerde, kamusal etkileşimlerin ve eklemlenmenin aynı ve nazik sorunuyla karşı karşıya geliyorsa da, bunu, kendi ritmlerini ve politik-kültürel yapımlarını dayatan farklı bölgesel güzergâhlara ve konfigürasyonlara göre yapar.

Çeşitliliğin Çok-düzeyli Yönetişimi

Politik eklemlenmeler sorunu, kültürel çeşitliliğin çok-düzeyli yönetişiminin derinleştirilmesini gerektirir. Bu alanda birçok ölçek eşzamanlı olarak hareket eder; bunların her birinin kendi özel eğilimi vardır ve hepsi de evrensel bir boyutta hareket etme iddiasındadır.

Uluslararası örgütler ölçeğinde, Avrupa Konseyi, Aralık 2000'de kültürel çeşitlilik üzerine resmî bir metin hazırlamış olan uluslararası örgütlerin ilkidir. UNESCO ise 2 Kasım 2001'de kültürel Çeşitlilik Evrensel Bildirgesi'ni onaylamıştır. Bu bildirge, 11 Eylül 2001 saldırılarından birkaç hafta sonra, uygarlıklar arasındaki ilişkilerin mani'ci ve tehlikeli bir tür okumasına (Huntington, 1996) karşı dünya ölçeğinde politik bir tutum benimseme olarak kendini dayatmıştır. Aynı zamanda, kültürler arası alışverişlerin gelişimi için pazara alternatif bir yolun varlığını da ileri sürmekte, böylece her ülkenin kendi kültür politikasının bütünlüğünü savunma hakkını karşı konulabilir kılmaktadır. (Avrupa Konseyi'nin tersine) kültürel inisiyatiflerinde günümüze dek pek parlak bir görünüm çizmemiş olan Avrupa Birliği, kendi anayasa projesinde ve içeride uygulamaya koyduğu politikalarda (özellikle 2000 tarihli medya, kültür programları) aynı ilkelerden esinlenmiştir. 27 Ağustos 2003 tarihli tebliğde görülebileceği gibi, yukarıda adı anılan örgütlerle dönüşümlü olarak nöbeti devralır: "Kültürel Çeşitlilik Üzerine Uluslararası Bir Aygıta Doğru", genel niyetlerin ötesinde, çeşitliliğin hukuksal bir çerçevesinin oluşturulmasını da hedefler.

Uluslararası mercilerin bu ilk düzeyinden itibaren, iki şey söylenebilir. İlki, bunların çeşitlilik tartışmalarına ve güç ilişkilerine katkılarının söylemsel etki stratejilerini ve düzenleyici araçları öne çıkardığıdır. İkincisi ise, bunların kültürel çeşitliliğin uluslararası sorunları ve özellikle de iktisadi ve endüstriyel boyutları ölçeğinde yer aldıklarıdır: Ama doğrudan müdahale kapasiteleri zayıftır. Örneğin endüstriyel politikaları tanımlama ölçüsünde, yeni-devletçi bir otoritenin başlangıcını temsil eden Avrupa Birliği bile, kaynaklarının darlığıyla, yalnızca hukuksal düzenleme gücünün tezahürüyle genellikle sınırlanmış bulunur.

Bu beraberlik içinde *devletler* özgün bir sorumluluk işgal eder. Çeşitlilik hakkının oluşturulmasında tekellerini yitirmişler, ancak göç dalgalarının düzenlenmesi gibi, bu alandaki özellikle önemli aygıtların yükümlülüğünü korumuşlardır. Fakat, kültürel alanda, devletler, iki temel nedenle geneli kapsayan ve vazgeçilmez aktörler olarak kalmaktadır.

İlki, önceden geniş bir şekilde açıklanmıştı. Bu, devletlerin, özellikle de hukuksal alanda neredeyse hep ellerinde topladıkları yetkiler aracılığıyla kültür politikası alanındaki sorumluluklarını ilgilendirmektedir. Bu, kültür hakkının dikey, sektöryel, farklı boyutlarını ilgilendirmektedir. Özellikle Latin Amerika'da görüldüğü gibi, büyük kültürel düzenlemelerin oluşturulmasının, bunları uygulamaya koyabilecek gerçek bir kapasite anlamına her zaman gelmediği bilinmektedir. Ama bu hukuk çoğu zaman kültürel çeşitliliği, doğrudan ya da dolaylı olarak da ilgilendirir. Örneğin İspanya, özerkliklerin kendi kültür politikalarına sahip olma hakkı sıfatıyla kabul edilen iç çeşitliliğin, devlet açısından, bu kültürler arasında iletişimi sağlama anayasal yükümlülüğüyle birlikte bulunduğunu bize göstermektedir. Oysa bilinmektedir ki, bu yükümlülük günümüzde fiilen yerine getirilmemektedir. Özerk sorumluların İspanya devletiyle işbirliği halinde kendi politikalarını koordine etmeyi az çok başardıkları tek alan ortak kültür varlığıdır. Tüm diğer alanlarda devlet inisiyatiflerinin zayıflığına, özerk toplulukların çoğunun koordinasyon oyununu oynamaktaki çekinmeleri de eklenir. Bunun sonucu, İspanya toprağı içinde yaratılarını dolaşıma sokmak için sanatsal ve kültürel aktörlerin olanağının son derece sınırlı olduğudur. Gerçekten de, bu dağıtım geniş ölçüde bu aynı aktörlerin sahip olduğu özel kaynaklara bağlıdır. Kültürel çeşitlilik, bu durumda, tekil ve dar tanımı bilinen bir pazarın sıkı bağımlılığı altındadır. Kültürel çeşitlilik, bir yandan uluslararası ve özerk topluluklar arası iktisadi kabulün biriken tüm yararlarının yerleştiği, diğer yandan bölgesel bir dağıtıma alternatif destek yokluğunun bütün handikaplarının yerleştiği bir işleyiş eşitsizliğinin ilkesidir.

Devletin merkeziliğinin ikinci nedeni, uluslararası kültürel ilişkiler konusundaki yetkilerinde yatmaktadır. Bu ilişkiler, iç ve dış çeşitliliğin kavşağında ortaya çıkar. İlk planda, şehirsel ve bölgesel kültürel politikaların güçlü gelişimi, ulusal kültürlerin, çokluğun damgasını her gün daha faza taşımalarını gerektirir. Ülkelerinin kültürünü yayma misyonuna sahip elçiliklerin kültür danışmanları günümüzde bu çoklukla karşı karşıyadırlar. İspanya örneği, Endülüs ve folklorik köklerinden çok etkilenen, ulusal kültürü simgeleyen tutucu bir modelden güçlükle çıkıldığını göstermektedir. Ayrıca Fransa örneğinde olduğu gibi, merkezî otoritelerin sergilemeleriyle (Dışişleri Bakanlığı ve örneğin Fransız Kültür Enstitüsü ya da İspanya'daki Cervantes Enstitüsü gibi uzmanlaşmış kültür örgütleri), diplomatik mevkilerin kendi kültürlerine dair uzaktan sahip olmaya devam ettikleri algılar arasında genellikle mesafe vardır.

Dış ilişkiler düzleminde İspanya'da, Latin Amerika'da İspanyol kültürünün bütün temsil ve sunum tarzlarının üzerine giydirilen klasik *İspanyolluk* bakışından daha esnek bir kültürel alışveriş nosyonuna geçilmiştir. Gerçekten de, ilkinden güçlü bir yeni-sömürgeci hava yayılıyordu; söylemde şiddetle eleştirilmiş olsa da, Halk Partisi'nin dışarıdaki kültür politikalarında kimi zaman hâlâ hissedilmektedir. İkincisi ise, UNESCO'nun ya da Avrupa Konseyi'nin geliştirdiği politikaların çizgisindedir. İspanyolca konuşulmayan ülkelere de (Portekiz, Brezilya) yayılmıştır ve uluslararası ölçekte yükselebilecek yeni bir jeopolitik ve kültürel bütün inşa etmeyi hedeflemektedir. Aynı hikâye, Fransa için de *Fransızca konuşma* politikalarının evriminde görülmüştür.

Bölge ve şehir otoriteleri, kendi düzeylerinde, aynı genelleyici aktör konumundadırlar. Düzenleyici aygıtlardan (örneğin göç sorunu üzerine) genellikle yoksun olan bu otoriteler, çeşitliliğin yönetiminde somut duruma karşı koymak zorundadırlar. Bu sıfatla, kolektiviteler arasında mevcut farklılıkları –tarihselliklerini, yetkilerini ve yararlandıkları kaynakları, tanık oldukları göç hareketlerinin niteliğini dikkate alarak– bir kez daha vurgulamak gerekir. Fakat, kültürün kamusal finansmanının en büyük bölümünü üstlenen ve sektöryel, bölgesel ve çokkültürlü ereklilikleri somut olarak içine katma durumunda olan belli başlı kültür kurumlarının sorumluluğu da onlardadır. Bu durum, kültürel çeşitliliğin gerçekliğiyle doğrudan ve gündelik bir temasın bütün fırsatlarıyla ve bütün engelleriyle karşılaşan kamusal kurumlar arasında (kültürel alanın içinde olduğu kadar belediye ve bölgesel müdahale sektörleri arasında da) bir etkileşim kapasitesi gerektirir. Ama bu, kâr amacı gütmeyen örgütlerden kültürün sınai kısmına müdahale eden firmalara dek (görsel-işitsel, yayın, mültimedya), kamusal merciler ile kültür sahnesinin özel aktörleri arasındaki ilişkilerin yönetimini de içerir.

Günümüzde, şehirler ve bölgeler iki veçheli bir yönetişimin meydan okumasıyla karşı karşıyadırlar. İlki, dayanışma politikalarının inşasıdır; burada kültür şehirli ve bölgesel bir himayeci devletin ayrılmaz parçasıdır (Bianchini ve Parkinson, 1993). Kültürel çeşitlilik karşısında, bu politika, eğitsel politikalardan kültür politikalarına dek uzanan, şehirlilik, toplumsal ve sağlık sorunlarından geçen eylem aygıtlarının büyük çeşitliliğinin manipülasyonuna varır. Çokkültürcü entegrasyonun ikinci veçhesi, bölgenin ulusal ve uluslararası ölçeğe yansımasıdır. Küresel çerçevede bir yer bulmayı amaçlayan şehirli ve bölgesel inisiyatifler geliştirilmesinin nedeni budur (Deschouwer, Louchin ve Keating, 2003). Bunu, çokkültürcü karakterlerini giderek daha sık ortaya koyan bir tarzda yaparlar.

Fakat, dışsal sahneleme ile şehrin kültürel çeşitliliğinin somut yönetimi arasında önemli farklılıklar mevcuttur. Torino konusunda Luca Dal Pozzolo'nun belirttiği gibi, bölgesel ve yerel kurumlar göçmen nüfusların kültürel pratiklerini tanımada gerçek imkânlardan son derece yoksundurlar (mesele asgari düzeydedir). Büyük sanat kurumlarının (müzeler, operalar, kütüphaneler, tiyatrolar ve sanat merkezleri) sorumlularının kültürel çeşitlilik üzerine şehirli bir düşünmeye katılımları bir istisna olarak kalır. Müdahale araçları –eğer varsa–, hâlâ araçlar arasındaki zımni bir hiyerarşi üzerinde temellenirler. Böylece, yeni uzama entegrasyonda yüksek bir garanti sunmakla ünlenmiş olan eğitsel ve toplumsal alanlar öne çıkar. Kültüre erişimin folklorlaştırıcı bir dispositiften başka şey olmak için toplumsal, dilsel ve eğitsel bir dizi ön hazırlığı gerektirdiği hipotezine göre, kültür çok tali olarak müdahale eder. Yine de, kültür politikaları tarihinin pedagojik ilkelerden kütlesel olarak uzak tutulduğu itirazı yöneltilebilir; ve tersine, eserlerle duygusal bir temasın temel rolü üzerinde durulabilir. Ardından, yeni, yabancı bir estetikle buluşmanın, belirgin eğitsel özellikleri olan bir paylaşımın ilkesi olduğu gösterilebilir. Son olarak, kültürel çeşitlilikle karşı karşıya gelen sosyal hizmetlilerin ve pedagogların gündelik yaşamda karşılaştığı güçlüklerin özellikle kültürel nitelikte olduğu belirtilebilir. Dolayısıyla bu alanda kültür sektörünün varlığının, çeşitliliği ele almadaki başka politikaların uygulanmasında temsil edebileceği kâr hayal edilebilir.

Kültürel Çeşitliliğin Hangi Sınai Politikaları?

Küreselleşme, her seferinde daha uluslararası bir yelpazedeki kültür ürünlerine erişmeyi sağlar; ama aynı zamanda, büyük aktörler ve en güçlü devletler etrafında içeriklerin standartlaşmasını da teşvik eder. Böylece, kullanılabilir kültürel mal ve hizmetler yelpazesini basitçe zenginleştirmekten uzak olarak, uluslararasılaşma, ister uluslararası olsun ister ev içi, çok sayıda yaratıcının bu pazarlara erişme kapasitesini azaltarak kültürel çeşitliliği de yoksullaştırır. Yerel kültürler (bunların yaratıcıları ve içerikleri), kimliksel boyutlarının önemine rağmen, küreselleşme mantıklarından dışlanmış gözükmektedir. Egemen dolayım dolaşımları, mali yardımların her zaman aşmayı sağlamadığı yeni engeller yaratır.

Yeni teknolojiler buraya kendi tarzlarında katkıda bulunurlar, ama sonuçları karşıt-anlamlıdır. Bir yandan, kaynaklar ve pazara erişim terimleriyle ifade bulan asimetriler şiddetlenir ve bu durum birçok düzlemde görülür: Büyükler ve küçükler arasında, gelişmiş bölgelerle geleneksel olarak daha az yapılanmışlar arasında. Diğer yandan, "enformasyon toplumu"nun, çaplarından bağımsız olarak, pazarın yeni meydan okumalarına uyum sağlayan, hayal gücü yüksek, en esnek işletmelere ve profesyonellere yaradığı saptanır. Bu anlamda, uzamların daraltılması, kitlenin ve ürünlerin standartlaşması bir yazgı değildir. Teknolojik küreselleşme, aynı zamanda –internet kullanımının gayet iyi kanıtladığı gibi– alternatif kanalların çoğalmasıdır.

Bu perspektif içinde, korumacılığın ve kendiliğinden hakkaniyet sağlayan bir rekabetin ikili yanılsaması karşısında, geleneksel müdahale mekanizmaları yenilgiye uğramış gözükürler. Kimi zaman kültürel istisna kavramının ardında gizlenen korumacılığın, durum rantlarının oluşumu ya da kalite kriterlerinin nispileştirilmesi veya "estetik vatanseverliğin" kimi biçimleri karşısında yenilik gibi arzu edilmeyen sonuçları olabilir. Dolaşımların küreselleşmesi ve teknolojik değişimler karşısında, bunlar, kültür pazarlarının iktisadi ve sembolik paradigmalarını dönüştürmüşlerdir. Bu değişimler, bu evrimin niteliği hakkında ne düşünülürse düşünülsün, kültür politikasının yerel ya da saf anlamda reaktif opsiyonlarını geçersiz kılarlar. Tersine, bu değişimlerin, karşılıklı bağımlılık ve melezleşme mantığına dahil olmaları gerekir. Bu, yeni gelişme yollarının odağında bulunan, dünya çapındaki kültürel çeşitliliğe ve çoğulluğa açık, tekelci olmayan koruma mekanizmaları arayışıdır.

İlki, destek politikalarının yenilenmesine dayanır; bu yenilenme kamu mallarının finansmanını (geleneksel kültür, ortak kültür varlığı, avangard üretimi) ya da kültür pazarlarının bölgesel ölçekte güçlendirilmesini kapsayabilir. İbermedia gibi programlar ya da Avrupa Birliği'nin görsel-işitsel politikası bu yöndedir. Bunların etkisi, tekbiçimli olmadığı bilinse de, günümüzde yeterince analiz edilmemiştir.

Böylece, Avrupa çapındaki görsel-işitsel politika, Birleşik Krallık ya da Fransa gibi sanayinin zaten güçlü olduğu yerde ve daha az ölçüde İspanya, Almanya ya da İtalya'da daha etkili olarak ortaya çıkar. Daha küçük ülkelerde başka öncelikler öne çıkar ve bütçe kapasiteleri daha sınırlıdır. Sınai yapı ya da önemli görsel-işitsel gelenek olmadan, ulusal kültürel üretimi koruyacak etkin mekanizmaları aktif hale getirmek imkânsız kalır. Bu stratejiler, boyutları pazarınkine uygun ürünlerin hayatta kalmasını sağlayacak yeterli boyutta pazarlarda işler. Pazarları sınırlı birçok kültür için (örneğin Danimarka, Katalonya, Çek Cumhuriyeti), sınai politikalarının yaşayabilirliği, yalnızca, imgelemin dağıtım çapının kısıtlamaları üzerinde hayal gücünün baskın çıktığı yakınlık ürünlerini kapsar. Televizyon bunun iyi bir örneğidir, çünkü azami seyirci, kitlenin güçlü bir şekilde özdeşleştiği temalarla elde edilir: Futbol, şans oyunları ve kimi diziler. Burada reklam kaynakları ile dinleyici kitle arasında uygun bir ilişki kurulur.

Bazı yaratıcılar ve kültür girişimleri için bir diğer alternatif, ulusal ya da uluslararası ölçekte çok özgün bazı pazarlarda çok orijinal ve rekabet gücüne sahip arzlarda konumlanmakta yatmaktadır. Ulusal bağ olmadan, standartlaşmış pazarlara nüfuz etmeyi sağlayan şey, yerinden edilmiş ürünlere ya da geleneksel kültürün istisnai bir tezahürüne ya da büyük bir sanatsal figüre bağlı olarak uluslararası bir prestij kazanan bu tuhaf yerli ürünlerdir. Renato Ortiz'in (1996) *uluslararası-popüler* folklor olarak adlandırdığı şey budur. Bu sonuncu opsiyon, ticarileşmenin erekliliğinin uluslararası bir kitle kültürü içinde içeriklerin çözülmesine yol açma tehlikesini doğal olarak içerir.

Herhangi bir hükümetin kullandığı bir diğer strateji, "ulusal şampiyonlar" denen politikadır; bunun uluslararası oligopolistik pazarlar üzerindeki kapasitesi ve çapı teşvik edilmiştir. Bu tür strateji, kaygı verici iki tali etki içerir: Politika ve tek bir büyük girişimin tesadüfleri karşısında bütün bir faaliyet sektörünün aşırı bağımlılığı; ve iç pazarın önemli bir bölümünün bu gruplar tarafından tekelleştirilmesi ve bunun sonucunda, hem sektörün profesyonelleri için hem de tüketicilerin bütünü için sınırlı bir tercih yelpazesinin oluşumu. İspanya'da Telefónica ve Prisa, görsel-işitsel üretimi denetlemektedirler; kültürel üretimin diğer sektörlerinde de onlar mevcuttur. Bu durum, hem dünya çapında bir konumlanmayı hem de gerçek bir iç kültürel çeşitliliği ne zamana kadar sağlar? Bunun cevabı, daha ziyade, bu ikisinin bağdaşmazlığı yönündedir.

Kamusal iktidarlar birçok ikilemle karşı karşıyadır. Korumacılığın açmazlarından uzaklaşarak destek politikalarını doğrulamak; müdahale aygıtlarını sektörler yararına uyarlayarak kültürel bir istisnayı yeniden olumlamak; kültür sanayilerini teşvik ederken, içeriklerin ve alışverişlerin iç çeşitliliğini teşvik etmek; rekabetin etkilerine hâkim olurken, esnek, uzmanlaşmış ve hayal gücüne dayalı inisiyatifleri teşvik etmek. Bu, ulusal kültürlerin sonudur; yani çağdaş meşruluklarının ve de kuşkusuz yeni mütevazılıklarının sonudur.

* * *

Böylece, çokkültürcü bir toplumun "pastada kiraz"ı olmanın ötesine uzanan kültür politikası, çeşitlilik açısından "Lorraine yahnisindeki domuz yağı"nı temsil edebilir. İç ve dış kozlar arasındaki aracı konumuyla kültürün, dikey entegrasyon politikalarına getirebileceği başka şey vardır. Çokkültürcülük olgusu bundan böyle şehir toplumlarının yapısal bir verisi olduğundan, kültür de çeşitliliğin alımlayıcısı olmalıdır. Demografik büyümesi genel olarak yerli nüfustan daha dinamik olan yeni nüfuslar yarın kültür kitlesinin ihmal dilemez bir kısmını oluşturacaktır. Aynı zamanda, bu durum, istisnai ve korunaklı statüsüyle büyümenin belli başlı devindiricilerinden biri olan bir sektörün atılımıyla birlikte görülür. Kuşkusuz ki, örneğin Richard Florida'nın (2002) teşvik ettiği gibi, yaratıcılığın genelleştiği şeklindeki yeni-seçkinci yanılsamaya düşmemek gerekir. Şehirlerin ve bölgelerin kültürel stratejisi, "yeni yaratıcı sınıf"ın yazarının bilinen başarısıyla öne çıkardığı özgül ve tartışmalı belirteçlerden (Levine, 2005) tatmin bulmaz. Bu strateji, günümüzde, yaratıcılık, şehir dayanışması ve kültürel çeşitlilik arasındaki güç dengesiyle karşı karşıyadır. Bu anlamda, kültürü marjinalliğinden çıkartırken yeni eklemlenme politikaları gerektirir.

Yönetişimin farklı düzeylerinden çıkartılabilecek ders, her bir kişinin oldukça ayrışmış bir şekilde sorumlulukları bölüştüğü bir düzenden, basamakların iç içe geçmesine geçildiğidir. Uluslararası örgütlenmeler, kendi dünya çapındaki söylemlerini oluşturmak ve hukuksal çerçevelerini uyarlamak için şehirlerin ve bölgelerin artan rolüne yaslanırlar. Ulusal merciler, diplomatik ve bölgesel sorunların entegrasyonuna dair giderek büyüyen bir meydan okumayla karşı karşıyadırlar. Bölge ve şehir yetkilileri, kendi düzeylerinde, aynı anda her ölçeğe yerleşirler. Her biri kendi merkeziliğini ileri sürecek konumdadır. Artık hiçbiri kendi tekelini daha fazla ileri süremez. Dolayısıyla, hem çokkutuplu hem de üst üste binmiş bu yeni çerçeve içinde, kültür politikası, kültürler-arası yeni yazgısıyla karşı karşıya kalır.

Dizin